Dieter Hund

Erlebnis Schwarzwald

Von Tal zu Tal

Dieter Hund

Erlebnis Schwarzwald

Von Tal zu Tal

Auf den Spuren alter Berufe und Bräuche

Casimir Katz Verlag

Die Deutsche Bibliothek – CIP-Einheitsaufnahme

Hund, Dieter

Erlebnis Schwarzwald: Von Tal zu Tal. Auf den Spuren alter Berufe und Bräuche / Dieter Hund

Gernsbach: Katz, 2014

ISBN: 978-3-938047-70-5

© Casimir Katz Verlag 2014

Umschlaggestaltung: Jörg Schumacher, Gaggenau

Satz: Jörg Schumacher, Gaggenau

Druck und Bindung: Firmengruppe APPL, aprinta Druck, Wemding

ISBN: 978-3-938047-70-5

Inhalt

Alte Zeiten

Alte Feste

Durch die Täler

Alte Zeiten

Ein mächtiger Klotz

Ein paar Daten zu Beginn: Der Schwarzwald, mit einer Fläche von rund 6.000 Quadratkilometern das größte deutsche Mittelgebirge, ist ungefähr 160 Kilometer lang und zwischen 30 und 50 Kilometer breit. Er wird im Westen abgegrenzt von der Oberrheinebene, im Süden vom Hochrhein, im Osten vom Klettgau, der Baar und den Gäuen und im Norden vom Kraichgau. Das entspricht in etwa der Linie von Waldshut über Villingen und Freudenstadt nach Calw und Pforzheim und sodann von Ettlingen über Baden-Baden, Lahr und Staufen nach Lörrach und Bad Säckingen.

Der Name selbst ist vergleichsweise jungen Datums, er stammt aus dem Mittelalter, was zugleich auf die lange Zeit sehr zögerliche und nur punktuelle Besiedlung verweist. Cäsar begriff, als er Gallien eroberte und bis zum Rhein vorstieß, den Schwarzwald noch als Teil des Herkynischen Waldes, worunter alle Mittelgebirge östlich dieses Stromes zusammengefasst wurden. Gegen Ende des ersten nachchristlichen Jahrhunderts, nachdem die Römer Südwestdeutschland besetzt hatten, wurde der Schwarzwald von Plinius dem Älteren und Tacitus nach einer keltischen Göttin als eigenständiges Abnoba-Gebirge (mons Abnoba) bezeichnet. In der Spätantike, als die Römer die Herrschaft über den Schwarzwald bereits wieder verloren hatten, kam der Name Silva Marciana auf, was vielleicht Grenz-

Blick von der Zuflucht Richtung Oppenau.

wald bedeutet. Der heute geläufige Name tauchte als „Svarzwald" erstmals 868 im Urkundenbuch des Klosters Sankt Gallen auf, woraus als gelehrte lateinische Rückübersetzung dann Silva Nigra wurde. Die Bezeichnung verweist auf einen dunklen, finsteren, aber nicht vorwiegend aus Nadelholz bestehenden Wald, denn zu jener Zeit war über die Hälfte des Gebirges mit Laubhölzern bedeckt. Gemeint war ein schier undurchdringlich wirkender Wald. Geologisch gesehen ist der Schwarzwald ein mächtiger Granit- und Gneisklotz, der vor allem im Norden und am Ostrand von einer Buntsandsteinlage überdeckt wird. Er ragt zwischen dem Oberrhein und der Gäulandschaft bis nahezu 1.500 Meter auf. Der Westrand fällt steil ab, hier brach vor rund 40 Millionen Jahren der Oberrheingraben ein und stiegen hernach der Schwarzwald und auf der anderen Seite die Vogesen als Grabenschultern auf. Nach Osten hin fällt der Schwarzwald vergleichsweise sanft zum Neckar und weiter im Süden zur Donau hin ab. Die geologische Grenze markiert hier der Übergang vom Buntsandstein zum Muschelkalk, der sich an vielen Stellen bis heute am plötzlichen Wechsel vom Wald- zum Offenland nachverfolgen lässt.

Die Gestalt des Schwarzwalds ist vielerorts von der letzten Eiszeit geprägt. Auf ihrem Höhepunkt vor rund 20.000 Jahren war das Feldberggebiet großflächig vergletschert. Davon zeugen bis heute Trogtäler wie das St. Wilhelmer Tal, Zungenbeckenseen wie der Titisee oder die vielen Grund- und Endmoränen im Hochschwarzwald, die den Bauern steinige Äcker bescheren. Im Norden hingegen sind aus der Eiszeit zahlreiche Kare zurückgeblieben, annähernd runde, von einem kleinen Gletscher ausgeschliffene Hohlformen, die von einem Moränenwall abgeschlossen sind. Nur zu einem geringen Teil sind sie heute noch mit Wasser gefüllt. Die umschließenden dunklen Waldungen geben diesen geheimnisvollen Gewässern wie dem Mummelsee den Namen „Augen des Schwarzwaldes".

Auf Satellitenaufnahmen fällt der stark bewaldete Schwarzwald deutlich auf. Seine Vegetation bestand früher im Gegensatz zu heute vorwiegend aus Laubwald. Diese erlaubte den Eintrieb von Vieh zur Weide. Die Umstellung zur intensiven Stallhaltung des Viehs erfolgte erst seit dem ausgehenden 18. Jahrhundert, aber auch danach schadete die intensive Streunutzung noch dem Waldboden. Bergbau, Glashütten, Köhlerei und Flößerei betrieben einen Raubbau am Wald, so dass um 1800 große Teile der Wälder verwüstet waren. Für die Wiederaufforstung wurde die schnell wachsende Fichte angepflanzt. Seit der Mitte des 19. Jahrhunderts wurden auch vermehrt ehemalige landwirtschaftliche Flächen, deren Nutzung unrentabel geworden war, aufgeforstet. Heute sind rund zwei Drittel des Schwarzwaldes wieder mit Wald bedeckt, davon die Hälfte mit Fichte. Die restlichen Flächen teilen sich Tanne, Kiefer, Douglasie und Laubbäume, darunter vor allem die Buche. Im Zuge der Umstellung auf eine naturnahe Waldwirtschaft und angesichts des Klimawandels, der der Fichte besonders zusetzt, wird sich das Waldbild in der Zukunft allerdings deutlich verändern zugunsten eines artenreicheren Mischwaldes.

Zäh und genügsam
mussten die Schwarzwälder sein

Die mittelalterliche Besiedlung des Schwarzwaldes ging überwiegend von den Taleingängen aus und wurde von den Klöstern, aber auch von den Adelsherrschaften vorangetrieben. In den abgelegenen Gebieten waren es vorwiegend die Klöster, die den Bauern für die Urbarmachung des Waldes teilweise eine verbesserte Rechtsstellung einräumten, auch wenn diese in der Regel Leibeigene blieben. Wichtige Klöster waren zum Beispiel Hirsau, Reichenbach, Allerheiligen, Gengenbach, Alpirsbach im Nordschwarzwald und St. Georgen, St. Peter, St. Blasien und St. Trudpert im Südschwarzwald. Um die Klöster entstanden für die Versorgung und zur Absicherung des umliegenden Gebietes streuförmige Bauernsiedlungen. Zu den bedeutenderen weltlichen Trägern der Besiedlung zählten zum Beispiel im nördlichen Schwarzwald die Grafen von Eberstein und die von Calw, im mittleren Schwarzwald die Herren von Wolfach und von Hornberg-Triberg und im Süden die Grafen von Nellenburg. Eine zeitweise große Rolle spielten die Herzöge von Zähringen, die vom ausgehenden 11. bis zum beginnenden 13. Jahrhundert die bedeutendste Macht im mittleren und südlichen Schwarzwald darstellten.

Sieht man von den besonders siedlungsfeindlichen Höhenlagen des Nordschwarzwaldes ab, war bis gegen 1300 fast überall ein erster Abschluss des Besiedlungsvorgangs erreicht. Rückschläge gab es ab der Mitte des 14. Jahrhunderts in Zusammenhang mit den Pestwellen, aber auch einer Klimaverschlechterung, sowie im 17. Jahrhundert insbesondere durch den Dreißigjährigen Krieg. Andererseits kam es auch fortgesetzt noch zu Erweiterungen des Siedlungslandes. So erhielten etwa Glashütten die Auflage, abgeschlagene Waldflächen urbar zu machen.

Das Herzogtum Württemberg siedelte wiederholt protestantische Glaubensflüchtlinge in seinem Teil des Schwarzwaldes an. Ein Beispiel hierfür ist 1599 die Gründung von Freudenstadt, hier fanden Evangelische, die aus Österreich vertrieben worden waren, eine neue Heimat. Um 1700 war es eine Gruppe Waldenser aus dem alpinen Grenzgebiet zwischen Savoyen und Frankreich, die im Nordschwarzwald die Kolonie Neuhengstett gründete. Weite Teile des württembergischen Schwarzwaldes waren infolge des Dreißigjährigen Krieges entvölkert und verwüstet. Viele französischsprachige Familiennamen haben sich bis heute erhalten, wie Talmon L'Arme, Ayasse, Common oder Jourdan.

In den Seitentälern des Murgtals wurden noch Mitte des 18. Jahrhunderts Waldkolonien der Holzhauer angelegt. Aufgrund des schwunghaften Holzhandels mit den Niederlanden wurden damals dringend Holzfäller, Flößer und Fuhrleute gebraucht, die für den notwendigen Nachschub der Holländerstämme aus den riesigen Wäldern des Nordschwarzwaldes sorgten. Die Kolonisten kamen überwiegend aus der näheren oder weite-

Kolonistenhäuschen im Schwarzenbachtal. Aufnahme von 1918.

ren Umgebung, zum Teil aber auch aus Tirol und der Steiermark. Hundsbach, Herrenwies oder Erbersbronn sind damals entstandene Waldkolonien der Holzhauer.

Einen weiteren Schub spezialisierter Einwanderer brachte der Bau der Schwarzwald- und Höllentalbahn in den 1860er und 1870er Jahren sowie der Murgtalbahn um 1900. Zahlreiche italienische Mineure und Steinmetze aus den Alpenregionen wurden mit ihrer Erfahrung gebraucht. Namen wie Zambelli oder Belli zeugen heute noch von den italienischen Vorfahren.

Auf der anderen Seite gab es in der Neuzeit immer wieder Auswanderungswellen aus dem Schwarzwald, weil die wirtschaftliche Not die Menschen dazu zwang – die Bevölkerung war zu zahlreich und die Anbau- und Erwerbsmöglichkeiten zu gering. Das Erbrecht war ein weiterer Faktor. Entweder wurden durch die Realteilung die anzubauenden Flächen bald zu klein, um die zahlreichen hungrigen Mäuler zu stopfen, oder durch das Anerbenrecht mussten weichende Erben nach anderen Möglichkeiten suchen, ihre Familien zu ernähren. Frondienste, harte Zehntlasten, Kriege und Revolutionen waren weitere Gründe, um den Lockungen der Fremde nachzugeben.

Seit dem späten 17. Jahrhundert warb die österreichische Regierung mit Steuerfreiheit, fruchtbaren Böden und einem kostenlosen Schiffstransport auf der Donau für die Ansiedlung in den nach den Türkenkriegen weitgehend entvölkerten ungarischen Landen. 1763 erließ die russische Kaiserin Katharina II. ein Manifest zur Besiedlung des Wolgagebiets. Jahrelange Steuerfreiheit, Befreiung von jeglichem Militärdienst und Religionsfreiheit sowie Möglichkeit von Landkauf wurden zugesagt. Vor allem Bauern und Handwerker, aber auch Kaufleute folgten dem Aufruf der Anwerber. Zu Beginn des 19. Jahrhunderts bemühte sich Russland dann um Einwanderer in das Schwarzmeergebiet. Ein Jahrhundert lang strömten auch Schwarzwälder in großer Zahl nach Russland. Heute kommt ein Teil als sogenannte Spätaussiedler wieder zurück.

Aber auch über das Meer gingen die abenteuerlichen Auswanderungen vorwiegend nach Nordamerika, zunächst in die englischen Kolonien und dann nach der Erringung der Unabhängigkeit in die USA. Eine der größten und bekanntesten badischen Auswanderungswellen gab es in der Mitte des 19. Jahrhunderts. Neben den freiwilligen Auswanderern wurden damals auf Kosten der Obrigkeit auch die Ärmsten der Armen, Heruntergekommene, Schuldner und junge Mütter mit unehelichen Kindern, nach Übersee befördert. Nach der fehlgeschlagenen Revolution 1848/49 kamen dann noch die freiheitlich Gesinnten dazu.

Bete und arbeite ...

Die Gründung der ersten Klöster im Schwarzwald noch im frühen Mittelalter liegt vielfach im Dunkeln. Zum Teil entstanden sie aus Einsiedlerzellen, die sich in der Abgeschiedenheit gebildet hatten. Aber auch Könige, Bischöfe oder auswärtige Abteien gründeten oder förderten die Anlage von neuen Klöstern. Der hohe Adel betrieb intensiv die Klostergründungen. Oftmals boten sie den Adelshäusern Gelegenheit, Familienmitglieder standesgemäß unterzubringen. Erhebliche Schenkungen an die Klöster waren die Folge, so dass diese sehr schnell eine wirtschaftlich tragfähige Grundlage erhielten.

Um 1100 war das Kloster Hirsau im Nagoldtal das bedeutendste Kloster im gesamten Schwarzwald. Abt Wilhelm hatte die Abtei zu einem Reformkloster mit großem Einfluss in ganz Deutschland gemacht. Es ging Wilhelm in Anlehnung an die cluniazensische Reform darum, die monastische Lebensweise nach den Idealen des Ordensgründers Benedikt zu erneuern und zugleich die Unabhängigkeit der Klöster von den weltlichen Gewalten zu sichern. Mit den „Hirsauer Konstitutionen" regelte er das gemeinschaftliche und persönliche Leben der Mönche. Mit diesen Reformen war die Einführung von Laienbrüdern verbunden. Es waren ungeweihte Mönche, die die körperlichen Arbeiten verrichten mussten. Das stand im Gegensatz zur ursprünglichen Lehre des heiligen Benedikt, denn Lesung, Meditation, Chorgebet und Gottesdienst sollten die Aufgaben der Mönche sein. Von Hirsau ausgehend erfasste die klösterliche Reform große Teile des Schwarzwaldes, so das Hirsauer Priorat Reichenbach im Murgtal und die Klöster St. Georgen und St. Peter, die mit Mönchen aus Hirsau besetzt wurden. Auch das Kloster St. Blasien war von den gleichen Idealen beseelt, die es wiederum an Alpirsbach, Ettenheimmünster und Sulzburg weitergab.

Kloster Hirsau vor der Zerstörung 1692.

Kloster St. Blasien Ende des 18. Jahrhunderts.

Wie bereits erwähnt, waren die Klöster wichtige Wegbereiter der Urbarmachung des Schwarzwaldes. Aber nicht nur die Besiedlung des Schwarzwaldes trieben die Klöster voran. Sie betrieben intensiv Landwirtschaft und Pflanzenzucht. Mit ihren Kräuter- und Klostergärten pflegten sie auch medizinisches Wissen.

Verdienste erwarben sich die Klöster ebenso um Bergbau und Gewerbe. So wurden vom Kloster St. Blasien in Urberg (heute Ortsteil von Dachsberg) Bergleute angesiedelt, ebenso im Münstertal vom Kloster St. Trudpert. Auch Glasmanufakturen wurden von den Klöstern gegründet, beispielsweise die Glashütte im Blasiwald 1597, die dann über Umwege bis 1878 in Äule Bestand hatte, oder die Glasmanufaktur in Nordrach, die vom Kloster Gengenbach gegründet wurde. Auch Eisenhütten und Hammerwerke, wie das frühere Eisenwerk Gutenburg an der unteren Schlücht (1660) und das frühere Eisenwerk Eberfingen (1622) an der Wutach, gehen auf die Initiative von St. Blasien zurück. Auch die heutige Brauerei Rothaus wurde 1791 vom Kloster St. Blasien gegründet, um der Bevölkerung im Schwarzwald damals Lohn und Arbeit zu geben.

Über viele Jahrhunderte waren die Klöster ein zentraler Ort der Forschung, Lehre und Erziehung. Thaddäus Rinderle, ein Mönch von St. Peter, konstruierte 1787 eine Weltzeituhr. Er war ein genialer Theoretiker für Mathematik und Physik und lehrte wie mancher andere Pater auch an der Universität Freiburg. Ebenso waren die Klöster die Stätten, die sich nach heutigen Maßstäben sozialen Aufgaben widmeten. Abt Franz I. von St. Blasien gründete 1662 das Siechenhaus für Aussätzige. Abt Martin Gerbert von St. Blasien gründete 1765 die „Waisenkasse Bonndorf", die älteste Sparkasse des Schwarzwaldes, und das heutige Krankenhaus in Bonndorf als Spitalfonds. Auch als Historiker machte er sich verdient. Er schrieb mit der „Historiae Nigrae Silvae" die erste zusammenhängende Geschichte des Schwarzwaldes.

Im württembergischen Teil des Schwarzwaldes wurden die Klöster nach der Einführung der Reformation bereits im 16. Jahrhundert entweder säkularisiert oder mit evangelischen Äbten besetzt. Von Herzog Ulrich ist der Satz überliefert, „er werde das Heuchlerische der Klöster nicht länger dulden". Abt Johannes aus St. Georgen fand damals mit seinen Patres Zuflucht im katholischen vorderösterreichischen Villingen. Dies hatte zur Folge, dass es zwei Äbte gab: einen evangelischen im Kloster St. Georgen und einen katholischen im Kloster in Villingen. 1629 erließ Kaiser Ferdinand das Restitutionsedikt, das besagte, dass alle seit 1552 der katholischen Kirche entfremdeten Güter zurückgegeben werden müssten. Da sich der Herzog von Württemberg weigerte, dem Befehl nachzukommen, wurde 1630 die Einsetzung des katholischen Abtes in St. Georgen mit Waffengewalt erzwungen. Nach dem Westfälischen Frieden musste der katholische Abt das Kloster 1649 endgültig an die Evangelischen abtreten. „Alle Forderungen der Ketzer sind erfüllt worden", schrieb er in sein Tagebuch.

Auch im Fridolinstift Säckingen brachen die Gegensätze zwischen katholischer und evangelischer Glaubenslehre aus. Das Ergebnis war, dass die Äbtissin Magdalena von Hausen sich 1548 zur Reformation bekannte und auch heiratete. Als Wohnsitz wurde ihr der „Alte Hof" zugewiesen, sie bezog noch zehn Jahre die Pfründe einer Chorfrau. Bei einer Badekur in Baden nutzte sie die Gelegenheit zu einer Übersiedelung nach Basel.

Zwischen 1802 und 1806 wurden fast alle im Schwarzwald noch bestehenden Klöster aufgehoben und ihr Besitz vom Staat konfisziert. Die Säkularisation war eine Folge der politischen Neuordnung in Deutschland durch Napoleon. Soweit die Mönche vor Ort blieben, erhielten sie eine schmale staatliche Rente oder wurden in der örtlichen Seelsorge eingesetzt. Die Äbte wurden gemäß ihrem Stande abgefunden. Dem Konvent von St. Blasien war 1806 der freie Abzug nach Österreich zugestanden worden. Zusammen

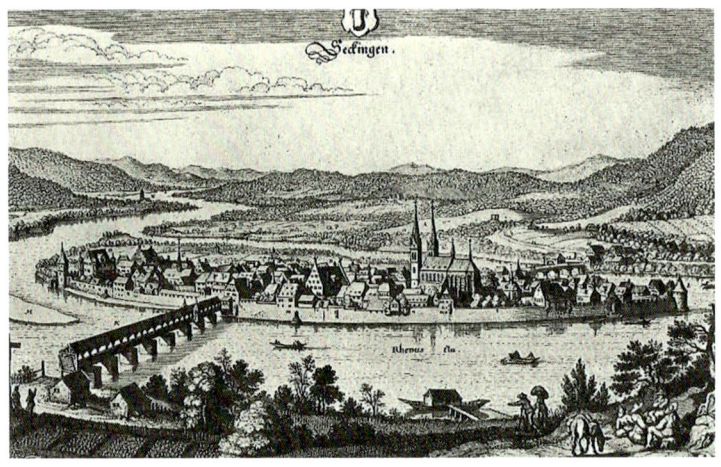

Rheininsel Säckingen 1663 mit dem Fridolins- münster im Zentrum.

Ruine des Klosters Frauenalb.

mit dem letzten Abt Rottler zog rund ein Drittel der Mönche nach St. Paul in Kärnten. Die Gebeine von zwölf in St. Blasien begrabenen Habsburgern nahmen sie mit, dazu ihre eigene Habe und etliche Klosterschätze. Abt Columban vom Kloster St. Trudpert hatte in der Vorahnung der kommenden Säkularisation bereits 1793 zwei Drittel des klösterlichen Grundbesitzes den Siedlungsrotten des Münstertales übergeben und zu deren Eigentum bestimmt.

Als einziges Kloster überlebte das Kloster Lichtenthal in Baden-Baden die Säkularisierung. Durch Vermittlung der Großherzogin Stephanie wurde die Erlaubnis zum weiteren Chorgebiet erlangt. Das Kloster war eine Stiftung der Markgräfin-Witwe Irmengard und ihrer Söhne und bis 1372 die Grablege der badischen Markgrafen. Der weltliche Besitz wurde allerdings eingezogen. In Anbetracht dessen ging das Klosterleben verändert weiter. 1815 wurde ein Lehrinstitut geschaffen, das dem zuständigen Schuldekan unterstand. Es besteht heute noch.

Die vorhandenen Gebäude der säkularisierten Klöster wurden zumeist an Privatleute verkauft oder verpachtet. In den Klöstern St. Blasien, Allerheiligen und Frauenalb wurden Metall- und Textilfabriken eingerichtet. St. Peter wurde zu einem Lazarett umfunktioniert. Nicht mehr nutzbare Gebäude wurden auf Abbruch an die umliegende Bevölkerung verkauft und als Steinbruch verwendet, wie die Klöster St. Georgen oder Tennenbach.

Beträchtliche Vermögen wurden bei der Säkularisation verschleudert oder in alle Winde zerstreut. Viele der kunstvollen Handschriften und wertvollen Bücher der Klöster gelangten in die Hofbibliothek in Karlsruhe, in die Universitätsbibliotheken von Freiburg und Heidelberg, wertvolle Ältäre und sakrale Gegenstände wurden versteigert, an andere Kirchen verschenkt oder wanderten ins Museum. In St. Peter wurden in der Zeit, als das Kloster als Lazarett diente, die verbliebenen Bücher zum Heizen im strengen Winter verwendet. Der einmalige Rokokosaal der Bibliothek des Klosters St. Peter wurde als Äpfelkammer benutzt. 1812 konnte nur mit Mühe verhindert werden, dass der Bibliotheksaal und der repräsentative Speisesaal zu Wohnungen umgebaut wurden.

Es lohnt sich, diese das Leben im Schwarzwald über Jahrhunderte prägende Stätten näher anzuschauen:

Klosterruine Hirsau, vgl. S. 16.

Klosterruinen Frauen- und Herrenalb, vgl. S. 192.

Kloster Lichtenthal, vgl. S. 178.

Kloster, Kirche, Kreuzgang und Klostermuseum Alpirsbach, vgl. S. 156.

Klosterruine Allerheiligen, vgl. S. 165.

Klosterkirche und Klostermuseum Wittichen, vgl. S. 155.

Klosterkirche Gengenbach, vgl. S. 147.

Klosterkirche des Kapuzinerklosters Haslach, vgl. S. 152.

Klosterkirche St. Blasien, vgl. S. 259.

Klosterkirche und Bibliothek St. Peter, vgl. S. 223.

Klosterkirche St. Märgen, vgl. S. 224.

Klosterkirche Friedenweiler, vgl. S. 278.

Klosterkirche Ettenheimmünster, vgl. S. 214.

Kloster St. Trudpert, vgl. S. 235.

Klosterkirche und Klosterschatz Bad Säckingen, vgl. S. 254.

Schwer war die Arbeit unter Tage

Archäologische Funde haben ergeben, dass der Bergbau im Schwarzwald bis in die Jungsteinzeit zurückreicht. In der Nähe von Sulzburg wurden Hämatiterze abgebaut, um daraus rote Farbpigmente zu gewinnen. Ein bedeutendes keltisches Eisenerzrevier bestand im Raum Neuenbürg. Hinweise auf römischen Eisenerzbergbau fanden sich bei Ausgrabungen um Pforzheim, im Glottertal und in Sulzburg.

Ein systematischer Bergbau im Schwarzwald setzte im neunten Jahrhundert in der Karolingerzeit ein. Seine größte Blütezeit erlebte die Erzgewinnung zwischen dem elften und 14. Jahrhundert. Vor allem das Silber war begehrt, wenn die Ausbeute auch noch so gering war. Der erste urkundliche Nachweis von Silbergruben stammt aus dem Jahr 1028 und findet sich in einer Schenkungsurkunde von Kaiser Konrad II. an den Bischof von Basel. Städte wie Sulzburg, Münster, Todtnau blühten auf. Für den Freudenstädter Raum liegt ein erster schriftlicher Beleg für das 1267 vor: Bei der Trennung der Kapelle des Kniebis vom Kloster und der Mutterkirche in Dornstetten wurde auch der Zehnte aus möglichen Bergbauaktivitäten aufgeteilt. 1286 wurde in Neubulach erstmals ein Bergmann urkundlich erwähnt.

Im 13. und 14. Jahrhundert gab es bedeutende Silberbergbaureviere bei Neubulach und im Christophstal (Freudenstadt) sowie insbesondere im Kinzigtal mit Wittichen, Hausach, Haslach und Prinzbach. Prinzbach, heute ein Ortsteil von Biberach, war zu jener Zeit eine mit Stadtmauer befestigte Bergwerkstadt. Weitere wichtige Gruben bestanden im Suggental und Glottertal. Intensiv abgebaut wurde im Gebiet um St. Ulrich am Schauinsland, bei Sulzburg, im Münstertal sowie im Wiesental von Todtnau bis Schönau hinab.

Zuletzt war das Gebiet um St. Blasien von Bedeutung. Urberg verdankt seiner Gründung der Intensivierung des Bergbaus durch das Kloster St. Blasien. Im elften und zwölften Jahrhundert wurden hier Bergleute angesiedelt, um die Erzvorkommen abzubauen.

Gewannnamen wie Erzwäsche, Erzenbach, Kupferberg, Auf dem Schlegel, Knappengrund, Halde, Schmelzengrün oder Poche deuten bis heute auf vergangene Bergbauaktivitäten hin. Im Freiburger Müns-

Ansicht der abgegangenen Bergbaustadt Münster im Münstertal.

21

Rösten des Erzes vor dem Schmelzvorgang.
Tafel aus dem Mineralienmuseum Urberg.

ter weisen um 1320 bis 1350 entstandene Glasfenster mit Bergbaudarstellung auf diese glanzvolle Epoche hin. Mit der Erfindung des Schießpulvers im späten Mittelalter gewannen die Bleierze, bisher als Nebenprodukt des Silberbergbaus behandelt, an Bedeutung. Für Handfeuerwaffen und Kanonen stieg laufend die Nachfrage nach Kugeln als Munition. Für die verstärkte Nachfrage nach Waffen war die andere Zusammensetzung der Grubenerze des Nordschwarzwaldes wichtig. So wurden verstärkt Kupfer- und Eisenerze in den Gruben abgebaut.

Sehr begehrt waren auch die Kobalterze, die seit dem Anfang des 18. Jahrhunderts in den Wittichener Gruben im Kinzigtal abgebaut wurden, weil man aus ihnen blaue Farbe gewinnen konnte. Ein Hauptabnehmer waren die Delfter Porzellanmanufakturen in den Niederlanden, aber auch Glas ließ sich damit wasserfest blau färben. Seit 1722 bestand zwischen Schenkenzell und Vortal ein eigenes Blaufarbenwerk zur Verhüttung der Kobalterze.

Mühsal des Abbaus

Mühevoll war der Abbau des Erzes unter Tage. Das klassische Handwerkszeug des Bergmanns waren Schlägel und Eisen. Das Eisen wurde dabei wie ein Meißel verwendet, allerdings wegen der Verletzungsgefahr nicht unmittelbar mit der Hand geführt, sondern an einem Holzstiel gehalten. Der tägliche Vortrieb eines Bergmanns betrug je nach der

Festigkeit des Gesteins kaum zehn Zentimeter! Auch wurden trockene Holzstücke in Ritzen und Spalten gepresst, die genässt aufquollen und so das Gestein lockerten. Sehr harte und zähe Gesteine wurden durch Feuersetzen „gezwungen": Das Gestein wurde durch in Brand gesetzte Holzstöße erhitzt und dadurch mürbe gemacht. Teilweise wurde der Fels nach dem Brand zusätzlich mit Wasser abgeschreckt, um die Wirkung zu verstärken. Ein Problem blieb dabei immer die Bewetterung, das heißt die ausreichende Luftzufuhr. Erst seit dem 17. Jahrhundert kamen auch Sprengstoffe zum Einsatz, doch blieb die Schlägel- und Eisentechnik bei mittelfesten Gesteinen noch bis ins 19. Jahrhundert gebräuchlich. Weichere und lockere Gesteine wurden auch mit der Keilhaue herausgeschlagen.

In den Gängen konnten die Bergleute nicht aufrecht stehen, mussten teilweise kriechend arbeiten, waren häufig dem stetig nachfließenden Wasser ausgesetzt, das mit Schöpfrädern mühsam abgepumpt werden musste. Das Fördern des Erzes, das heißt der Transport an die Oberfläche, erfolgte im Mittelalter mit hölzernen Trögen und Körben, seit dem 16. Jahrhundert dann auch mit kastenförmigen Grubenwagen, den sogenannten „Hunden", die auf Holzbohlen liefen. Die Bezeichnung geht möglicherweise darauf zurück, dass beim Schieben des Wagens ein Ton entstand, der dem Bellen eines Hundes ähnelte.

Waren die Erze ans Tageslicht und zur Schmelzhütte transportiert, rauchten überall in den Bergbaurevieren die Schlote vieler kleiner Hütten. Giftige Abgase verpesteten die Luft. Arbeiter, vom „Hüttenrauch" geplagt und leidend geworden, bereiteten das Erz in Pochwerken und Erzmühlen auf und verhütteten es dann in einem mehrstufigen Prozess in Schmelzöfen. Sowohl für die Wasserhebung und die Förderung als auch für die Verarbeitung des Erzes wurden große Mengen an Wasser benötigt, mit dem zum Beispiel die Pumpen und die Blasebälge der Schachtöfen betrieben wurden. Von diesem Bedarf zeugt heute noch der „Urgraben", dessen Bau 1284 gestattet wurde und der über 22 Kilometer über drei Wasserscheiden hinweg vom Kandelgebiet ins wasserarme Suggental verlief, wo damals der Silberbergbau blühte.

Begehrtes Silber

Auch wenn sich die Lagerstätten im Schwarzwald nicht mit den wesentlich erzreicheren Bergbaurevieren etwa im Harz oder im Erzgebirge messen können, war der Schwarzwälder Silberbergbau während seiner Blütezeit im Mittelalter durchaus ertragreich. Vom Bergsegen kündigt nicht zuletzt das Freiburger Münster, dessen Errichtung die durch den Silberbergbau wohlhabend gewordene Freiburger Bürgerschaft allein auf sich gestellt finanzierte – es ist die einzige gotische Großkirche in Deutschland, die im Mittelalter nicht nur begonnen, sondern auch vollendet wurde.

Erstaunlich bleibt dabei, dass Schwarzwalderze bereits als abbauwürdig eingestuft wurden, wenn ihr Silbergehalt 300 Gramm pro Tonne Erz betrug, das sind 0,03 Prozent. Durchschnittlich lag der Silbergehalt der im Schwarzwald geförderten Erze bei 0,15 Prozent. Im Zwang und Bann der Abtei St. Blasien lag der jährliche Silberertrag im 13. Jahrhundert bei 1.000 Mark Silber (eine Mark Silber waren 234 Gramm und somit die Ausbeute 234 Kilogramm Silber pro Jahr). Bei einem angenommenen Silbergehalt von 500 Gramm/Tonne Erz mussten demnach 468 Tonnen handgeschiedenes Erz gefördert werden. Nicht gerechnet der Abraum!

Seit der zweiten Hälfte des 14. Jahrhunderts war die Erzgewinnung im Schwarzwald stark rückläufig, im 15. Jahrhundert kam der Bergbau fast zum Stillstand. Als mögliche Ursachen gelten die Pestwellen seit 1348, denen zahlreiche Bergleute zum Opfer fielen, und das große Erdbeben von 1356, das wohl auch viele Gruben zum Einsturz brachte. Zudem waren die oberflächennahen Erzvorkommen vielerorts erschöpft, was einen immer kostspieligeren Tiefbau nötig machte. Das 16. Jahrhundert brachte nochmals einen gewissen Aufschwung, in dem sich die inzwischen verbesserte Bergbautechnologie spiegelt. Die Stadt Freiburg konnte um 1550 aus ihren Silberbergwerken im Gebiet Schauinsland und Suggental 1.200 Mark Silber vermünzen. Damit betrug die jährliche Ausbeute 281 Kilogramm Silber.

Was der Bergbau nicht erbrachte, musste auf dem Wege einer fiskalischen Maßnahme gewonnen werden. Dieses Wunderding war die Münzerneuerung, heute würden wir von Inflation reden. Sie war allerdings ein allgemeines Phänomen der Zeit und nicht auf unsere Region begrenzt. Ursprünglich prägte man aus einer Mark Silber 240 Pfennige, 1270 waren es 360, 1305 480 und im 14. Jahrhundert waren es 800 Pfennige. Von einem Gramm Silber pro Stück blieb dann nur noch ein Drittel übrig. Der wechselnde Silbergehalt in den Münzen führte dazu, dass die mittelalterlichen Geldwechsler wegen ihres

Freiburger Silbermünze
mit Rabenkopf um 1500.

unterschiedlichen Silbergehaltes ihre Münze auf den Wechselbänken auslegen mussten. Das Wort „Bankier" hat hier seinen Ursprung.

Im Oberrheingebiet und großen Teilen der heutigen Nordwestschweiz wurde mit der mittelalterlichen Münzvereinigung, dem Rappenmünzbund, eine regionale Vereinheitlichung des Münzwesens erreicht. Dieser hatte eine große und langanhaltende Bedeutung von 1377 bis 1584. Durch harte Strafen wurde die Beständigkeit durchgesetzt. So stand auf Falschmünzerei die Hinrichtung mit siedendem Wasser. Die Freiburger Münze trug als Wappenbild einen Rabenkopf. Noch heute lebt die Bezeichnung dieser mittelalterlichen Münze im schweizerischen Rappen oder in der Redewendung „etwas berappen" fort.

Steinkohle – auch das gab es im Schwarzwald

Auch Steinkohlevorkommen gibt es im Schwarzwald. In der Gegend von Baden-Baden, bei Neuweier und Steinbach, wurde vereinzelt Steinkohle abgebaut. Im südlichen Schwarzwald war der Abbau von Steinkohle wirtschaftlich nicht rentabel. Von wirtschaftlicher Bedeutung waren die Vorkommen am westlichen Schwarzwaldrand, bei Diersburg, Zunsweier und Berghaupten. Die Steinkohle trat aber nicht in regelmäßig anhaltenden Flözen auf, sondern trat nur in Nestern auf, was den Abbau sehr erschwerte. Die Gruben konnten von 1850 bis 1880 durchschnittlich 10.000 Tonnen pro Jahr – dazu in schlechter Qualität – fördern. Es war nur eine Frage der Zeit, bis der Bergbau hier 1910 zum Erliegen kam.

Ende des Bergbaus

Der Bergbau war jahrhundertelang das wirtschaftliche Rückgrat vieler Schwarzwaldregionen. Der Dreißigjährige Krieg und die nachfolgenden Erbfolgekrieg brachten ihn dann aber fast vollständig zum Erliegen. Im 18. Jahrhundert wurden viele Gruben, so vor allem im Kinzigtal, nochmals in Betrieb genommen. Viele der damit verbundenen Hoffnungen realisierten sich allerdings nicht, und nicht selten blieb es ein Zuschussgeschäft. Die Ausbeute der Kinzigtäler Bergwerke war so gering, dass die badische Regierung 1857 den Kinzigtäler Bergwerksverein zur Auflösung zwang. Immerhin waren im Südschwarzwald noch 40 Gruben in Betrieb. Mit 200 Arbeitern erbrachten sie aber nicht mehr als 125 Zentner, das waren 62,5 Kilogramm Silber pro Jahr.

Durch die Schließung der Gruben mussten die Verhüttungsbetriebe ebenfalls schließen oder sich anderen Aufgaben zuwenden. Beispiele hierfür sind die Eisenwerke in Rotenfels im Murgtal, die Ofenfabrik Progreß im Bühlertal und Pitzmann + Pfeifer in Neuenbürg im Enztal.

Im Südschwarzwald standen später viele Textilfabriken anstelle der früheren Hammerschmieden. Die heutige Maschinen- und Schneeräumfabrik Alfred Schmidt in St. Blasien hatte ihren Ursprung im Eisenhammerwerk St. Blasien. Das frühere Eisenwerk Gutenburg lebt seit 1932 in der Gutex-Holzplattenfabrik im Schlüchttal weiter.

Uran, das Teufelszeug

Mit dem Abbau des Urans ist dem Bergbau ein neuer Zweig hinzugewachsen. Die Hauptvorkommen im Schwarzwald liegen bei Menzenschwand, bei Müllenbach (Stadt Baden-Baden) und in kleineren Lagerstätten bei Wittichen, Weiler bei Kahr und Sulzburg.

Abgebaut wurde Uran zwischen 1961 und 1991 in der Grube Brunhilde im Krunkelbach bei Menzenschwand. Begleitet von Protesten wurden in dieser Zeit insgesamt rund 100.000 Tonnen Uranerz mit einem Urananteil von 0,72 Prozent gefördert.

Der jahrelange Streit, ob der Uranbergbau fortgesetzt oder ein gigantisches Radon Heilbad gebaut werden soll, ist entschieden. Ein Radonbad in vernünftigen Ausmaßen ist mittlerweile entstanden.

Schwer- und Flußspatabbau blieben übrig

Von den einst vielen hundert Bergwerken im Schwarzwald ist heute nur noch die seit 1850 betriebene Grube Clara in Oberwolfach aktiv. Im Rankachtal wird in industriellem Maßstab Schwerspat (Baryt) und seit etwa drei Jahrzehnten auch Flussspat (Fluorit) gewonnen.

Schwerspat findet in der Papier-, Keramik- und vor allem in der Erdölindustrie zum Verstopfen von Bohrlöchern Verwendung. Flussspat wird als Flussmittel in der Eisen- und Stahlproduktion, aber auch als Zusatzstoff in der Glas- und Kunststoffindustrie gebraucht.

Die Grube Clara arbeitet hoch technisiert mit modernsten Abbauverfahren. Schwere LKW fahren über eine Straße bis 3,5 Kilometer in den Berg zu den Verladestationen. Es werden jährlich 160.000 Tonnen Roherz gefördert, die in Wolfach aufbereitet werden.

Mühlsteine wurden auch abgebaut

Dass Mühlsteine in Stollen zuerst im Tagebau und ab dem 18. Jahrhundert mit Hilfe von Schwarzpulver dann unter Tage abgebaut wurden, ist wenig bekannt. Im Schmitzinger Tal bei Waldshut gab es eine Gesteinsformation, die sich zum Mühlstein-Bergbau besonders eignete: ein ausgebleichter, stark verkieselter Sandstein mit hartem Korn und weichem Bindemittel. Er wurde 1393 erstmals erwähnt.

Ein bescheidener Mühlstein-Bergbau wurde auch im Hauensteiner Murgtal bei Steinbach betrieben. Er hatte vor dem Dreißigjährigen Krieg seine Blütezeit.

Absatz fanden die Mühlsteine in den Mahlmühlen für Korn, Gips, Zement, Farben und sogar in Edelsteinschleifereien. Über 400 Jahre hat sich dieser Zweig des Bergbaues erhalten können. Für den Absatz wirkte sich der Bau der Eisenbahnstrecke am Hochrhein 1860 günstig aus. Aber auch die Steine aus Konkurrenzgebieten waren leichter zu transportieren und drangen in die Märkte ein. Vor allem die Champagnersteine verdrängten ab 1870 die Steine aus dem Schwarzwald. Diese Steine aus der Champagne hatten ein Herzstück aus Sandstein, die Mahlflächen waren aber aus Platten mit porösem Süßwasserquarz zementiert. Mit diesen Mahlsteinen konnte der Müller im Mahlstuhl das Korn schälen und mahlen, ohne dass die Mahlbahnen glatt wurden. Durch das widerstandsfähige und porige Material blieben sie lange rau und mussten nicht so oft geschärft werden. Aber auch der Champagnerstein konnte sich nur noch rund dreißig Jahre halten. Er wurde ab 1900 durch Porzellanwalzen verdrängt.

Schottersteinbruch
Hilpertsau um 1934.

Buntsandstein und Granit

Noch heute wird gelegentlich im nördlichen Schwarzwald Buntsandstein abgebaut. Von Dobel, aus Neuenbürg, Calw und der Bühler Gegend kam aus teilweise bis zu 200 Meter mächtigen Flözen wertvolles Baumaterial für Brücken, Tunnelportale, Klöster, Schlösser, Kirchen.

Nach dem Brand von 1727 in der Residenz Rastatt wurde eine Markgräfliche Feuerverordnung erlassen, die steinerne Fundamente, Brandmauern und bessere Kamine aus Stein vorschrieb. Begünstigt wurde der Steinbau auch durch die Feuersozietäten, die in Baden und Württemberg Anfang des 18. Jahrhunderts gegründet wurden. Um 1840 wurden für den Bau der Festung Rastatt Buntsandsteinbrüche von insgesamt 20 Morgen (50.000 Quadratmeter) angelegt. Auch im Hotzenwald gab es bei Alpfen östlich der Hauensteiner Alb seit dem Mittelalter mächtige Sandsteinbrüche.

Im 19. Jahrhundert stieg durch den Ausbau der Infrastruktur der Granitabbau im Nordschwarzwald. Die Erfindung des Dynamits begünstigte den Abbau, der vor allem für den Strecken- und Brückenausbau der Eisenbahnen wichtig wurde. Die Granitsteinbrüche lieferten das Baumaterial für Talsperren und Pflastersteine für den Straßenbau. Bis heute wird Granit in Forbach-Raumünzach und in Seebach abgebaut.

Bergbauliche Einrichtungen:

Landesbergbaumuseum Sulzburg, siehe S. 238.

Mineralienmuseum Oberwolfach, siehe S. 158.

Besucherbergwerk Frischglück Neuenbürg, siehe S. 195.

Besucherbergwerk Hella-Glück-Stollen Neubulach, siehe S. 204.

Besucherbergwerk Silbergründle Seebach, siehe S. 168.

Besucherbergwerk Heilige Drei Könige Freudenstadt, siehe S. 191.

Besucherbergwerk Grube Wenzel Oberwolfach, siehe S. 158.

Besucherbergwerk Segen Gottes Haslach-Schnellingen, siehe S. 152.

Besucherbergwerk Caroline Sexau, siehe S. 215.

Besucherbergwerk Grube Erich Suggental, siehe S. 216.

Besucherbergwerk Schauinsland, siehe S. 231.

Besucherbergwerk Teufelsgrund Münstertal, siehe S. 235.

Besucherberkwerk Hoffnungsstollen Todtmoos-Mättle, siehe S. 253.

Besucherbergwerk Finstergrund Utzenfeld, siehe S. 246.

Ton, Weißerde, Muschelkalk und Gips waren ebenfalls abbauwürdig

Am Westrand des nördlichen Schwarzwaldes liegen zwischen Malsch und Bühlertal pliozäne Sedimente, die Weißerde enthalten, kaolinreiche Tone. Sehr ergiebig waren die Gruben bei Balg, heute ein Stadtteil von Baden-Baden. Die Weißerde wurde im 18. und 19. Jahrhundert für die Herstellung von Fayencen verwendet, ein durch Zinnglasur dem Porzellan ähnliches Geschirr. Fayencen wurden in verschiedenen Fayencenfabriken, so in Durlach, Baden-Baden und Rotenfels, hergestellt. Der Rohstoff wurde teilweise auch zur Steingut- und Porzellanfabrik nach Zell am Harmersbach geliefert.

Aber auch in Zell a. H. selber wurde geeignete Tonerde gefunden, so dass durch Abt Benedikt vom Kloster Gengenbach in Nordrach um 1750 eine Fayencefabrik gegründet wurde. 1794 wurde in Zell durch Joseph Anton Burger die Zeller Keramik begründet. Bekannt ist das Geschirr mit dem aufgemalten Motiv „Hahn und Henne".

In Hornberg führten entsprechende Funde 1817 zur Gründung der Geschirrsteingutfabrik. 1842 wurde die Palette um Nachtgeschirr erweitert. 1820 wurde vom Nordracher Isidor Faist in Schramberg die erste Steingutfabrik in Württemberg gegründet. Sie wurde

Zeller Steingutgeschirr.

bekannt unter dem Namen Steingut- und Majolicafabrik und schloss erst 1989 die Pforten.

An mehreren Stellen der Staufener Gemarkung gab es abbauwürdige Tonvorkommen. Das war eine günstige Voraussetzung für die Ansiedlung von Töpfern und Hafnern. Gefundene Scherben von Gefäßen aus dem 13. bis 15. Jahrhundert deuten auf eine frühe Tonverarbeitung hin. Der älteste erhaltene Ziegel stammt aus dem Jahre 1684. Im Jahre 1990 wurde die ehemalige Töpferei Bregger mit ihren gut erhaltenen Einrichtungen als Museum ausgebaut.

Im Norden der Stadt Kandern entlang der Straße nach Sitzenkirch sind ausgedehnte Tonvorkommen anzutreffen. Die zahlreiche Tongruben waren Grundlage für das in Kandern bedeutende Hafnerhandwerk. Als Grundlage für die Keramikherstellung diente die in großen Mengen vorkommende Weißerde am Heuberg.

Aber nicht nur das Hafnerhandwerk begründete den Ruf von Kandern als Töpferstadt, sondern auch seit dem Ende des 19. Jahrhunderts Industriebetriebe, die neben Geschirr feuerfeste Steine produzierten. Der letzte traditionelle Hafner starb 1965. Das Tongewerbe verlagerte sich mehr in Richtung Kunstkeramik. Dies war vor allem Professor Max Laeuger zu verdanken. 1927 erfolgte die Gründung einer Fayence-Manufaktur. Heute werden ihre Produkte in die ganze Welt verkauft.

Wo der Hotzenwald zum Hochrhein hin abfällt, oberhalb von Wehr und Waldshut, gibt es Gipsvorkommen, die bis zur Erfindung des Kunstdüngers in Gipsgruben abgebaut wurden. Gips war in der heimischen Landwirtschaft ein wichtiges Düngemittel und daher vom üblichen Bergzehnt befreit. Der Gips wurde in Gipsmühlen verarbeitet.

Keramikmuseum Zell, vgl. S. 150.

Keramikmuseum Staufen, vgl. S. 234.

Heimat- und Keramikmuseum Kandern, vgl. S. 241.

Keramikkabinett Schloß Bürgeln, vgl. S. 242.

Gipsmühle bei Grimmelshofen, vgl. S. 274.

Längst vergessen sind die alten Waldberufe

Harzen

Eines der alten Gewerbe im Schwarzwald, das bereits im Mittelalter ausgeübt wurde, ist die Harzerei. Sie fand vor allem im Nordschwarzwald, im Bereich des Kniebis und von Baiersbronn bis hin nach Alpirsbach und Rippoldsau statt, hatte aber auch im Hochschwarzwald eine lange Tradition. Schon Sebastian Münster schrieb in seiner erstmals 1544 erschienenen „Cosmographia", dass im Gebiet des Kniebis sich die Bewohner vom Harzsammeln ernährten. Dort gebe es zwei oder drei Dörfer, deren Einwohner jährlich 200 und mehr Zentner Harz sammeln und nach Straßburg verkaufen würden.

Geharzte Kiefer mit Fischgrätlachte.

Für die Jahre 1521 und 1569 sind für Baiersbronn Harzer-Ordnungen überliefert, in denen das Harzen detailliert geregelt wurde. Dennoch gab es immer wieder Auseinandersetzungen um das Harzrecht mit der Obrigkeit und zeitweise auch Verbote, da das Harzen die Wälder schädigte. Heinrich Hansjakob berichtet uns von der Armut der Bewohner auf dem Kniebis. Diese Armut ließ die Leute zu Harzdieben werden. Nachts, wenn die Sternlein über dem Kniebis standen, zündeten die Kniebiser im Wald Lichtlein an und zogen in einer Lichterprozession ins Dickicht. Sie suchten die angerissenen Fichten auf und leerten deren Harzkanäle mittels Kratzeisen oder rissen neue, saftreiche Bäume an, um sie für das Harzen vorzubereiten. Dabei mussten sie ständig

31

auf der Hut vor den Revierjägern sein, die mehr als einmal auf die flüchtigen Harzsammler schossen.

Vorwiegend Fichten, aber auch Kiefern wurden zum Harzen aufgesucht. Gewonnen wurde das Harz mit dem Dechsel- oder dem Rillenschnitt-Verfahren. Beim älteren Dechsel-Verfahren wurde der Baum auf einem 25 Zentimeter breiten und 1,50 Meter hohen Streifen von der Grobrinde befreit. Dies war die Wundfläche des Baumes. Mit Hilfe eines Dechsels (eines leicht gebogenen Handhakens) wurden übereinander ca. zwei Zentimeter hohe und bis 2,5 Millimeter tief in den Splint gehende horizontale Spanstreifen herausgehackt. Schon nach kurzer Zeit begann aus den Harzkanälen des Splintholzes das Harz zu fließen. Dies wurde in kleinen Gefäßen aufgefangen. Eine Harzfichte konnte zwei bis drei dieser Wundflächen erhalten. Dann kümmerte sie und starb ab. Beim Rillenschnitt-Verfahren werden wie Fischgräten Rillen in den Stamm mit Hilfe eines scharfen Reißers eingekratzt. Das Harz fließt von den seitlichen Rillen in die Mittelrille (Tropfrinne) und wird dann ebenfalls in einem Behälter aufgefangen. Die Fichten bekamen häufig schon nach kurzer Zeit die Rotfäule.

Das Harz wurde eingesammelt und in Form von Harzgrieben oder Harzfladen in die Harzhütten oder Harzöfen gebracht. Auf großen Feuerstellen wurde das gewonnene Harz in großen Kesseln gesotten und durch nasse Säcke gepresst. Je nach Qualität des Produktes erfolgte die Weiterverarbeitung zu Lacken, Firnis, Apothekerware, Schusterpech und Wagenschmiere. Die rückständigen Harzgruben wurden zu Kienruß verarbeitet.

Wie vielfältig Harz zu verwenden war, ergibt sich aus seiner Zusammensetzung: 20 Prozent Terpentinöl, 70 Prozent festes Kohlophonium (Hartharz) und 10 Prozent Wasser sowie andere Stoffe. Das Terpentinöl war Grundlage für Kampfer und Zelluloid, pharmazeutische Produkte, Lösungs- und Verdünnungsmittel sowie Reinigungsmittel. Kohlophonium diente unter anderem zur Herstellung von Schmierfetten, Schiffspech, Papierleim, Wachstuch, Linoleum, Seife, Fetten, Schusterpech und Druckerschwärze. Auch die Munitionsfabriken benötigten große Mengen an Harz für Zünder und Schrapnells. Während des Ersten Weltkriegs erlebte das Harzen in den Wäldern des Nordschwarzwalds daher nochmals einen großen Aufschwung. Erst danach ging die Harzerei im Schwarzwald sehr stark zurück.

Köhlerei

Namen wie Kohlgrube, Kohlwanne, Kohlhütte, Kohlwasen oder Kohlplatz begegnen einem im Schwarzwald überall und weisen auf die ehemaligen Arbeitsstätten der Köhler hin. Buchenwaldungen waren ideal für die Herstellung der Holzkohle. Infolge des Raubbaues mussten die Köhler von Kohlplatz zu Kohlplatz weiterziehen.

Ein Köhler beim Abdecken
des Meilers mit Reisig.

Die Kunst des Köhlens besteht darin, durch den Verschwelungsprozess den im Holz zu rund 53 Prozent enthaltenen Kohlenstoff in möglichst reiner Form zu erhalten. Bis um die Mitte des 17. Jahrhunderts wurde die Holzkohle im Hochschwarzwald in Erdgruben erzeugt. Dort wurde das Kohlholz gestellt und in Brand gesetzt. Während des Brandes wurde die Grube mit Erde und Grassoden abgedeckt. Um die Ausbeute zu erhöhen, ging man dazu über, die Köhlerei in Form der Kohlenmeiler zu betreiben.

Um einen Feuerschacht, auch Quandel genannt, wurde dazu sternförmig ein Rost aus Holz angelegt. Dieser Rost war als Bodenzug wichtig für den Verkohlungsprozess. Um den Feuerschacht wurden etwa meterlange Holzscheite in zwei oder auch drei Lagen aufgeschichtet, dicht an dicht nebeneinander. Zuletzt wurde das Holz mit Reisig, Moos und Gras sowie Kohlepulver und Erde luftdicht abgedeckt. So entstand ein kegelförmiger Meiler von acht bis zehn Metern Durchmesser und zwei bis drei Metern Höhe. Je nach Größe wurden für einen Kohlenmeiler bis zu 300 Ster Holz benötigt.

Zur Entzündung wurde glühende Holzkohle in den Feuerschacht gefüllt. Eine Kunst war die richtige Dosierung der Luftzufuhr beim Verkohlungsprozess durch das gezielte Stechen und Verschließen von Rauchlöchern, damit der Meiler weder ausging noch die Kohle im Innern verbrannte. Je nach Größe des Meilers, nach etwa 20 bis 30 Tagen, steigt ein dünner bläulicher Rauch auf. Dies war das Zeichen, dass die Verkohlung abgeschlossen war. Mit Schaufel, Haken und Rechen wurde der Meiler „ausgezogen". Die herausgezogene, noch heiße Holzkohle wurde mit Wasser abgelöscht und konnte nach ihrem Abkühlen in Säcke gefüllt oder auf Wagen zum Weitertransport verladen werden.

Je nach Qualität der Holzkohle unterschied man Hütten-, Schmied-, Lot- und Bügelkohle. Aus Fichten und Tannen wurden weiche, aus den bevorzugten Buchen schwere Kohlen gewonnen. Hauptabnehmer waren bis zur Erfindung des Koksverfahrens Eisenhämmer und Hüttenwerke, aber auch zahlreiche andere Abnehmer wie die Schmiede benötigten Holzkohle. Mit dem Vordringen der Steinkohle und dem Bau von Eisenbahnen wurde die Köhlerei seit dem 19. Jahrhundert stark zurückgedrängt, da es kostengünstiger war, Koks und Briketts zum Beispiel aus dem Ruhrgebiet in großen Mengen in die Fabriken und Städte zu bringen. Heute wird Holzkohle nur noch für Spezialanwendungen der Industrie und zum Grillen hergestellt.

Teerschwelen

Hier spricht man auch von „Salbebrennen" oder „Schmierbrennen", es ist die Gewinnung von Holzteerprodukten mittels Verschwelen oder trockener Destillation stark harzigen Holzes. Dafür wurde Wurzel- und Stockholz älterer Kiefern wegen ihres starken Harzgehaltes verwendet. Geeignet war auch das Stammholz von Kiefern, die einige Jahre zuvor geschält wurden, so dass sich ein starker Harzüberzug auf den Wundflächen bilden konnte.

Salbeofen bei Enzklösterle.

Zum Teerschwelen benötigte man einen gemauerten Teerofen, der mit einer Öffnung, dem „Füllloch", versehen war. Auf dem undurchlässigen Boden wurden die Destillate aufgefangen. Das kleingehackte, harzige Holz wurde durch die Öffnung eingefüllt und angezündet. Nach Verschließen des Deckels kam es zu einem Schwelbrand, bei dem das Holz langsam verkohlte und sich die Holzdestillate im Bodentrichter des

Ofens sammelten. Diese wurden nach außen abgeleitet. Als erstes Produkt zeigte sich nach mehrstündigem Schwelen eine braunrote Flüssigkeit, das „Teerwasser". Im weiteren Verlauf flossen das Kienöl und zuletzt ein zähflüssiges Pech.

Das „Teerwasser" war ein Hilfsstoff der Gerber, Kienöl war Rohmaterial für die frühe chemische und pharmazeutische Industrie. Das Pech wurde durch Kochen zu festem schwarzem Schuster- und Schiffspech oder durch Vermischung mit Kienöl zu Wagenschmiere verarbeitet. Die Pechrückstände, die „Pechgrieben", verarbeitete man in Rußbrennereien zu Kienruß. Zum Schluss nach Öffnung des Ofens blieb die hochwertige Holzkohle.

Alte Waldnamen wie „Salbefels", „Salbeteich", „Salbewiesen" und „Schmierofen" erinnern bis heute an die Öfen dieses untergegangenen Gewerbes.

Kienrußen

Der begehrte Kienruß fand vor allem für schwarze Ölfarbe, Stiefelschmiere, Ofen- und Druckerschwärze, Tusche, Pigmentpaste und sonstige schwarze Färbemittel Verwendung. Er wurde im Kienrußofen unter luftarmer Verbrennung von Kienholz (harzreichen Holzteilen), Harz- oder Pechgrieben (Rückständen beim Harz- oder Pechsieden), Pechresten beim Salbenbrennen oder harzigen Nadelholzzapfen und Nadelholzreisig gewonnen. Aus 100 Pfund Pech- oder Harzgrieben konnten ungefähr zehn bis zwölf Pfund Ruß gewonnen werden.

Dieser Kienrußofen war mit einem gemauerten Rußfang (Rußgewölbe, Rußkammer) verbunden. Im Rußfang fielen mitgerissene Ascheteile zu Boden und schlug sich der Ruß in Flocken an den Wänden nieder. In dem Gewölbe vor dem Abzugsloch waren Säcke, Flanell- oder Leinentücher gespannt. Mit diesen wurde der Feinruß abgesondert. Die rußbeladenen Filter wurden von Zeit zu Zeit ausgeklopft, die Wände abgekehrt. Der gesammelte Ruß kam dann in dichten Holzfässern zum Verkauf. Auch hier verdrängte der aus Steinkohle gewonnene Steinkohlenteer den Kienruß. Der Rauchfang hatte oft die Form einer Hütte und wurde deswegen auch Rußhütte genannt.

Pottaschesieden

Pottaschesiedereien waren vom 18. Jahrhundert bis zur Mitte des 19. Jahrhunderts im Schwarzwald sehr häufig zu finden. Pottasche ist Kaliumkarbonat. Vor der Entdeckung von Kalisalzlagerstätten 1852 in Deutschland gab es nur wenige Möglichkeiten, Kaliumkarbonat zu produzieren. Das weiße Salz war aber notwendig zur Herstellung von Glas. Es wurde als Flussmittel verwendet. Dem Quarzsand beigemischt bewirkt die Pottasche eine Herabsetzung des Schmelzpunktes von 1.800 auf 1.200 Grad Celsius. Bis zur Erfindung von Soda aus Kali, das den gleichen Effekt erzielt, war die Pottasche notwendig für die Glasproduktion der zahlreichen Glasbläsereien im Schwarzwald.

Durch Verbrennen von Esche, Eiche oder Buche, aber auch von Fichte, Tanne und Kiefer wurde die Pottasche mit dem sogenannten Aschebrennen gewonnen. Es wurde in Gruben oder Ascheöfen durchgeführt, um das Verbrennen bei möglichst mäßiger Flamme zu gewährleisten. Die Asche wurde durch Durchsieben von Rückständen befreit und in großen Bottichen immer wieder mit Wasser ausgelaugt. Die so konzentrierte Lauge wurde durch Sieden eingedickt, und durch Verdunstung entstand eine dunkelbraune rohe Pottasche. Diese wurde in Kalzinieröfen gebrannt und damit gereinigt. Dadurch erhielt die rohe Pottasche ein bläulich schimmerndes Aussehen und konnte zur Glasherstellung verwendet werden.

Der immense Raubbau des Waldes bei der Pottaschegewinnung wird daraus ersichtlich, dass aus 1.000 Teilen Buchenholz 1,5 Teile Pottasche oder aus Tanne nur 0,45 Teile Pottasche gewonnen werden konnten. Insofern ist es zu verstehen, dass mit der künstlichen Gewinnung von Soda die Pottaschegewinnung Mitte des 19. Jahrhunderts sehr schnell zu Ende ging.

Kohlenmeiler

Flößer, Köhler und alte Waldberufe in Schönmünzach, vgl. S. 186.

Kohlenmeiler in Baiersbronn, vgl. S. 188.

Kohlenmeiler in Dachsberg, vgl. S. 260.

Salbeöfen

Salbeofen Baiersbronn über dem Tonbachtal, vgl. S. 188.

Salbeofen Enzklösterle, vgl. S. 200.

Rußhütte

Rußhütte in Enzklösterle, vgl. S. 200.

Durst hatten die Flößer ...

Vor dem Siegeszug der Eisenbahn war die Flößerei die schnellste und kostengünstigste Möglichkeit, große Mengen an Holz über weite Entfernungen zu transportieren. Schon die Römer nutzten die aus dem Schwarzwald führenden Flüsse, um Holz zu flößen. So wurden in Ettlingen und Pforzheim bei Grabungen römische Floßkanäle gefunden.

Sebastian Münster schreibt in seiner „Cosmographia" über die Zustände Mitte des 16. Jahrhunderts: „Das Volck so bey der Kynzig wohnet, besonders umb Wolfach ernehret sich mit großen Bauhölzern, die sie durch das Wasser Kynzig gen Straßburg in den Rhein flötzen und groß Gelt jährlich erobern. Deßgleichen thun die von Gernsbach und andere Flecken, die an der Murg gelegen sind, die das Bauholz durch die Murg an den Rhein bringen. Wie die von Pforzen durch die Enz groß Flöz in Necker treiben."

Wieso nahm die Flößerei einen solchen Aufschwung?

Bereits 1342 schlossen der Markgraf von Baden und der Graf von Württemberg einen Vertrag über die Flößerei auf Enz, Nagold und Würm. Die rasch wachsenden Städte wie Basel, Straßburg oder Mainz brauchten immer mehr Brennholz. Holz für Handwerksberufe wie Küfer, Tischler, Böttcher, Bauholz für Fachwerkbauten waren gefragt. Auch Bergbau, Hüttenwesen, Salinen und Glashütten waren Großabnehmer von Holz.

Wiedendreher bei der Arbeit.

Der Bau von Patrizierhäusern, Kirchen und Schlössern verschlang große Mengen an Holz, die im Schwarzwald geschlagen wurden. Besonders seit der Wende zum 18. Jahrhundert kamen die Niederlande mit ihrem schier unersättlichen Holzhunger hinzu. Amsterdam steht wie andere Hafenstädte auf zehntausenden Pfählen, die aus dem Schwarzwald über den Rhein nach Holland gingen. Groß war auch der Bedarf für die Seefahrt. Für den Bau eines Kriegsschiffes wurden 700 möglichst lange Eichenstämme gebraucht oder 2,5 Hektar Eichenwald und für den Achtersteven, der das Ruder trug, eine bis zu zwölf Meter lange und 75 Zentimeter dicke Eiche. Neben dem Nadelholz für Mastbäume brauchte der Schiffsbauer Kielholz aus Buche, Knieholz aus Eiche und für Rumpf und Planken dicke Bohlen aus Eiche.

Wer im Kinzig-, aber auch im Murg-, Nagold- oder Enztal flussaufwärts wandert, findet heute noch Hinweise auf Floßanlagen, Floßweiher, Schwallungen und Wehre. Viele seichte Flussniederungen tragen noch die Bezeichnung „Teich" und weisen mit dem daneben liegenden ebenen Wiesengeländе auf die früheren Einbindeplätze der Flöße hin.

Ein Floß wird eingebunden

Die erste Aufgabe bestand darin, die geschlagenen Stämme aus den großen Waldgebieten des Schwarzwaldes zu einem flößbaren Wasserlauf zu bringen. Soweit es nur bergab ging, wurden dazu natürliche Bodenrillen genutzt oder sogenannte Riesen angelegt, die mit Holz oder auch mit Steinen ausgekleidet waren. Die großen Stämme sausten wie Torpedos ins Tal. Eine gefährliche Arbeit, die immer wieder zu schweren Unfällen führte, wenn ein Stamm über den Rand einer Riese hinausschoss.

Eines der letzten Flöße auf der Kleinen Enz.

Waren die Stämme auf dem Polter – einer Wiese an einem Floßweiher – gelangt, begann die Arbeit der Flößer. In einem Wiedofen wurden mehrere Fuß lange Tannenstämmchen, Eichen, Birken, Buchen oder Haselstauden erhitzt oder „gebäht". Anschließend wurden sie an einem Wiedstock, einem Eiche- oder Buchenpfahl mit einem Loch, zu einer Wiede gedreht. Die Wiede wurde zu einem Ring geflochten und getrocknet. Mit den Wieden ließen sich die einzelnen Stämme elastisch und zugleich sehr haltbar zu einem Floß verbinden.

Die aufgereihten Stämme wurden am dicken Ende mit dem Beil abgerundet und mit dem Wiedbohrer an der abgerundeten Spitze durchbohrt. Im seichten Wasser, den Einbindestuben, wurden die Stämme ins Wasser gerollt, der Länge nach in einzelne Gestöre – wie die einzelnen Floßeinheiten genannt wurden – eingereiht. Die Stämme wurden an der durchgebohrten Stelle, dem Stock, und dem dünnen Ende, dem Zopf, eingebunden. Das Einbinden musste rasch geschehen, da das Floßwasser möglichst lange freigehalten und nicht durch den Floßbau versperrt sein sollte. In der Chronik von Wolfach finden wir eine Vorschrift, die für den Bau von Holländerflößen drei und für den Bau von Gemeinflößen nur zwei Tage gestattete.

Die Wald- und Talflöße bestanden meist aus 15 bis 20 Gestören, im Murgtal auch weniger, die je nach der Breite des Wasserlaufs aus sechs bis 15 nebeneinander liegenden Stämmen bestanden. Das Vorplätz, ein spitz zulaufendes Gestör mit einem Ruderbaum versehen, diente als Steuerelement in den engen Bächen. Zumeist im letzten Gestör wurden kürzere Stämme verwendet, so dass ein Bremsloch entstand. In dieses wurde ein kräftiger Stommel eingesetzt, der bis auf den Grund reichte. Es war die Sperre, die zum Abbremsen des Floßes diente.

Bevor die Floßfahrt beginnen konnte, musste in den Stauweihern und Wasserstuben das Schwallwasser gestaut werden, und wenn der Gamper, der bewegliche Teil des Wehres, geöffnet wurde, konnte mit dem Wasserschwall die Floßfahrt beginnen. Immer wenn sich ein Floß der nächsten Wasserstube näherte, musste das Wehr rechtzeitig geöffnet werden, um die ungehinderte Weiterfahrt des Floßes zu ermöglichen. Die Kunst des Flößers bestand darin, die Geschwindigkeit des Floßes mit der des Schwallwassers zu halten. An den Spannstätten – an der Mündung von Bächen und Flüssen – wurden die Wald- und Talflöße zu größeren Einheiten neu eingebunden. So ging es auf der Kinzig nach Kehl bzw. Straßburg und auf der Murg nach Steinmauern an den Rhein, auf Nagold, Enz und Würm nach Pforzheim. Die Holländerflöße wurden auf ihrem Weg in die Niederlande mehrfach neu eingebunden, das heißt verlängert und verbreitert. Das „Kapitalfloß", das bei Koblenz und Andernach gebaut wurde, war dann bis zu 350 Meter lang, bis zu 60 Meter breit und besaß einen Tiefgang von zwei Metern.

Aber nicht nur Rundholz wurde geflößt, sondern als Oblast auch Bretter, Balken, Fassdauben oder andere Produkte wie Harz, Teer, Kienruß, Pech. Sogar Auswanderer nach

Amerika reisten mit. Für das Murgtal war zudem das Bortfloß typisch, bei dem Schnittware zu Flößen eingebunden wurde.

Zeit des Flößens

Geflößt wurde in der Zeit zwischen Anfang März und Ende November. Die schwere Arbeit, großenteils im kalten Wasser stehend, war hart. Deswegen regelten schon frühzeitig Arbeitsverträge Art und Dauer der Arbeit, Bezahlung und Verpflegung. In diesen wurde festgelegt, dass der Floßherr jeden Tag eine Fleischration, vier bis fünf Liter Bier oder ein halbes Maß Wein als Verpflegungsproviant zur Verfügung zu stellen habe. Nur so war die schwere und gefährliche Arbeit erträglich und dementsprechend auch der sprichwörtliche Durst der Floßknechte zu stillen.

An Martini, dem 11. November, war die Flößerei zu Ende. Mit einer zünftigen Flößerzeche musste der Abschluss der Floßzeit begangen werden. Die Flößer erhielten ihren Lohn, kehrten heim, nicht ohne unterwegs immer wieder ihren Durst zu löschen. Manch einer brachte seinem Weib nicht ein Sträußle, wie es sich gehörte, sondern ein Räuschle oder auch richtigen Rausch mit heim.

Die Floßherren organisierten sich genossenschaftlich in Schiffergesellschaften und besaßen das Privileg der Flößerei. Sie mussten die Flüsse floßbar machen, die notwendige Infrastruktur zum Flößen erstellen. Mit den gewerblichen Anliegern wie den Mühlen oder Sägereien, aber auch der Fischerei, mussten sie sich über die Nutzung der Gewässer verständigen und einen Interessenausgleich herbeiführen. Die Abgaben waren dem Landesherrn zu bezahlen.

Das größte Hindernis in den Floßgebieten des Schwarzwalds war jedoch die Landesgrenze zwischen Württemberg und Baden. Die Murg war bis kurz vor Schönmünzach, die Enz bis kurz vor Neuenbürg und die Nagold bis hinter – bzw. seit 1604 bis vor – Bad Liebenzell badisch und dann jeweils an den Oberläufen württembergisch.

Im Land der Murgschifferschaft

Die wichtigste und einträglichste Schiffergesellschaft im Schwarzwald war die Murgschifferschaft, deren erste überlieferte „Schifferordnung" aus dem Jahr 1488 stammt. Sie besteht damit seit weit über 500 Jahren und dürfte die älteste deutsche Holzgesellschaft sein. Geheimnis des Überlebens der Murgschifferschaft war, dass ihre Mitglieder im Gegensatz zu den Flößern im Kinzigtal, auf der Alb, Enz, Nagold und Würm nicht nur Flößer waren, sondern auch Waldbesitz hatten und Sägemühlen betrieben. Sie waren

Verteilung des Erbes
von Jakob Kast.

damit nicht nur Handelsherren, sondern bewirtschafteten auch den Wald. Bis zum heutigen Tag besitzt die Murgschifferschaft mehr als 5.000 Hektar Wald.

Die Schifferordnung legte für das Murgtäler Holzgewerbe eine strikte Berufstrennung und Arbeitsteilung fest. An der Spitze der Schifferschaft standen gemeinsam mit den beiden Amtsleuten von Baden und Eberstein die vier Hauptschiffer, die unter anderem die Rechnung führten, die Märkte festsetzten und die Floßeinrichtungen überwachten. Das Fernhandelsgeschäft betrieben die „Rheinschiffer", die allerdings im Volksmund „Murgschiffer" hießen und unter diesem Namen in die Geschichte des Tals eingegangen sind. Bei den „Waldschiffern" handelte es sich meist um Waldbauern aus den Dörfern des mittleren Murgtals. Sie lieferten das Holz meist nur bis Gernsbach, der selbständige Handel über Steinmauern hinaus war ihnen untersagt. Bei den „Knechten", die die körperliche Arbeit verrichten, wurde zwischen „Rheinknechten" und „Murgknechten" unterschieden. Letztere teilten sich wiederum in Waldhauer, Fuhrleute und Waldflößer auf. Die „Rheinknechte" sorgten für das Einbinden der Flöße auf der Murg und die Fahrt bis zum und weiter auf dem Rhein.

Mit der Murgschifferschaft, deren historischer Sitz Gernsbach war (heute Forbach), verbinden sich zwei Namen:

Jakob Kast (1550–1615) beherrschte jahrzehntelang den Floßhandel im Murgtal. Er kam zu unermesslichem Reichtum, wurde der „Murgtäler Fugger" genannt, lebte in Hörden. Bei seinem Tode hinterließ er ein Vermögen von rund 480.000 Gulden, er besaß unter anderem 71 Waldgrundstücke und Anteile an 26 Sägemühlen. Der größte Teil seines Kapitals, mehr als 400.000 Gulden, war ausgeliehen. Viele süddeutsche Fürsten, aber auch Reichstädte wie Straßburg waren bei ihm verschuldet.

Ein weiterer überragender Murgschiffer war Franz Anton Rindeschwender (1725–1803). Er war der Sohn eines eingewanderten Tiroler Holzfällers, arbeitete sich bis zum Murgschiffer empor, gründete die Glashütte in Gaggenau und flößte auch bedeutende Scheiterholzmengen auf der Ettlinger Alb zur Brennstoffversorgung von Karlsruhe. Bei seinem Tode hinterließ er seinen Nachkommen ein Vermögen von 200.000 Gulden.

Im württembergischen Nagold-, Enz- und oberen Murgtal

Der Markgraf von Baden und der Graf von Württemberg schlossen 1342 einen Vertrag, mit dem sie die Flüsse Würm, Nagold, Enz und Neckar für die Flößerei öffneten. Bis zum Dreißigjährigen Krieg beherrschte die Pforzheimer Flößerzunft den Holzhandel im Enz-Nagold-Gebiet. Der Wald als wirtschaftliche Grundlage befand sich in württembergischen Händen bei den Waldbesitzern und Waldschiffern. Sie lieferten das Holz und die Schnittware als Zulieferer. Mit der günstigen Verkehrslage war Pforzheim der natürliche Handelspartner. Die Versuchung lag für die württembergischen Schiffer natürlich nahe, das Holz über Pforzheim hinaus direkt zu ihren Abnehmern zu flößen. Mit der Flößerordnung aber schlossen die Pforzheimer Flößer die Württemberger vom lukrativen Fernhandel aus.

Nach dem Dreißigjährigen Krieg erholten sich Wirtschaft und Gewerbe nur sehr langsam. Württemberg versuchte mit einer aktiven Holzhandelspolitik, die Macht der Pforzheimer Flößer zu brechen. Seit 1711 versuchte Württemberg, das Einbinden des Holzes zu größeren Flößen in Pforzheim zu vermeiden. Die Flöße wurden bereits in Neuenbürg neu eingebunden und konnten so bis Mannheim durchflößen. Um dies zu verhindern wurde die Breite der Floßgassen in Pforzheim vermindert. All die Maßnahmen führten jedoch letztendlich dazu, dass das Pforzheimer Holzgewerbe „ein armseliger Haufen" wurde.

Die 1755 gegründete „Calwer Holländer-Holz-Compagnie Vischer & Co." entwickelte sich dagegen in der zweiten Hälfte des 18. Jahrhunderts zu einer der reichsten Firmen Europas. Sie verflößte ungeheure Mengen an Holländer-, aber auch an Scheiterholz. Die jährliche Rendite lag bei durchschnittlich 25 Prozent!

Kuriose Auswüchse durch die Landesgrenzen

Wegen der Landesgrenze von Baden und Württemberg bei Schönmünzach war der Ausbau der Murg für die Flößerei lange blockiert. Erst 1768 war die Murg für Langholz durchgehend floßbar. Um die enormen Holzvorräte im württembergischen oberen Murgtal zu nutzen, wurden große Kraftanstrengungen unternommen, um das Holz über den Berg an württembergische Flüsse zu transportieren.

Bei Schönmünzach wurde an der Landesgrenze – beim heutigen Klärweg – mit einem Rechen Scheiterholz aus der Murg gezogen, mit Pferdewagen auf die „Besenfelder Schwenke" gezogen und dort gelagert. Im Winter wurde dann das Holz mit Hornschlitten zum Spielberg gezogen und von dort über eine Holzriese zum Kaltenbach Schwallweiher bei Gompelscheuer gebracht. Auf diese Weise wurde bis 1787 über den „Scheiterweg" und dann weiter über die Enz geflößt.

Stammholz wurde von Klosterreichenbach über den „Baum- oder Bergweg" mit Spezial-Langholzwagen und bis zu 14 Pferden Vorspann gebracht. Über Igelsberg zur Erzgrube wurden die Stämme gezogen und dann ab der dortigen Einbindestelle auf der Nagold geflößt. Der „Thannenfuhrweg" war von 1746 bis 1785 in Betrieb.

Die kurioseste Transporteinrichtung war aber die Huzenbacher Maschine. Mit dieser Maschine wurden ebenfalls Baumstämme, die im Gebiet des Huzenbacher Sees geschlagen wurden, über den Berg gezogen und auf der Enz oder Nagold eingebunden und verflößt. In elf Radhäusern drehten jeweils acht bis zehn Männer ein großes Rad, um damit die Baumstämme nach oben zu ziehen. Nach nur zweieinhalb Jahren Betriebszeit wurde die Maschine 1758 durch einen Unfall zerstört und danach nicht wieder aufgebaut.

So wurden mit großen Kraftanstrengungen Holländerstämme gehauen und verflößt. Nachdem die Murg unter größten Schwierigkeiten durchgehend für Langholz floßbar gemacht wurde, konnten viele hunderttausend Holländerstämme aus den oberen badischen, aber auch vor allem aus den riesigen württembergischen Wäldern verflößt werden. In jenen Jahren waren die beim Holländerholzhandel erzielten Gewinne so gewaltig, dass die beteiligten Gesellschaften zu den ertragreichsten Unternehmen Südwestdeutschlands zählten.

Im Tal der Kinzig

Das dritte wichtige Flößergebiet war das Kinzigtal. Aber in diesem Gebiet war die Zersplitterung noch größer. Die Flöße aus dem fürstlich fürstenbergischen Waldbesitz am Kniebis und dem Klosterbesitz von Rippoldsau mussten auf der Wolf immer wieder andere Herrschaftsgebiete durchqueren. Auf der Kinzig mussten die fürstlich fürstenbergischen Flöße aus Reinerzau und Schenkenzell das württembergische Schiltach passieren, um ab Wolfach wieder im eigenen Herrschaftsgebiet zu sein. Schramberger Flöße durften in Schiltach nicht umgespannt werden. So kaufte die fürstlich fürstenbergische Konkurrenz den Schrambergern an ihren Spannstätten die Flöße ab und passierte mit halbem Zollsatz Schiltach. An der freien Reichsstadt Gengenbach war wieder Zoll zu entrichten, obwohl die Flöße aus den Nebenflüssen in Schiltach, Wolfach und Gengenbach schon umgebunden und in der Größe dem Wasser angepasst wurden. Dann konnte in Kehl oder Straßburg

Wolfacher Flößer. Fassadengemälde von Eduard Trautwein.

angelandet werden. Die territoriale Zersplitterung fand erst mit der Mediatisierung und Säkularisierung Anfang des 19. Jahrhunderts ein Ende.

Ein früher Nachweis der Flößerei stammt vom Kloster Gengenbach, das 1339 die Holzreste der Flößerei den Bürgern überließ. Wolfach hatte um 1470 eine Floß- und Zollordnung. In der Floßordnung von 1564 wurde vereinbart, dass das Flößen auf der Kinzig nur den Schiffergesellschaften von Alpirsbach, Schenkenzell, Schiltach und Wolfach gestattet sei. Die Waldbesitzer mussten an diese verkaufen. Alle Versuche, dies zu umgehen, wurden immer wieder vereitelt, da die Schiffergesellschaften die Pflicht hatten, die Floßwege, die wiederholt durch Hochwasser zerstört wurden, zu unterhalten.

Anfang des 18. Jahrhunderts kamen die Holländer auch ins Kinzigtal, um die begehrten Holländertannen aufzukaufen. Damit begann auch hier der wirtschaftliche Aufschwung.

In der Schiltacher Schifferzunft trieb das Geschlecht der Trautwein und in Wolfach das der Armbruster die jeweilige Schifferschaft zur Blüte und prägten sie für viele Jahre.

Nach einem gewonnenen Prozess des Vogtsbauern von Kaltbrunn gegen die Schifferschaft war es den Bauern ab 1831 erlaubt, das Holz zu verkaufen, an wen sie wollten. Damit war das alte, exklusive Schifferprivileg verloren. Zusätzlich führte die Revolution 1848/49 zu wirtschaftlichen Zusammenbrüchen der Wolfacher und später auch der Schiltacher Schifferschaften. 1868 wurde dann die Kinzigflößerei-Genossenschaft gegründet. Zwischen 1858 und 1887 wurden eine Million Festmeter Holz in insgesamt 3.337 Flößen über die Kinzig zum Rhein geflößt.

Das Experiment auf der Wutach

Als sich 1830 abzeichnete, dass die Floßgesellschaften an der Kinzig das Privileg des alleinigen Flößens verlieren würden, suchten die Schiltacher Flößer nach neuen Möglichkeiten. Infolge einer Agrarkrise gab es im Südschwarzwald von den großen Hofbesitzern günstig Wald zu kaufen. Die Schiltacher Holzhändler Wolber und Vaihinger gründeten die „Gesellschaft Wolber, Vaihinger und Companie" und erhielten das Privileg, auf der Wutach, Steina und dem Titisee zu flößen. 1832 schwammen die ersten, 200 bis 300 Meter langen Flöße die Wutach hinunter, nachdem die Wutach unter großen Schwierigkeiten für die Flößerei ausgebaut worden war. Doch es gab Streit mit dem aufkommenden Gewerbe um die Wasserrechte. Auch die Schweizer Anrainer setzten sich zur Wehr, und das rücksichtslose Durchsetzen eigener Interessen durch die Kinzigtäler Flößer ließen die Schwierigkeiten immer größer werden. Nach buchhalterischen Unregelmäßigkeiten war die Gesellschaft schon acht Jahre später pleite. Auch eine weitere Floßgesellschaft konnte sich nur zwei Jahre halten. 1853 fuhr das letzte Floß die Wutach hinunter.

Ein aus der Not geborenes Unternehmen des Flößers Trautwein aus Schiltach sei noch erwähnt: Er kaufte Holz vom Grafen Bodman, ließ es auf dem Bodensee zu einem Floß einbinden, mit einem Dampfschiff über den Bodensee nach Konstanz ziehen, um es bis nach Schaffhausen zu flößen. Dort wurde das Floß auseinandergenommen und auf dem Landweg unterhalb des Rheinfalles transportiert, um es wieder einzubinden und nach Straßburg zu flößen. Allerdings blieb es aus Kostengründen bei diesem einmaligen Abenteuer.

Beklagenswert das Ende der Flößerei

Im Laufe des 19. Jahrhunderts ging es mit der Flößerei bergab. Viele Gründe spielen dabei eine Rolle.

1. Die Aufhebung der Schifferprivilegien 1831 auf der Kinzig und 1834 auf der Murg führten langfristig zur finanziellen Auszehrung der Schiffergesellschaften, da das Geld fehlte für die notwendige Instandhaltung der Floßeinrichtungen, vor allem nach starkem Hochwasser.

2. Der Straßenausbau und insbesondere die Erschließung des Schwarzwalds durch den Eisenbahnbau ermöglichten andere Transportweisen: Eine Floßfahrt von Schiltach bis Willstätt benötigte zwei bis acht Tage, mit der Eisenbahn konnte aber wesentlich schneller und auch preisgünstiger das Holz, aber auch Kohle in großen Mengen transportiert werden.

3. Die aufkommende Industrie und Sägewerke benötigten für ihre Turbinen gleichmäßigen Wasserzulauf. Nur noch ein bis zweimal pro Woche durfte Schwallwasser abgelassen werden.

4. Die Arbeitskräfte fühlten sich in der Industrie und im Handwerk wohler und besser bezahlt als in der anstrengenden und gefährlichen Flößerei.

5. Die Wälder waren durch den Raubbau erschöpft. Beispielhaft sind die Verwüstungen im Nordschwarzwald. Intensive Waldweide und übermäßige Holznutzung für Fernhandel und Scheiterholz hatten den Wald zugrunde gerichtet.

So wurde das Flößen nach und nach unrentabel und hörte auf, auch wenn es erst Jahre später amtlich aufgehoben wurde. 1848 wurde das letzte Floß auf der Wutach geflößt. 1886 gaben die Pforzheimer Flößer ihren Beruf auf. Im gleichen Jahr fuhr das letzte Wolfacher Floß die Kinzig abwärts. Es führte eine Tafel mit sich

„Jetzt flößen wir zum letztenmal
Durch dieses schöne Wolfachtal;
Was lange unsere Freude war,
ist wohl dahin auf immerdar.“

1894 fuhr das letzte Schiltacher Floß die Kinzig abwärts, 1896 das letzte Floß auf der Murg. Ab 1902 wurde nach und nach die Flößerei auf der Großen und Kleinen Enz aufgehoben. 1903 sollen die letzten drei Flöße für die Weiterfahrt nach Mannheim bestimmt gewesen sein. 1911 soll das letzte Floß die Nagold und 1919 nochmals ein Floß die Kleine Enz befahren haben, bevor ein Hochwasser im gleichen Jahr die Floßeinrichtungen unbrauchbar machte.

Zeugnisse früherer Flößerei sind überall im Schwarzwald zu finden:

Flößereimuseum Gengenbach, vgl. S. 148.

Flößer- und Heimatmuseum / Flößerpfad Wolfach, vgl. S. 154.

Hofbauernriese Reinerzau, vgl. S. 156.

Flößerpfad Loßburg, vgl. S. 157.

Holzriesen Bad Rippoldsau, vgl. S. 161.

Rathaus Gernsbach und seine Flößertradition, vgl. S. 181.

Alte Flößerschwallung Herrenwies, vgl. S. 184.

Flößer, Köhler und alte Waldberufe in Schönmünzach, vgl. S. 186.

Neuenbürg, eine alte Flößerstadt, vgl. S. 195.

Calmbach mit seiner Flößertradition, vgl. S. 196.

Enzklösterle, vgl. S. 199.

Unterreichenbach Flößermuseum, vgl. S. 201.

Flößerstadt Altensteig, vgl. S. 205.

Die Tüftler vom hohen Schwarzwald

Anfänge der Schwarzwälder Uhr

Der Ursprung der Schwarzwälder Uhr liegt etwas im Dunkeln. Gesichert ist aber, dass ein Glasträger aus dem Knobelwald (heute St. Märgen-Glashütte) eine Stundenuhr von einer seiner Handelsreisen mitbrachte. Er hatte sie einem böhmischen Glashändler abgekauft. Diese Wanduhr wurde 1667 von den Brüdern Kreuzer aus Waldau auf dem Glashof nachgebaut, wobei der in St. Märgen lebende Schreiner Lorenz Frey mithalf. Diese Uhr gilt als die erste nachweisbare Schwarzwälder Uhr, und der Glashof hat als Wiege der Schwarzwälder Uhrmacherkunst zu gelten.

Wer weiß heute denn, wenn er sich als Wanderer oder Langläufer im Gebiet der Kalten Herberge oder am Thurner bewegt, dass er sich im Herzland der Schwarzwälder Tüftler befindet? Von hier aus trat die Schwarzwälder Uhr ihren Weg nach Konstantinopel, nach St. Petersburg, nach London oder Pittsburgh an.

Wie konnte in dieser abgelegenen Gegend die Uhrmacherei entstehen und sich in einem Gebiet mit einem Radius von 50 Kilometern ausdehnen? Das Umfeld war vorhanden: Das Anerbenrecht bestimmte, dass der jüngste Sohn als Hoferbe eingesetzt wird, die anderen Söhne waren die weichenden Erben und mussten als Gütler entweder auf dem Hof als Knecht arbeiten oder einer anderen Tätigkeit nachgehen, um ihre Familien zu ernähren. Schmalhans als Küchenmeister machte sie genügsam, aber auch erfinderisch. Handwerkliche Fähigkeiten vor allem im Umgang mit Holz, aus dem die früheren Uhren

Darstellung einer Uhrmacherwerkstatt im Schwarzwaldmuseum Triberg.

ausschließlich hergestellt wurden, waren durch das Schneflerhandwerk hoch entwickelt. Der Kontakt zu den Märkten war durch die Glasträger gewährleistet.

Trotz aller günstigen Voraussetzungen kam der Uhrenbau allerdings nicht recht in Gang. Er geriet immer wieder ins Stocken. Die Zeiten waren unruhig. Zahlreiche Kriege überzogen den Schwarzwald, der Holländische Krieg, der Pfälzische und der Spanische Erbfolgekrieg verschonten auch den Schwarzwald nicht. In deren Folge zogen immer wieder fremde Truppen brandschatzend, raubend und mordend über den Schwarzwald und brachten Elend, Hunger und Seuchen in die Gegend. Erst ab etwa 1720 lässt sich von einer gewerbsmäßigen Herstellung der Uhren sprechen. Die Gütler betrieben auf ihrem kleinen Hof die Uhrmacherei als Hausgewerbe, wobei durchaus schon Lehrlinge und Gehilfen aus der Familie oder Fremde mitwirkten.

In dieser Zeit wurden Waaguhren hergestellt, die nur volle Stunden anzeigen konnten. Später fügten die Uhrmacher ein zweites Ziffernblatt hinzu, das die Viertelstunden anzeigte. Die Uhren hatten anstatt des späteren Pendels einen hölzernen Waagbalken mit zwei Regulierungsgewichten und einfache Feldsteine als Gewicht. Sehr genau gingen diese Uhren noch nicht.

Uhrmacherfamilien begründen Dynastien

Als Begründer der Schwarzwälder Uhrenindustrie und damit als Väter des Gewerbes gelten Simon Dilger aus Urach, Franz Ketterer und Johann Duffner aus Schönwald, Mathias Löffler aus Gütenbach und Michael Dilger aus Neukirch.

Vor allem Simon Dilger und Franz Ketterer verbreiteten rasch die hohe Kunst der Uhrmacherei, da sie regelmäßig Lehrlinge ausbildeten. Simon Dilger unterhielt auf dem Gasthaus Kalte Herberge eine Art Uhrmacherschule. Hier kamen die Uhrmacher der gesamten Umgebung regelmäßig zusammen, tauschten Erfahrungen aus und besprachen technische Verbesserungen an den Uhren sowie der Werkzeuge. Das zentral gelegene Gasthaus diente als Stapelplatz für Uhren, bevor sie von Glasträgern und Musterreitern über Land getragen wurden.

Simon Dilgers befähigtster Lehrling war sein eigener Sohn Friedrich. Er war äußerst geschickt in der Bearbeitung der verschiedenartigsten Materialien wie Holz, Glas und Metall. Seiner Aufmerksamkeit entging nicht, dass die üblicherweise verwendeten weichen Hölzer zu einem schnellen Verschleiß der beweglichen Teile der Uhr führten. Von den Glasträgern hörte er immer wieder, welche kunstvollen Uhren draußen in der Welt hergestellt wurden. So nahm der 18-Jährige kurzentschlossen einen Pack hölzerner Stundenuhren auf seine Krätze und wanderte nach Paris, um dort die Arbeitsmethoden der viel gerühmten französischen Uhrmacher kennenzulernen. Durch ihn erlebte die

Schwarzwälder Uhrmacherei einen Aufschwung, da er viele technische Neuerungen und Verbesserungen – beispielsweise das „Zahngeschirr", ein Werkzeug zur Verbesserung der Zahnräder – für seine immer kunstvolleren Uhren verwendete.

Nach zehn Jahren begab er sich noch einmal auf eine Reise und wanderte in den Jura, um dort das Schweizer Uhrmachergebiet kennenzulernen. Aus Solothurn brachte er die ersten Metallglocken auf den Schwarzwald, die bald die zerbrechlichen Glasglocken ablösten.

Arbeitsteilung bringt neue Berufe

Mit der gewerbsmäßigen Herstellung der Uhren kam Anfang des 18. Jahrhunderts auch die Arbeitsteilung. Als erster Zweig kamen die Werkzeugmacher mit ihren verbesserten Werkzeugen, die Gießer für die Metallglocken und die Herstellung der Metallzahnräder, die Kübler und Schreiner für die Gestelle und Uhrenschilder. Sehr bald entwickelte sich auch das Bemalen der Uhrenschilder als eigenständiges Arbeitsgebiet. Die fortschreitende Arbeitsteilung führte zu einer Steigerung der Produktion und damit zu einer Verbilligung der Produkte. Andererseits führte die Arbeitsteilung auch zu einer Erhöhung der Qualität, da die Spezialisierung eine Verfeinerung der Technik zuließ.

Eine Vielzahl von Uhren entwickelt sich

1740 gelang Christian Wehrle die Weiterentwicklung der Wälderuhr, wie die Uhren damals hießen, indem er statt der Waag ein kurzes Vorderpendel einführte, welches vor dem Zifferblatt schwang. Dieses Pendel wurde später auch „Kuhschwanzpendel" genannt, ein recht anschaulicher und im Schwarzwald scheinbar auf der Hand liegender Name, dessen Gebrauch sich allerdings erst um 1900 nachweisen lässt.

Nach der Entwicklung des Blechankerganges setzten sich die Langpendeluhren, die wir heute kennen, durch. Es wurden nun zunehmend die Holzteile, zumindest beim Steigrad, durch Messingteile ersetzt. Diese Teile mussten von auswärts, aus der Schweiz oder der freien Reichsstadt Nürnberg, bezogen werden. 1787 begann Leopold Hofmeier in Neustadt mit seinen Versuchen, selbst Uhrräder aus Messing zu gießen. Die Verwendung von Metallteilen ermöglichte es, die Wälderuhren mit Schlagwerken auszustatten.

Ein Kuriosum stellte der „Gesindewecker mit Fernbedienung" dar. In der Gesindekammer wurde ein plumpes Weckwerk ohne Uhr aufgehängt. Die eigentliche Uhr, der Herrenwecker, befand sich in der Kammer des Hofherrn. Über eine Zugleitung wurde das Gesinde am frühen Morgen geweckt.

Holzräderuhr mit astronomischer
Anzeige aus dem 18. Jahrhundert.

Um 1780 entwickelte der zuletzt in Hinterzarten lebende Jakob Herbstrieth eine kleine
Uhrenart, deren Gestell nur noch acht Zentimeter hoch und sechs Zentimeter breit war:
die Jockele-Uhr. Noch kleiner als diese sind die Sorguhren, die Josef Sorg um 1800 in
Neustadt fertigte. Diese Uhren hatten nur noch ein Gestell von fünf Zentimetern Höhe
und drei Zentimetern Breite.

Zur gleichen Zeit kam die Figuren- oder Männleuhr auf. Verschiedenartigste Figuren
schlugen nun nicht nur die Zeit an, sondern bewegten sich auch: Ein Kapuziner läutete,
eine Schildwache bewegte sich, zwei Geißböcke sprangen gegeneinander, ja es gab sogar
eine Enthauptungsuhr, bei der eine Hinrichtung vollzogen wurde. Bei Porträtuhren mit
Augenwender bewegten sich die Augen im Takt hin und her.

Aber damit war der Einfallsreichtum noch lange nicht erschöpft. 1730 wurde von Anton
Ketterer in Schönwald eine Kuckucksuhr mit Vorderpendel gebaut, die mit der heute
bekannten Form noch nichts gemein hatte. In eine damals übliche Uhr wurde ein Kuckuck
und ein Türchen eingesetzt.

1850 entwarf der Karlsruher Architekt Friedrich Eisenlohr nach einem Aufruf der
Uhrmacherschule Furtwangen, neue absatzfördernde Uhrengehäuse zu entwickeln, die
sogenannte Bahnhäusleform. Das Gehäuse ähnelte den Bahnwärterhäuschen, die Eisenlohr für die badische Eisenbahn entworfen hatte. In dieser Gestalt traten die berühmten
Schwarzwälder Kuckucksuhren nun ihren Siegeszug durch die Welt an.

1770 baute Salomon Scherzinger die erste Flötenuhr. Bei dieser wurde über eine Stiftwalze ein Pfeifenwerk angetrieben. Das Lied bestand aus kurzen Pfiffen in verschiedenen Tonhöhen. Sie wurden bekannt als Vogelorgeln und waren die Vorläufer der Orgel- und Spieluhren von Martin Blessing. Sein bekanntestes Werk wurde ein großes Orchestrion mit 15 Registern, das er 1832 vollendete und für 15.000 Gulden verkaufen konnte.

1858 fertigte Jakob Bäuerle Trompetenuhren, die zuerst nur einen Signalton abgaben. Später wurde dann eine Wiedergabe eines einfachen Stückes ermöglicht, beispielsweise der Signalton eines Postillions. Dies gelang durch den Einsatz von Zungenpfeifen.

Lorenz Bob, ein bedeutender Uhrmacher aus Furtwangen, schuf um 1840 die Stockuhren, die ihren Namen nach ihrer baumstumpfähnlichen Form („Stock") erhielten. Eine Zugfeder ersetzte die Gewichte und es genügte ein Kurzpendel. So wurde die flache Form der Buffet- oder Küchenuhren ermöglicht. Daraus wurden dann nach amerikanischem Geschmack die langen Gehäuse als Wand- oder Standuhren mit federgetriebenen Regulatoren entwickelt.

Uhrenträger bringen die Uhren in die Welt

Wie wurden aber nun die vielfältigen Erzeugnisse verteilt?

Die ersten einfachen Wälderuhren wurden gelegentlich von den Glasträgern auf ihren Krätzen mitgenommen. Sie fanden guten Absatz, und die Erlöse waren so reichlich, dass die Uhrmacher bald selbst den Absatz in die Hand nahmen.

Im Winter stellte der Uhrmacher seine Uhren her, wurden die Tage länger, wich der Schnee dem Frühjahr, zog er mit seiner Krätze in die nähere oder weitere Fremde, in den Breisgau, nach Schwaben oder in die Schweiz. Manchmal leerte sich die Krätze ziemlich schnell und der Uhrmacher konnte schon nach wenigen Wochen wieder den Rückweg antreten. Spätestens zum Herbst hin, wenn sich das Laub verfärbte, zog er wieder heim in den Schwarzwald.

Bald erkannten die Uhrmacher, dass es günstiger war, daheim zu bleiben und zu arbeiten, während Familienmitglieder oder vertrauenswürdige Männer den „Verschleiß" – so nannte sich der Verkauf – betrieben. Wie beim Absatz des Schwarzwälder Glases gab es nun spezielle Uhrenträger, die beim Uhrmacher die Uhren erwarben und in die Fremde trugen.

Der erste namentlich bekannte Uhrenträger war um 1725 Jakob Winterhalter aus Gütenbach. Er zog mit seiner Krätze bis Sachsen. Dort kaufte er Kanarienvögel ein, zog mit diesen nach Holland und schlug sie dort mit Profit wieder los. Durch seine Erzählungen angespornt, machten sich immer mehr Schwarzwälder auf die Wanderschaft in die weite Welt. Sie kamen bis Köln, Düsseldorf, Böhmen, Sachsen, Ungarn und Italien. Häufig

Darstellung eines Uhrenträgers im
Schwarzwaldmuseum Triberg.

vereinigten sich dabei zwei oder drei Händler zu einer Gesellschaft, um gemeinsam ein bestimmtes Absatzgebiet zu bearbeiten.

Je weiter aber der Weg die Uhrenträger führte, umso beschwerlicher war es, neue Waren zu beschaffen. Deshalb wurden daheim Stapelplätze für die angekauften Waren eingerichtet. Dort wurden sie in Kisten verpackt und von Fuhrleuten zum Standort der Händler befördert. So entwickelten sich Trägerkompanien, die jeweils für den Nachschub sorgten. Für den Verkauf nahm man Uhrenknechte mit, die bei Bewährung häufig als Händler in die Sozietät aufgenommen wurden.

Das Schicksal von Mathias Faller mag für einen erfolgreichen Uhrenträger beispielhaft sein. Durch ihn fanden die Schwarzwälder Uhren ihren Weg bis nach Asien. Er stammte vom Schafhof bei Friedenweiler, war wanderlustig und geschäftsgewandt. Gegen 1770 begründete er eine Uhrenträgerkompanie.

Mit einer Ladung Uhren wagte er sich 1779 zum ersten Mal nach Konstantinopel. Dort machte er dem Sultan Abdul Hamid I. eine Spieluhr zum Geschenk und erhielt zum Dank einen „Fährmann", was ihm für das ganze osmanische Reich den Uhrenhandel ohne jegliche Abgabe ermöglichte. Soweit des Sultans Macht in Asien reichte, konnte nun Faller mit seinen Schwarzwälder Waren Handel treiben. Natürlich mussten die Uhren dem türkischen Geschmack angepasst werden. Die Schilder bekamen einen türkischen Zahlenring, wurden mit orientalischen Ornamenten bemalt, mit dem Halbmond, die Figuren trugen türkische Tracht. Auch die Musik der Spieluhren wurde dem Geschmack der Abnehmer angepasst.

1756 zogen Johann Schwarzwälder und Johann Epting aus St. Georgen sogar nach Pennsylvanien. Dort konnten sie in einer Schenke nahe Pittsburgh die Farmer davon überzeugen, dass eine Kuckucksuhr kein Teufelswerk ist. Diese waren nämlich erschrocken, als plötzlich der Kuckuck die Stunde ausrief und danach wieder verschwand.

Nimmt man das Totenbuch der Pfarrei Urach zur Hand, kann man aus den Einträgen einiges über das Verbreitungsgebiet der Schwarzwälder Uhren erfahren:

Joseph Scherer, 30 Jahre alt, in Portugal verstorben

Joseph Ketterer, 45 Jahre alt, 1776 in London verstorben

Martin Dorer, 30 Jahre alt, 1791 in Bari verstorben

Nikolaus Kleiser, 26 Jahre alt, 1799 in New Castle verstorben

Martin Kleiser, 19 Jahre alt, 1803 in Valesoleti (Spanien) verstorben

Joseph Pfaff, 33 Jahre alt, 1837 in Temeschwar (Ungarn) verstorben.

Blüte und Niedergang des Uhrengewerbes

Gegen Ende des 18. Jahrhunderts gingen jährlich etwa 110.000 Uhren aus dem Schwarzwald in die weite Welt. Beinahe zehn Prozent der Bevölkerung war im Uhrengewerbe tätig. Viel Geld war auf den Schwarzwald gekommen. Aber es war nicht alles Gold, was glänzte.

Die Uhrmacherei war zunftfrei, ein Befähigungsnachweis wurde nicht verlangt. Jeder, der das schnelle Geld machen wollte, produzierte oder ließ Uhren produzieren. Dadurch litt die Qualität immer wieder erheblich und die Preise sanken.

Zwischen die hausgewerblichen Uhrmacher und die Handelskompanien hatten sich die Packer (Spediteure) gedrängt. Sie hatten meist eine Wirtschaft und einen Kramladen und übernahmen so auch die Belieferung mit Werkstoffen und Werkzeugen. Die Packer übernahmen auch den Versand der Uhren und deren Bezahlung. Damit begaben sich die Uhrmacher in eine vollständige Abhängigkeit und wurden entsprechend in den Preisen gedrückt. Immer wieder gab es Klagen über das „Packerunwesen" und die damit verbundene Ausbeutung der Uhrmacher. 1814 versuchte Obervogt Huber von Triberg mit dem Pfarrer Johann Baptist Diebold aus Neustadt das Uhrengewerbe zunftmäßig zu organisieren. Die sturen Schwarzwälder blieben aber bei ihren alten Gewohnheiten. Die Packer fürchteten um ihren Einfluss.

1850 rief Robert Gerwig im Auftrag der badischen Regierung in Furtwangen eine Uhrmacherschule – die heutige Hochschule – ins Leben. Die Uhrenherstellung im Schwarzwald, die gegenüber der ausländischen, zum Teil bereits zum Fabrikbetrieb übergegangenen Konkurrenz immer mehr ins Hintertreffen zu geraten drohte, sollte durch eine verbesserte Ausbildung gestärkt werden. Vor allem war es auch wichtig, die Arbeitsteilung zu intensivieren und die maschinelle Produktion einzuführen.

Ab 1865 begann Junghans in Schramberg nach amerikanischem Vorbild Wecker, 1903 Taschen- und ab 1932 Armbanduhren in Serie zu produzieren. Die Großserie und arbeitsteilige Produktion ermöglichten Preise, zu denen der traditionelle Uhrmacher niemals produzieren konnte.

Die herkömmliche Hausindustrie musste immer mehr der Fabrik- und Großindustrie weichen. Der Versuch der badischen Regierung, die Schwarzwälder Hausuhrenindustrie durch einen genossenschaftlichen Zusammenschluss zu retten, scheiterte kläglich. Auch in Furtwangen, Triberg, Neustadt, Schwenningen und Villingen entstanden große Uhrenfabriken, die dem traditionellen Uhrenhersteller die Existenz raubten. Am Vorabend des Ersten Weltkriegs beschäftigten die Schwarzwälder Uhrenfabriken rund 10.600 Arbeiter und erzeugten im Jahr 10,5 Millionen Uhren, was einer Tagesproduktion von 35.000 Stück entsprach.

Heute sind auch die klangvollen Namen der einstigen Uhrendynastien wie Junghans, Kienzle, Mauthe oder Kaiser Uhren weitgehend verschwunden. Die einstige Weltgeltung der Schwarzwälder Uhrenindustrie endete in den siebziger und achtziger Jahren des letzten Jahrhunderts. Bereits Mitte der fünfziger Jahre kamen elektrische, transistorgesteuerte Uhren auf. Mitte der siebziger Jahre waren es dann die Quarzarmbanduhren, die die mechanischen Zeitmesser ablösten. Waren zur Herstellung einer mechanischen Uhr noch etwa 1.000 Arbeitsgänge erforderlich, so reduzierte sich die Quarzuhr im einfachsten Fall auf nur fünf Teile: Batterie, Schwingquarz, elektronischer Schaltkreis, digitale Zifferanzeige und Gehäuse. Die Uhrenindustrie wurde von der Halbleiterindustrie abhängig. 1985 stellte Junghans die erste Funkarmbanduhr der Welt vor, insgesamt aber wurde der rechtzeitige Übergang zum Quarzwerk in Massenproduktion verschlafen.

Die Weltproduktion an Uhren nahm seit Aufkommen der Quarzuhren um das Vier- bis Fünffache zu. Durch die Massenproduktion sank der Preis, die Uhren wurden zum Teil ein Wegwerfprodukt. Wie einst der tüftelnde Uhrmacher auf dem Wald durch die Pioniere der arbeitsteiligen Uhrmacherfertigung verdrängt wurde, hat die Quarztechnologie innerhalb kurzer Zeit die mechanische Herstellung vom Markt verschwinden lassen.

An die Tradition der Schwarzwälder Uhrenherstellung erinnern:

Deutsches Uhrenmuseum in Furtwangen, vgl. S. 281.

Antik-Uhrenmesse in Furtwangen, vgl. S. 281.

Schwarzwaldmuseum Triberg, vgl. S. 210.

Deutsche Uhrenstraße, vgl. S. 218.

Uhrenindustriemuseum VS-Schwenningen

Heimat- und Uhrenmuseum VS-Schwenningen

Orchestrionbau – die höhere Kunst des Orgelbaues

Das Orchestrion hatte als Vorläufer die Spiel- und Flötenuhr sowie die Orgel. Die ersten Spieluhren um 1760 hatten schon eine Walze, mit der Glasglocken bespielt wurden. Um 1770 wurden die ersten Spieluhren mit Pfeifenwerken, die Flötenuhren genannt wurden, gebaut. So bildete sich an zwei Orten im Schwarzwald aus der Uhrmacherei und dem Orgelbau der Orchestrionbau, nämlich in Vöhrenbach und Waldkirch-Kollnau.

Die Gründungsväter Ignaz Blasius Bruder und Martin Blessing

Urahn der berühmten Orgel- und Orchestrionbauer-Familie Bruder war Ignaz Blasius Bruder. Er wurde 1780 als Sohn eines Schmiedes in Zell a.H. geboren. Heute würde man sagen, als Autodidakt eignete er sich die Kunst des Orgelbaus an. 1806, also mit 26 Jahren, stellte er in Alt-Simonswald seine erste funktionsfähige Orgel her. Eine Flötenspieluhr aus dem Jahre 1822 mit 50 geschnitzten und beweglichen Figuren ist heute noch in Basel vorhanden. Mit ihr war der Bogen vom Orgelbau zum Orchestrion geschlagen. Sein Wissen hielt er in Handschriften fest, die bis ins 20. Jahrhundert Grundlage für den Orgel- und Orchestrionbau waren. 1834 zog Bruder, der insgesamt 15 Nachkommen hatte, mit seinem ältesten Sohn nach Waldkirch und begründete für vier Generationen den traditionsreichen Orgel- und Orchestrionbau. Mit den Jahren entstanden drei Orgelfabriken: Gebrüder Bruder (gegründet 1864, erloschen 1937), Wilhelm Bruder Söhne (gegrün-

Karussellorgel mit
Lochkarte von 1925.

det 1868, erloschen 1941) und Ignaz Bruder Söhne (erloschen 1918).

Der andere Urahn einer berühmten Schwarzwälder Orchestrionbau-Familie war Martin Blessing, 1774 in Unterkirnach geboren. Als Uhrenträger reiste er bis nach Russland und lernte dort die Kunst des Orgelbaus. Zusammen mit seinem Bruder Karl, der ebenfalls in Moskau Orgeln baute, kam er über die Reparatur von Musikwerken zum Orchestrionbau. Martin erfand das „Panmelodikon", dessen eigenwillige Töne durch Reibung metaller Stäbe mittels eines Zylinders hervorgebracht wurden.

Viele Musikwerkbauer von Rang und Namen waren Schüler von Martin Blessing, dessen Nachkommen für drei Generationen im Orchestrionbau tätig waren. Auch Michael Welte, 1807 in Vöhrenbach geboren, war ein Schüler,

Martin Blessing (1774–1847).

der nach seinem Ausscheiden bei Blessing eine eigene Produktion aufbaute. Diese wurde später nach Freiburg verlegt. Seine Gesellschaft erhielt ein Patent auf die Papiermusikrolle, durch die die Walzenmechanik abgelöst wurde. Schon 1848 fertigte Welte in dreijähriger Arbeit ein Riesenorchestrion. 186 Tasten betätigten die Musikinstrumente. 524 Pfeifen in 15 Registern ahmten die Klangfarbe von Flöte, Pikkolo, Fagott, Oboe, Trompete, Waldhorn und Posaune nach. Große und kleine Trommel, Triangel und türkisches Becken vervollständigten das Ganze. Den größten Erfolg erzielte die Firma 1904 mit der Welt-Philharmonie-Orgel, mit einem Repertoire von mehreren tausend Musikrollen. 1906 ging ein Enkel des Firmengründers in die USA, um die Instrumente dort einzuführen. Nach dem Ersten Weltkrieg wurde der Besitz in den USA beschlagnahmt, das Freiburger Werk im Zweiten Weltkrieg zerstört.

Imhof & Muckle, beide aus dem Schwarzwald kommend, vertrieben und reparierten Uhren und Orchestrien in London. Im Jahre 1874 kehrten sie zurück und übernahmen in Vöhrenbach die Fabrikationsanlagen der Firma Welte. Glanzstück war im Jahre 1900 auf der Pariser Weltausstellung ein „Imhof-Orchester" mit neun Metern Breite, sieben Metern Höhe und zweieinhalb Metern Tiefe. Einen zweiten Höhepunkt erlebte die Firma in den „goldenen zwanziger Jahren". Insgesamt gab es rund 45 verschiedene Firmen, die Orchestrien herstellten.

Was wurde nun auf dem Schwarzwald alles gebaut?

In der Zeit von 1790 und 1840 blühte die Flötenuhren-Herstellung. Die Uhrenhersteller verwendeten dazu Pfeifen und Register mit unterschiedlichen Klangmerkmalen. So war annähernd der Klang von Querflöten und Klarinetten, ja sogar von Trompeten und Posaunen durch Blashornaufsätze auf den Pfeifen zu hören. Der Klang von Violinen wurde durch besonders schlanke Pfeifen erreicht. Dadurch entstand das Pfeifen-Orchestrion. Durch den Einsatz eines kreuzsaitigen Klaviers als Tongrundlage war es um 1900 möglich, Salonmusik mit dem Piano-Orchestrion zu spielen. Dazu kamen bildhafte Ausschmückungen, um die Musik zu untermalen, so wurden vorbeifahrende Züge, ja sogar die Niagara-Fälle akustisch nachgeahmt.

Die Schwarzwälder Orchestrien wurden in die ganze Welt geliefert. Ob in England mit seinen Kolonien, in Frankreich, Russland, Italien, Spanien, Belgien, Holland oder in den USA, überall waren sie zu finden. In Tropenausführung gingen sie nach Ägypten, Indien und China.

Das Ende der traditionsreichen Musikwerke

Nach 1880 überlebten viele kapitalschwache Firmen nicht die üblich werdenden langen Ratenzahlungen. Um 1890 setzte die Umstellung von der Stiftswalze als Toninformationsträger zur pneumatischen Steuerung mit Hilfe des Lochbandes ein. Auch hier konnte oft die technische Entwicklung mangels finanzieller Ausstattung nicht vollzogen werden. Letztlich machten dann das Aufkommen von Schallplatte und Radio das teure Orchestrion überflüssig.

Orte, an denen Orchestrien zu sehen sind:

Elztalmuseum Waldkirch, vgl. S. 217.

Waldkircher Orgelstiftung, vgl. S. 218.

Schwarzwaldmuseum Triberg, vgl. S. 210.

Deutsches Uhrenmuseum Furtwangen, vgl. S. 281.

Rathaus Vöhrenbach, vgl. S. 281.

Glas, der älteste Kunststoff

Erste Glashütten im Schwarzwald

Seit über 800 Jahren wird auf dem Schwarzwald Glas hergestellt. Dies war zu Beginn hauptsächlich den Klöstern zu verdanken. Viele Orts- und Gewannnamen weisen auf die frühere Glaserstellung hin. Das 1190 genannte „Glasehusen" bei Eisenbach (Seewald) gilt als der älteste schriftliche Nachweis einer Glashütte im Schwarzwald. In einer Basler Urkunde wird der Weiler Glashütten in der Gemeinde Altenschwand bei Rickenbach erstmals 1257 erwähnt. Glashausen im Freiamt ist im Jahre 1291 als Ortsname nachgewiesen. Die Glashütte auf dem Glaserbuck bei Gündelwangen (Bonndorf) wird 1296, die „alte Glashütte" bei Lenzkirch 1316 urkundlich erwähnt. Im Jahr 1426 wurde der erste Pachtvertrag zwischen dem Kloster St. Peter und Glasmachern aus dem späteren Altglashütten geschlossen. Im Fall von Todtmoos-Glashütte erinnert der Ortsname an die dort 1590 errichtete Glashütte.

Im Mittleren Schwarzwald arbeitete um 1500 die erste nachgewiesene Glashütte westlich von Buchenberg (Königsfeld). Der Gewannname „Glashalde" weist noch darauf hin. Ende des 16. Jahrhunderts existierte eine fürstenbergische Glashütte vor Seebach im Wolftal. Die Glashütte des Klosters Gengenbach im Nordrachtal arbeitete ab 1695 an verschiedenen Stellen. Im Einzugbereich der Kinzig wurden Glashütten als Konkurrenten in der Waldnutzung allerdings weder von den Flößergenossenschaften noch von den Bauern gerne gesehen. Im Allgemeinen wurden die Glasmacher auf Waldungen verwiesen, die durch die Flößerei nicht erschlossen werden konnten.

Das zeigt sich auch im Nordschwarzwald, wo die Murgschifferschaft lange ihren Einfluss gegen das Glasgewerbe geltend machte. Auch wenn neben dem bereits erwähnten Glasehusen seit 1343 eine Glashütte auf dem Schöllkopf (südlich Freudenstadt) belegt ist und 1425 eine Glashütte in Moosbronn erwähnt wird, erlebte hier die Glasfabrikation meist erst um oder nach 1700 ihre Blütezeit. So wurde 1698 die Glashütte in Mittelberg

Die Glashütte in Gaggenau um 1800.

gegründet (1772 nach Gaggenau verlegt), 1724 die in Herrenwies, 1734 eine solche in Schönmünzach und 1758 in Buhlbach.

Das Geheimnis der Glasherstellung

Grundstoff für die Glasherstellung ist Kieselsäure, die in Form von Quarzsand oder Bergkristall auftritt. Der hohe Schmelzpunkt von 1.800 Grad Celsius wurde durch Zugabe von Flussmittel in Form von Pottasche (Kaliumkarbonat) auf 1.200 Grad Celsius abgesenkt. Als Stabilisator musste Kalk in Form von Kalkstein, Kreide oder Marmor zugeführt werden. Häufig war Eisenoxyd im Quarzsand, was zur Grünfärbung des Glases führte (Waldglas).

Nach alt überbrachtem Rezept wurden zur Glasherstellung benötigt: 60 Teile Quarzsand, 25 Teile Pottasche, zehn Teile Kalk und etwas Arsenik oder Braunsalz als „geheime Zusätze". Diese Rohstoffe wurden in einem besonderen Ofen geglüht, das heißt getrocknet und vorgeschmolzen. Danach wurde die Masse im Schmelzofen zum Schmelzen gebracht. Dies dauerte ungefähr 24 Stunden, dabei setzten sich die Verunreinigungen als „Glasgalle" in Form von Schaum ab. Erst jetzt konnte der Glasbläser sein Blasrohr ansetzen und die flüssige Masse in Form bringen.

Für die Glasherstellung wurden riesige Mengen an Holz benötigt, weniger für die Erhitzung der Schmelze als für die Gewinnung der Pottasche, auf die rund 95 Prozent des Holzbedarfs entfielen. Für ein Kilo Glas verbrauchten die Glasbläser rund zwei Raummeter Holz. Einige wenige Glasmacher konnten so in wenigen Jahren ganze Berghänge entwalden.

Glashütte
Buhlbach um 1880.

Glashütten als Wandergewerbe

Im südlichen Schwarzwald entstand um 1500 eine größere Anzahl von genossenschaftlich organisierten Glashütten. Immer dort, wo die Glasmacher in den dichten, dunklen Wäldern Quarzsand, Bäche und Holz zur Gewinnung von Pottasche und zum Feuern von Öfen vorfanden, errichteten sie ihre Glashütten. Weltliche und geistliche Herren holten die Glasmacher sehr gerne in ihre Wälder, denn sie alleine wussten auch Holz zu nutzen, das in unwegsamen Gebieten kaum zu verwerten war. Sobald die Glasmacher ein Gebiet abgeholzt hatten, zogen sie weiter und verlegten ihre Hütte in neue, unerschlossene Waldgebiete. Damit hinterließen sie aber auch große Verwüstungen. Die Glashütten abzureißen und zu verlegen war aber billiger, als das Holz von weit herzuholen und die Fuhrlöhne zu bezahlen. Gelegentlich ließen sich auch ehemalige Glasmacher als Bauern in den abgeholzten Gebieten nieder.

Die Ortswechsel der Glashütten lassen sich öfters nachvollziehen. Das Kloster St. Blasien errichtete 1579 südöstlich des Schluchsees im Blasiwald eine Glashütte, die 1609, 1622, 1624 und 1684 den Standort wechselte, um dann 1716 in Äule ihre letzte Betriebsstätte zu errichten. Noch bis 1878 wurde sie dort mit Erfolg betrieben.

Die Rotglashütte in Altglashütten war 1634 von der Fürstenberger Herrschaft betrieben worden. Nachdem der Wald nach zwei Menschenaltern abgeholzt war, entstand in drei Kilometern Entfernung Neuglashütten. Als der Wald auch dort verwüstet war, wurde die Hütte 1723 nach Herzogenweiler bei Vöhrenbach verlegt. Um 1870 war sie als Glasfabrik Josef Faller & Cie. noch in Betrieb, bis sie 1880 stillgelegt wurde.

Bei den anfänglichen, genossenschaftlich organisierten Glashütten besaß jeder der Glasbläser – zumeist zehn – einen Anteil an der Hütte. Das Holz und die anderen Materialien zur Glasherstellung wurden gemeinsam beschafft. Jeder Hüttenmeister arbeitete mit seinen Gesellen und Hilfskräften auf eigene Rechnung. Auch der Vertrieb der Glaswaren lief getrennt, so dass innerhalb einer Glashütte ein Konkurrenzkampf zwischen den Glasbläsern bestand.

Auch im Nordschwarzwald wurden genossenschaftliche Glashütten betrieben. Der Glaswald und Glaswaldsee erinnern an die Rippoldsauer Glashütte, die die Fürstenberger Herrschaft 1681 dort betreiben ließ. Holz gab es noch im Überfluss, die Flößerei war allerdings Rivale. Außerdem wollte die Fürstenberger Herrschaft das heilsame Wasser des Sauerbrunnens aus Rippoldsau in „Sauerbrunnenguttern" über Land transportieren lassen. Daher wurde der Betrieb im Gegensatz zu anderen Glashütten nicht nur mit einem Pacht-, sondern auch mit einem Dienstleistungsvertrag belegt. So sollte eine Steuerung der Produktion erreicht werden. Eine weitere Verlagerung der Glashütte nach der Erschöpfung der Wälder wurde 1795 durch die Stadt Wolfach im Interesse des Holzhandels abgelehnt.

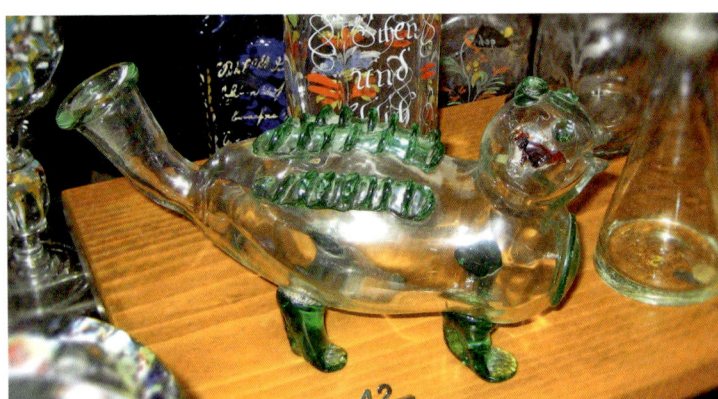

Schwarzwälder
Schnapsbuddel
in Tierform.

Anders als bei den genossenschaftlichen Glashütten lag bei den Unternehmerglashütten der gesamte Betrieb in den Händen einer Person oder einer Gesellschaft, die alle Arbeitskräfte der Hütte beschäftigte.

1695 wurde die erste Unternehmerglashütte durch das Kloster Gengenbach in Nordrach mit Leibeigenen gegründet, die sollten das Holz nutzen und das Gelände danach urbar machen. Nach der Säkularisierung 1803 wurde die Glashütte an private Unternehmer verkauft. Ende 1890 musste die Glashütte mangels Rentabilität geschlossen werden.

1698 errichteten Glasmacher aus St. Blasien auf dem Mittelberg – östlich von Moosbronn – auf Betreiben des badischen Markgrafen Ludwig Wilhelm eine Glashütte, da auch in seinem Herrschaftsbereich Glas hergestellt werden sollte. 1757 gestattete die markgräfliche Regierung den Betrieb nur noch für zwei Jahre, da „die Wälder so erschöpft und ruiniert waren, dass einem Gott erbarmen möge"! 1760 kam jedoch ein neuer Vertrag zustande, der die weitere Glaserstellung in verkleinertem Umfang ermöglichte. 1772 verlegte Anton Rindeschwender, Sohn eines eingewanderten Tiroler Holzhauers und mittlerweile Murgschiffer und Oberschultheiß, die Glashütte an die Murg nach Gaggenau und baute sie dort zur großartigsten Anlage des nördlichen Schwarzwaldes aus. 1860 wurde unter großem finanziellem Aufwand und mit Unterstützung der Pfälzer Handelsgesellschaft die Glashütte Gaggenau von Holz- auf Kohlefeuerung umgestellt, 1889 dann auf Gasfeuerung. Zu Beginn des 20. Jahrhunderts war sie der Konkurrenz insbesondere der saarländischen Glasindustrie jedoch nicht länger gewachsen. 1910 wurde das ganze Areal verkauft. Damit war das Glasbläserkapitel abgeschlossen.

Die Glashütte von Buhlbach westlich von Baiersbronn wurde 1758 errichtet. Allerdings erfolgreich war die Tätigkeit nicht, so dass schon 1774 die Calwer Holzkompanie die Glashütte übernahm, die vor allem an den der Hütte zugestandenen Holzrechten interessiert war. 1788 ging die Glashütte an Franz Karl Klumpp über, der Johann Georg Böhringer als Teilhaber und Betriebsleiter aufnahm. Unter der Familie Böhringer, die ab 1800 Alleineigentümer der Hütte war, erlebte die Glasproduktion in Buhlbach ihre Blütezeit. Bekannt wurde die Hütte vor allem durch ihre Spezialisierung auf Sektflaschen. Der Buhlbacher Schlegel wurde bis an den Zarenhof geliefert. Ab 1858 wurde Steinkohle von Achern her zur Glashütte transportiert, nachdem drei Jahre zuvor der Betrieb wegen Brennholznot für sechs Monate hatte eingestellt werden müssen. Auf die Dauer war es aber unwirtschaftlich, die Kohle in den Schwarzwald zu transportieren. 1909 wurde der Betrieb eingestellt.

Glasträgerkompanien, der Vertriebsweg der Glashütten

Der Vertrieb der Glaswaren erfolgte durch Glasträger, die als Hausierer mit Rückenkörben – „Krätzen" – die Ware von Haus zu Haus anboten. Die Glasträger arbeiteten anfänglich in Abhängigkeit von den Glasmeistern, die sie aussuchten und den Holzfällern gleichstellten. Aber bald kehrten sich die Verhältnisse um. Bei der Vertragserneuerung der Rotwasserhütte 1686 waren unter den Teilhabern schon zwei Glasträger, die stellvertretend für sich zwei kundige Glasmeister am Ofen einsetzten.

Der Schriftsteller Peter Stühlen hat die Geschichte in seinem Roman „Aus den schwarzen Wäldern" nacherzählt: „Glaubst du", fragte der Meister, „dass wir dir unsere Ware auf Kredit geben?" – „Nein", antwortete Johann, der Anführer der Glasträger, „wir werden sie bezahlen." Nun zeigte sich, dass er seine Familie hatte darben lassen, Tag für Tag und Jahr für Jahr, weil er sorgsam und geduldig auf das Ziel hingearbeitet hatte. Eine wohlgefüllte Geldkatze, mühsam erarbeitetes Silber, erspart und erhungert, hatte er zur heutigen Abrechnung mitgebracht. Die Meister sahen ein, dass sie in Johannes Händen waren. Ihr Geschäft war nicht allzu gut gegangen. Die Glashütte stand zu weit vom Wald entfernt. Für die Holzknechte mussten die Meister schon einen großen Teil ihres Gewinnes verwenden. Nun stand also die Kundschaft unmittelbar vor den Öfen der Meister. Männer, die die Märkte kannten und über Mittel verfügten, und sie boten einen vernünftigen Preis für ihre Waren. Die Glasträger verließen als freie und selbstständige Handelsmänner die Hütte, die sie als Knechte betreten hatten.

Zwischen 1720 und 1740 schlossen sich die Glasträger zu Glasträgerkompanien zusammen. Der Erfolg war ihre strenge Ordnung und Verfassung. Die Familien mussten im Schwarzwald bleiben, Sparsamkeit, Sittenstrenge waren oberste Pflicht. Wer dagegen verstieß, musste die Kompanie verlassen. Es bildeten sich nach ihrem Vertriebsgebiet die Elsassträger, die Pfälzer Gesellschaft, die Württemberger Compagnie, die Schwabenträger und die Schweizerträger.

Die Trägerkompanien wurden finanziell mächtig und unabhängig, so dass die meisten Glashütten von ihnen abhängig wurden. Dank ihrer Handelsbeziehungen konnten sie ihr

Sortiment erweitern. Schließlich handelten sie mit Eisenwaren, Glaserdiamanten, Neusilberbestecken, Porzellan und Zigarren wie die Pfälzer Kompanie oder wie die Schweizer Träger mit Uhren, Schachteln, Wein und Schnaps. Die Elsassträger kauften Draht-, Schrauben- und Uhrenfabriken. Oder sie kauften ihre Lieferanten auf – wie 1870 die Lenzkircher Handelsfirma Kirner und Co. die Glashütte in Gaggenau.

Glashütten, die überlebt haben

Der Miteigentümer der Glashütte Buhlbach, Johann Georg Böhringer, gründete 1885 in Achern eine Sektflaschenfabrik. Die Verlagerung der Produktion aus dem Schwarzwald an dessen verkehrsgünstige Randzone erwies sich als weitsichtig. Die Kohle war leicht anzuliefern, für den Transport der Fertigprodukte gab es Gleis- und später auch Autobahnanschluss. Die Acherner Glashütte stellte schon 1927 auf automatische Maschinenfertigung von Sektflaschen um. Sie zählte bis weit nach dem Zweiten Weltkrieg zu den größten und modernsten Hohlglaswerken Deutschlands. Die heutigen amerikanischen Eigentümer haben die Produktion aus strategischen Gründen 2013 schließen lassen.

1814 erwarb der Ichenheimer Kaufmann J. A. Derndinger die Nordracher Glashütte und verlegte elf Jahre später die Herstellung von Flach- und Fensterglas nach Offenburg. Bekannt wurde das Unternehmen durch Glasmalereien, ornamentartige Glasscheiben und Kunstverglasungen. Noch heute wird unter der Nachfolgegesellschaft Schell & Vitalli GmbH Glas hergestellt.

Die einzige heute noch bestehende Glashütte des Schwarzwaldes, die Dorotheenhütte in Wolfach, ist eine Neugründung aus dem Jahre 1949. Sie wurde ohne historische Wurzeln von Dr. Kurt Petersen mit Hilfe vertriebener schlesischer Glasbläser aufgebaut.

Orte mit Schauglashütten und Glasproduktion, Glasverarbeitung und Glaskunst:

Kulturpark Glashütte Buhlbach, vgl. S. 189.

Alpirsbacher Glasbläserei, vgl. S. 157.

Dorotheenhütte Wolfach, vgl. S. 153.

Glaskunst im Hofgut Sternen, vgl. S. 225.

Schwarzwaldglas Altglashütten, vgl. S. 270.

Glasbläserhof Aftersteg, vgl. S. 247.

Glashaus Glas-Kunst-Cafe Ballrechten-Dottingen, vgl. S. 238.

Glaswerkstatt Herrischried, vgl. S. 256.

Hinterglasmalerei – eine bäuerliche Kunst

Die Hinterglasmalerei ist sehr eng mit der Uhrenschildmalerei verbunden, die sich als eigenständiges Hausgewerbe etabliert hatte. Sie gelangte in den Schwarzwald über die Glasträger, die aus Böhmen und den Alpenländern sowie Bayern die Hinterglasbilder mitbrachten. Etwa von 1770 bis 1890 war die Blütezeit der Hinterglasmalerei. Bedeutende Orte waren: Neukirch, St. Märgen, Breitnau, Höllsteig, Bernau, Neustadt, Todtmoos und vor allem Rötenbach. In der Nähe waren bekannte Wallfahrtsorte wie Triberg, St. Märgen, St. Peter, Todtmoos und St. Blasien. Aber auch die Bauern waren Abnehmer von Heiligenbildern für ihre Herrgottswinkel.

Bei der Hinterglasmalerei wird die Farbe nicht eingebrannt, sondern es werden Öl-, Tempera- oder Wasserfarben verwendet. Das Trägermaterial bilden Tafelglas oder zuvor mundgeblasene Zylinder, die aufgeschnitten und plattgewalzt wurden. Gemalt wurde wie bei Ölbildern, nur in umgekehrter Reihenfolge, da das fertige Bild von der dem Maler abgewandten Seite betrachtet wird. Konturen und Schatten wurden zuerst gemalt. Um die große Nachfrage nach Bildern zu befriedigen, wurden häufig seitenverkehrte Bilder mit Spiegelschrift auf Papier als Vorlage genommen. Ungeübtere Maler schufen Hintergrund und Schatten, während der Meister nur die Feinheiten wie das Gesicht malte.

Die Hinterglasbilder hingen in den Bibelecken bei den Protestanten und in den Herrgottswinkeln der Katholiken. Ebenso waren sie als Mitbringsel von den Wallfahrtsorten beliebt. Die Gottesmutter mit dem Jesuskind wurde der Tochter mit auf den Weg zur Hochzeit gegeben, um für reichlich Kindersegen zu bitten. Aber auch die Schutz- und Namenspatrone durften nicht vergessen werden. Bei den Städtern waren die Porträts politischer Größen wie Napoleon, Andreas Hofer oder Friedrich Hecker, aber auch Blumenbilder gefragt.

Hinterglasbild der Heiligen Notburga.

Die Winterhalders als bedeutende Hinterglasmaler

Der Uhrenschildermaler Lorenz Winterhalder gilt als Begründer der bedeutenden Hinter-glasmalerei in Rötenbach. Als Abkömmling einer kinderreichen Bauernfamilie bekam aufgrund des Anerbenrechts nicht er, sondern der jüngste Bruder den elterlichen Hof. Er kam vermutlich in Böhmen als Glasträger mit der Hinterglasmalerei erstmals in Berüh-rung. Vier seiner Kinder gingen bei ihm in die Lehre und wurden selbst bedeutende Glas-maler. So etwa Johannes, der 1808 nach St. Petersburg wanderte und dort als Porträtist am Zarenhof tätig war. Sein ältester Sohn wiederum verlegte nach 1823 die Werkstatt von Rötenbach nach Colmar, um die französischen Importzölle zu umgehen. Von seinen neun Kindern wurden vier Hinterglasmaler. Einer von ihnen, Ferdinand, übernahm später in Lambach (Niederbayern) eine Glashütte und lieferte seinem älteren Bruder Benedikt das notwendige Flachglas für die Werkstatt in Rötenbach.

Aber auch weniger bekannte Familien brachten bedeutende Glasmaler hervor. So die Steiers in St. Märgen, die Mayers in Waldau, die Fallers in Seppenhofen bei Löffingen.

Das Hinterglasbild geht hinaus in die Welt

Der Vertrieb der Hinterglasbilder konnte auf ein bewährtes Vertriebssystem zurückgrei-fen. Die Uhrenträgerkompanien und Glasträger nahmen Hinterglasbilder in ihr Sortiment auf. Hausierer belieferten in der näheren Umgebung die Wallfahrtsorte. Selbst nach Nord-amerika wurden die Hinterglasbilder über die ausgewanderten Familienmitglieder gelie-fert. Den Handelsweg nach Osten versperrten die bayerischen Produktionen.

Nach 1870 fand die Hinterglasmalerei ein rasches Ende, als die Techniken der Fotografie preiswerte Reproduktionsmöglichkeiten boten.

Orte, an denen neben den zahlreichen Museen speziell Hinterglasmaler-Bilder zu sehen sind:

Augustinermuseum Freiburg, vgl. S. 221.

Rathaus Rötenbach, Gemeindesaal, vgl. S. 279.

Es gab manch heute vergessene Gewerbe

Strohflechterei: italienische Handwerkskunst im Schwarzwald

Anfang des 18. Jahrhunderts brachten vermutlich Glasträger Strohhüte aus Italien und der Schweiz mit. So kam die Strohflechterei zunächst als Heimarbeit für Frauen, Kinder und Hirten in den vorderösterreichischen Verwaltungsbezirk Triberg. Es war neben der Uhrmacherei ein Mittel, um Abhilfe gegen die Not und Armut der Bergbauern zu schaffen. 1759 führte Fürst Joseph Wilhelm Ernst zu Fürstenberg auch für sein Gebiet das Flechten von Strohhüten ein. Dies sollte zumindest für die Hirten eine zusätzliche Einnahmequelle geben. Bereits um 1716 wurden auf den Votivtafeln in der Wallfahrtskirche Triberg die Landbevölkerung nicht mehr mit dem Filzhut, sondern mit dem Strohhut gemalt.

Die schweren Kriegsjahre des ausgehenden 18. Jahrhunderts suchten auch den Schwarzwald heim und brachten die Bevölkerung in Not und Bedrängnis. Französische und kaiserliche Truppen fielen abwechselnd ein. In dieser bedrückenden wirtschaftlichen

Strohhuthausiererin auf der Wanderschaft.

Lage war es ein Segen für die Region, dass Obervogt Karl Theodor Huber das vorderösterreichische Oberamt Triberg leitete. Um die Lebensbedingungen der hungernden Bevölkerung zu verbessern, förderte er die Strohflechterei. Auf eigene Kosten ließ er einen Strohflechter aus Italien kommen, der ihm und seiner Frau die sehr viel feinere und qualitativ hochwertigere Technik der italienischen Strohflechterei beibringen sollte. Mit der neu erworbenen Kunstfertigkeit ging das Ehepaar auf die Dörfer, um der anfänglich widerspenstigen Landbevölkerung ihre Kunst zu vermitteln. Trotz anfänglichen Widerspruchs überzeugte Obervogt Huber die Bauern, das unreife Korn früher zu schneiden, um eine bessere Halmqualität des Strohs für das Flechten zu erhalten. Denn das reife, gelbe Schwarzwälder Stroh war viel zu

Ein Strohschuhmacher gibt sein Wissen weiter.

spröde und für feinere Arbeiten nicht geeignet.

Aber auch das Handwerkszeug musste verbessert werden. Zum Spalten der Halme ließ er auf eigene Kosten besondere Schneidnadeln – „Hälmlespalter" – anfertigen, um gleichmäßige und feine Streifen aus den Strohhalmen zu erhalten. Huber kaufte anfangs das unreife Stroh selber auf, um den Widerstand der Bauern zu brechen und verteilte es unter die geschicktesten Flechterinnen. Da die Stroharbeiten anfänglich noch nicht so recht vorzeigbar waren, kaufte er sie selbst den Frauen zu guten Preisen ab, bis ihre Kunst es erlaubte, diese selbst auf dem Markt anzubieten. Der Schönwälder Löffelschmied Jakob Weißer erprobte zudem ein Verfahren zum Bleichen des Strohs mit Schwefel und eine Appretur, die das Stroh geschmeidig und glänzend machte. So konnte er schon 1820 gebleichte Flechtwaren nach Holland, Frankreich, Westfalen und Russland verkaufen.

Die Strohflechterei erreichte dadurch einen ungeahnten Aufschwung und breitete sich immer mehr im Hochschwarzwald aus. Zentren waren neben Triberg Furtwangen, Neustadt, Villingen und Höchenschwand.

Wichtig zur Wissensvermittlung war die Gründung von Strohflechterschulen, die im 19. Jahrhundert an verschiedenen Orten eingerichtet wurden. Einerseits wurde die hohe Kunst der italienischen Strohflechterei vermittelt, andererseits wurden auch die Ortsarmen zum Besuch der Schule verpflichtet. Vor allem Kinder wurden in den Flechtschulen unterrichtet, in die sie bis zum fünften Schuljahr gehen mussten.

Alleine im Amt Triberg waren 1825 1.500 Personen in der Flechterei beschäftigt. Vertrieben wurden anfänglich die Produkte: Taschen, Hüte, Matten und Schuhe über die Glasträger in der näheren Umgebung, später verkauften Strohhändler die Produkte in ganz Europa. 1860 gründete der Arzt Joseph Dufner in Furtwangen die erste Strohhutfabrik. Weitere bedeutende Unternehmen gründeten Joseph Kaiser in Furtwangen und Salomon Fehrenbach in Schönenbach.

Durch die Kolonialpolitik und die internationalen Handelsbeziehungen entstand eine harte Konkurrenz für die Schwarzwälder Strohflechter. Um die Wende zum 20. Jahrhundert kamen aus dem fernen Osten, aus Japan und China, Binsen-, Bast- und Reisstrohprodukte nach Europa, die aus sehr feinem Material geflochten waren. Diese Importe verdrängten die Produkte aus dem Schwarzwälder Roggenstroh.

Jeder Versuch der Regierung, die Strohflechterei zu stützen, war vergebens. 1905 übten in Furtwangen noch 24 Flechterinnen ihren Beruf aus. Heute gehört die Kunst des Strohflechtens der Vergangenheit an. Geblieben sind noch die lackierten Strohhüte der Schonacher, Schönwälder und Triberger Tracht. Aber auch die bekannten roten und schwarzen Schwarzwälder Bollenhüte erinnern an das untergegangene Gewerbe: Sie entwickelten sich aus Strohhüten, die mit roten oder schwarzen Rosen bestickt waren.

Bürsten wurden überall und immer gebraucht

Bürsten und Besen wurden überall im Schwarzwald gebunden. Zwei Orte sind aber mit Bürsten und Besen besonders bekannt geworden.

In Todtnauberg wurde 1746 Leodegar Thoma geboren. Er gilt als Erfinder der Bürste, was aber in den Bereich der Legende gehört. Schon um 1400 gab es Bürstenbinder als eigenen Handwerksberuf. Thoma hat das Bürstengewerbe im Wiesental eingeführt, aber vor allem die Arbeitsteilung bei der Herstellung ist sein Verdienst. Im Jahre 1772 hatte Thoma von einem in Freiburg stationierten österreichischen Reiterregiment den Auftrag erhalten, soviel Pferdebürsten wie nur möglich zu liefern. Um überhaupt größere Mengen liefern zu können, zerlegte er die Fertigungsschritte der Bürstenherstellung.

Bürstenmacher in ihrer Werkstatt.

69

Familienmitglieder spezialisierten sich auf das Zurechtlegen von Borsten oder Haaren, das Borstenbinden, das Zurichten des Bürstenholzes, das Einsenken der Haarbüschel und schließlich das Durchziehen der Borsten oder Haare durch das Holz. Durch die Ausweitung der Produktion wurden auch fremde Bürstenbinder eingestellt, so dass sich das Gewerbe auf mehrere Familien ausdehnte. Um 1815 waren bis zu 600 Bewohner in die Bürstenbinderei eingespannt. Es wurden Schuh- und Kleiderbürsten, Wichs-, Fass-, Zahn- und Waschbürsten, Bodenwische, Kartätschen und Maurer- und Malerpinsel hergestellt.

Den Handel übernahmen nicht die Produzenten, sondern Hausierer, die aber aus derselben Großfamilie kamen. Das waren starke, wettergegerbte Männer, die eine Last von 30 bis 40 Kilogramm zu tragen hatten. Sie waren bis zu 44 Wochen im Jahr unterwegs und kehrten nur zu Weihnachten, Ostern und der Heuernte heim. Vertriebsgebiet war zuerst nur die nähere Umgebung, dann aber dehnte sich das Gebiet auf das ganze Großherzogtum Baden, Teile von Württemberg und Hessen sowie Teile der Schweiz und Frankreich aus. In einem Privatquartier oder Wirtshaus wurde ein Stützpunkt errichtet, der immer mit Waren aus Todtnauberg beschickt wurde.

Der Niedergang der Hausindustrie wurde durch die Einführung der Gewerbefreiheit 1862 beschleunigt. Durch sie verloren die Schwarzwälder Hausierer ihr Privileg, es konnten sich Verkaufsläden für Bürstenwaren etablieren. Zu Beginn des Ersten Weltkrieges gab es noch 15 Todtnauer Hausierer.

1840 wurde von Fridolin Wissler der erste hölzerne Bürstenkörper maschinell hergestellt. Die erste Fabrik für die Produktion von Bürsten und Pinsel gründete Josef Faller 1852. Weitere Bürstenfabriken folgten. Um 1920 wurde von der Firma Zahoransky der erste Halbautomat als Bürstenbindemaschine gebaut. Damit war jegliche Handarbeit erledigt und der Handwerker wurde zum Fabrikarbeiter.

Noch heute genießen die Firmen Zahoransky und Ebser in Todtnau Weltruf. Die Bürsten werden in Asien hergestellt, aber die Maschinen kommen aus dem Schwarzwald.

Im nördlichen Schwarzwald hat sich Lützenhardt – heute ein Ortsteil von Waldachtal – als Bürstenbinderdorf einen Namen gemacht. Im Jahre 1750 bot Freiherr von Raßler die Ansiedlung von Freileuten an. Darunter verstand man damals „Zigeuner", fahrendes Volk, desertierte Soldaten oder sonstige Heimatlose. Es dauerte Generationen, bis die Zugezogenen richtig sesshaft wurden.

1846 wurde ein Schulhaus gebaut, in dem die Kinder auch in der Fertigkeit der Bürsten- und Besenherstellung unterrichtet wurden. Um 1865 war das Bürstengewerbe stark angewachsen. Der Wettbewerb untereinander verbesserte die Qualität. Der Hausierhandel wurde durch den Bau der Eisenbahnlinie Eutingen–Freudenstadt gefördert. Um 1900 waren noch zwischen 70 und 80 Familien mit der Produktion der Besen und Bürsten beschäftigt. Diese kam aber nie über den Status der Heimarbeit hinaus. In den dreißiger Jahren wurde das Gewerbe als Handwerk anerkannt. Im Gegenzug musste der Hausierhandel aufgegeben werden. Heute bestehen noch zwei Betriebe am Ort, die Bürsten und Besen herstellen.

Geigenbau – auch dieses Gewerbe etablierte sich im Schwarzwald

Auch der Geigenbau war mehrere Jahrhunderte lang im Schwarzwald zuhause. Dominierend war hier die Familie Straub in Langenordnach.

Franz Straub, geboren 1640 in Friedenweiler, erlernte das Handwerk bei dem Geigenbauer Joseph Meyer in Geroldshofstetten bei Grafenhausen im Hochschwarzwald. Um 1690 konnte er den Lehenhof in Langenordnach erwerben und zog mit seiner Familie dorthin. Seine beiden Söhne bildete er ebenfalls nach der „Alemannischen Schule" als Geigenbauer aus. Aus der Familie Franz Straub entsprossen innerhalb von 200 Jahren in fünf Generationen über 20 Geigenbauer. Daneben sind auch über zehn andere Geigenbauer aus jener Zeit bekannt. Die Familienmitglieder Straub als Geigenbauer verteilten sich durch Heirat oder Erwerb von Höfen auf die Gemeinden Rudenberg, Schwärzenbach, Schollach, Urach, Eisenbach, Neustadt und Rötenbach. Langenordnach war lange Zeit der Mittelpunkt, wenn auch bei den Geigenbauern immer Friedenweiler als Ort angegeben wurde.

Die Geigen wurden von der eigenen Familie entlang des Rheins bis Holland und entlang der Donau bis Ungarn und Kroatien verkauft. Ein weiterer Vertriebsweg waren etablierte Geigenhändler vor allem aus Tirol, die die europäischen Märkte besuchten. Daneben gingen Produktionen an einheimische Händler, die gleichzeitig Musikanten waren und auf den Dorffesten aufspielten.

Ein Geigenmacher bei der Arbeit.

Rötenbach war ein zweiter Schwerpunkt des Schwarzwälder Geigenbaus. Johann Straub vermählte sich 1786 nach Rötenbach und begründete den Rötenbacher Zweig der Straubschen Geigenbauer. Sein Sohn Johannes Georg brachte das Gewerbe nochmals zur Blüte. Als talentierter Geigenspieler widmete er sich aber im Alter mehr der Tanzmusik und vernachlässigte den Geigenbau. Seine Söhne wanderten in die Steiermark aus, so dass der Geigenbau in Rötenbach 1854 mit seinem Tod endete.

Kleinere Geigenmacherfamilien waren zwei Generationen Füderer und Heiz aus Neustadt. Zur gleichen Zeit um 1687 lässt sich auch in Waldshut der Geigenbau nachweisen. Hier waren es die Familien Stoppel und Wieser, die nur zwei Generationen lang, sowie die Familie Ergele, die für drei Generationen den Geigenbau in Waldshut prägen konnten.

1929 erlebte der Geigenbau in Rötenbach mit Josef Bier eine Wiedergeburt. Er baute nach seiner Lehr- und Wanderzeit aber nicht nur Geigen, sondern auch alte historische Streich- und Zupfinstrumente nach. Eine Geige benötigte 200 Arbeitsstunden und Holz, das zwischen fünf und sieben Jahren abgelagert war. Mit seinem Tod im Jahr 1960 endete die Tradition des Geigenbaus.

Vom Schnefeln

Einer der ältesten urkundlichen Hinweise auf das Schnefeln, das Bearbeiten von Holz zu mancherlei Geräten für Haus, Küche, Hof und Stall, stammt aus dem Jahr 1491 aus Menzenschwand. Der Schnefler bedient sich eines Bocks, „Schniedesel", in dem ein Holzstück zur Bearbeitung eingeklemmt ist. Bearbeitet wird das Holz mit einem zweigriffigen

Darstellung einer Schneflerwerkstatt im Schwarzwald-museum Triberg.

Ziehmesser. Aus der eigentlichen Schneflerei hat sich die Küblerei und Schachtelmacher-fabrikation entwickelt. Aber schon vor dem Ersten Weltkrieg ging das Gewerbe unter, da Blech- und Emailgeschirr die Holzwaren ablösten. Wasserleitungen ließen manchen Kübel überflüssig werden.

Eine Zeitlang hat sich die Herstellung von Holzskiern halten können. Bis heute hat als Nebengewerbe die Holzschnitzerei und die Schindelmacherei Bestand.

Löffelschmiede als Nachfolger der Schnefler

Das Schmiedehandwerk konnte sich überall dort entwickeln, wo das notwendige Gefälle für die Wasserkraft vorhanden war und auch Holz als Brennmaterial zur Verfügung stand. Es war in verschiedene Teilgebiete abgegrenzt: Huf- und Wagenschmiede, Nagel-, Kupfer- und Löffelschmiede. Sie benötigten einen Blasebalg, einen Amboss und einen Hammer, der mit Wasserkraft betrieben wurde. Im Triberger Raum ist mit Jakob Grießhaber 1617 der erste Schmied nachgewiesen. Die ersten aus dem Erzgebirge eingeführten Blechlöffel begannen die Holzlöffel zu verdrängen und waren Vorbild für die eigene Produktion. In Schönwald und Triberg wurden von Anton Weisser und Johann Ketterer die ersten Blech-löffel hergestellt und 1740 mit Genehmigung der Obervogtei die ersten Löffelschmieden errichtet.

Die ersten Löffel wurden aus Schwarzblech mit angenietetem Stiel hergestellt. Sehr bald wurden sie aus einem Stück geformt. Durch Zufall kam Johann Ketterer darauf, die Löffel zu verzinnen und damit sehr viel haltbarer zu machen.

Im Gebiet von Hinterzarten waren es die Bauern, die sich im Nebenerwerb als Löffel-schmiede betätigten. Mit dem Hammerwerk zum Schlagen und Aushöhlen der glühenden Eisenstäbe konnte die Leistungsfähigkeit kräftig gesteigert werden. Die Löffel mussten nachgeschliffen werden und wurden dann wegen der Brandgefahr in einem getrennten „Zinnhäusle" verzinnt.

In Hinterzarten war die Dynastie der Fesers über Generationen als Löffelschmiede tätig. Mit Andreas Feser verkaufte 1793 erstmals ein Bauer seinen Hof und betrieb die Löffel-schmiede mit Erfolg als Vollerwerb.

Das Löffelschmiedegewerbe begann aber dann Mitte des 19. Jahrhunderts zu kümmern. Verschärfter Wettbewerb, die Zollpolitik anderer Staaten und die beginnende Industri-alisierung verschärften die Krise. Die Mitglieder der Löffelschmiede-Familien mussten sich anderen Berufen zuwenden. 1908 verstarb der letzte Löffelschmied hochbetagt in Hinterzarten.

Die zahlreichen Metallbetriebe in und um Triberg haben ihren Ursprung in einer der früheren Hammerschmieden.

Ort, an dem Strohflechterei zu sehen ist:

Schwarzwaldmuseum Triberg, vgl. S. 210.

Die Schneflerei wird gepflegt bei den

Holzschneflertagen im Resenhof Bernau, vgl. S. 261.

Das typische Schwarzwaldhaus und seine Mühlen

Die Urform des Schwarzwaldhauses wird es wohl nicht mehr geben. Die Schwarzwaldhäuser wurden weiter entwickelt, denn sie mussten sich den verschiedenen Einflüssen des landwirtschaftlichen Tuns anpassen. Gemeinsam ist aber allen Häusertypen das große gemeinsame Dach, das Mensch, Tier und Heu abdeckt. Egal, ob es an allen Seiten heruntergezogen vor Regen, Sturm oder Schnee Schutz bietet oder als Krüppelwalmdach ausgebildet ist. Es gibt nur wenige Nebengebäude wie den Kornspeicher, damit im Brandfalle die Vorräte gerettet werden können, das Leibgedinghaus als Altenteil, oder, vor allem in abgelegenen Höhenlagen, auch eine Kapelle.

Der Haustyp des Hochschwarzwaldes ist das Heidenhaus. Grundlage für diesen Haustyp war die Feldgraswirtschaft. Nach drei- oder mancherorts auch vierjähriger Fruchtfolge (unter Einschluss der Kartoffel) wurde das Feld sechs bis acht Jahre lang als Grünmatte zur Heugewinnung genutzt, so dass der Boden sich erholen konnte. Da das Vieh aufgrund des langen Winters bis zu 200 Tage im Stall stand, brauchte man viel Platz zur Einlagerung des Heus. Die Bauernhäuser lagen zumeist am Hang, so dass von der Bergseite ein Auffahren zur Bühne leicht möglich war. Die Stallungen lagen im vorderen Teil, während der Wohnteil ebenerdig rückwärtig bergseits lag.

Die neuere Form hat das Heidenhaus allerdings um 180 Grad gedreht, so dass der Wohnteil zum Tal blickt und bergseits die Stallungen liegen. Der Anbau von Kartoffeln erforderte im 18. Jahrhundert einen Keller zu deren Einlagerung.

Im Allgemeinen kleiner ist das Schauinslandhaus im Wiesen- und Münstertal. Infolge der Realteilung im Erbfall waren es mit der Zeit kleine landwirtschaftliche Einheiten, so

Der Lorenzenhof von 1608 aus Oberwolfach, jetzt im Freilichtmuseum Vogtsbauernhof.

Ein Hotzenwaldhaus von 1756, jetzt im Freilichtmuseum Vogtsbauernhof.

dass im Wiesen- und Münstertal die Bauern gleichzeitig Bergleute waren oder als Waldarbeiter den enormen Holzbedarf der Gruben decken halfen. Die Köhlerei war ebenfalls ein Nebengewerbe. Später boten die Spinnereien des Wiesentals Arbeitsmöglichkeiten.

Im Hotzenwald boten die kargen Böden nur spärliche Existenzmöglichkeiten. Die kleinen Hotzenhäuser bildeten oft lose Streusiedlungen. Den typischen Speicher gab es nicht mehr. Neben einer dürftigen Landwirtschaft bot das Schneflergewerbe oft einen Nebenerwerb.

Die Bauernhäuser des Kinzig-, Rench- und Achertales sowie des Schutter- und Gutachtales weisen durch das Anerbenrecht andere Größenordnungen auf. Das Anerbenrecht verlangt im Gegensatz zur Realteilung, dass ein Hof ungeteilt zumeist an den jüngsten Sohn oder die älteste Tochter übergeben wird. Die Bauordnung von 1568 setzte für den württembergischen Teil fest, dass der unterste Stock gemauert sein musste. Hier waren die Stallungen untergebracht. Der Wohnstock lag darüber und einen Stock höher befanden sich die Kammern. Auch mussten alle Wände, die einer Feuerstelle zugewandt waren, aus einem Riegelmauerwerk ausgeführt sein. Ab 1808 mussten Neubauten im württembergischen Teil einen gemauerten Schornstein haben. Damit war bei Neubauten Schluss mit der Praxis, dass der Rauch der offenen Feuerstelle in der Küche bei ihrem Abzug den Speck und die Bratwürste räucherte.

Die Schwarzwälder Höfe führen einen Hofnamen, der unabhängig vom Namen des Eigentümers ist. Manchmal ist der ursprüngliche Erbauer der Namensgeber, aber auch viele andere Tatbestände regten zur Bezeichnung an. Beispiele sind der Blindenhof in Schönwald (blinder Bauer), der Königinnenhof von Neukirch (von der Größe her), der Vogtshof in Kaltbrunn (nach dem Vogt) oder der Staighof im Kinzigtal (nach der Lage an

Eine alte Bauernküche.

einer Steigung). Der jeweilige Besitzer wird nicht mit seinem Namen, sondern mit dem Hofnamen angeredet: Blinden-, Königinnen-, Vogts- oder Staigbauer.

Im Schwarzwälder Freilichtmuseum in Gutach werden die verschiedenen Hausformen gezeigt: der Vogtsbauernhof von 1612, der an dieser Stelle stand, der Hippenseppenhof von 1599 aus Furtwangen-Katzensteig, der Lorenzenhof von 1608 aus Oberwolfach, der Falkenhof von 1737 aus Buchenbach-Wagensteig, ein Schauinslandhaus von 1730 als kleiner Zuerwerbshof, ein Hotzenwaldhaus von 1756 mit vierseitig heruntergezogenem Dach, ein Taglöhnerhaus von 1819 aus Oberprechtal und ein Leibgedinghaus von 1652 aus Gutach. Neben den Höfen werden auch Hofkapelle, Mühle, Säge, Kornspeicher als Nebengebäude und Kräutergarten gezeigt. In den einzelnen Gebäuden befinden sich Informationen über das Wohnen im Bauernhof, alte Berufe mit ihren Werkzeugen werden gezeigt. Der Besucher erfährt viel über die Religion, aber auch über den Aberglauben und den Gewitterschutz in damaliger Zeit. So war an der Hochsäule oben auf der Tenne der Bauernhäuser oftmals ein Ochsenschädel angeschlagen, der vor Unheil und Blitzschlag schützen sollte.

Mühlen

Das Korn wurde in Bann- oder Hofmühlen gemahlen. Die meisten Höfe hatten eine Mühle oder mehrere Höfe teilten sich gemeinsam eine Anlage. Das Mühlenrecht gehörte ursprünglich den Landesherren und deswegen war der Bauer verpflichtet, einen Mühlzins – zumeist ein Viertel – zu entrichten. Bannmühlen waren Mühlen, die dem Landesherrn gehörten und in denen die Untertanen ihr Getreide mahlen lassen mussten. Allerdings waren auch hier die Mühlwerke von den Bauern instandzuhalten.

Bei einer Wassermühle treibt ein hölzernes Wasserrad über Zahnrad und Welle einen Mahlstein an. Das Korn wird zwischen dem sich drehenden und einem festen Mühlstein

Wiederaufgebaute
Hofmühle in Bermersbach.

zerrieben. Im Mittelalter musste das Mahlgut noch mühsam mit Handsieben in Mehl und Kleie getrennt werden. Später erleichterte das Beutelwerk diese Arbeit erheblich. Dabei handelt es sich um einen Kasten mit durchlaufendem Tuchschlauch. Durch Rütteln oder Schlagen wird das Mehl von der Kleie getrennt.

Zahlreiche Mühlen wurden von ihren Höfen oder Vereinen in mühevoller Kleinarbeit wieder restauriert und gangbar gemacht, um diese technischen Denkmäler der Nachwelt zu erhalten. Seit 1994 gibt es immer am Pfingstmontag den Mühlentag, an dem Mühlen geöffnet und zur Besichtigung freigegeben sind.

Mühlen im Schwarzwald, die besichtigt werden können:

Vollmer's Mühle, Seebach, vgl. S. 168.

Mühlenweg Ottenhöfen, vgl. S. 167.

Schwarzwälder Freilichtmuseum Vogtsbauernhof, vgl. S. 207.

Großjockenmühle Ravennaschlucht, vgl. S. 226.

Klingenmühle und Plotzsäge Hinterzarten, vgl. S. 227.

Segerhof Wembach, vgl. S. 245.

Freilichtmuseum Klausenhof Herrischried-Großherrischried, vgl. S. 256.

Heimatmuseum Resenhof, vgl. S. 261.

Heimatmuseum Hüsli Rothaus, vgl. S. 265.

Museumsmühle Stühlingen-Blumegg, vgl. S. 274.

Tradition und Stolz drücken sich in der Tracht aus

Die Entstehung besonderer bäuerlicher Trachten geht bis auf die Zeit gegen Ende des 15. Jahrhunderts zurück. Heinrich Hansjakob schreibt, dass damals das Landvolk durch die Landsknechte bezüglich der Kleidung verführt worden sei. Zuerst seien die Männer vorangegangen und dann hätten die Frauen kräftig nachgezogen. Auch von den oberrheinischen Metropolen, von Straßburg und Basel, gingen damals modische Einflüsse auf den Schwarzwald aus. Vielerorts untersagte die Herrschaft daraufhin das Tragen von Gold, Perlen, Samt, Seide und von Tuchsorten, die mehr als einen halben Gulden die Elle kosteten. Die heutigen Volkstrachten entstanden nach dem Dreißigjährigen Krieg. Die Landbevölkerung blieb von der sogenannten „Pariser Mode" unberührt und behielt mit vielfachen lokalen Abwandlungen die bisherigen Kleidungsgewohnheiten. Das führte im 17. und 18. Jahrhundert dazu, dass bald jedes Dorf eine eigene Tracht hatte. Die Französische Revolution 1789 ließ durch die Idee der Gleichheit den alten langen Zwillich-Rock bei den Mannsleuten verschwinden und durch Hose und kurze Jacke ersetzen. Bis ins 19. Jahrhundert veränderte sich die Tracht vor allem mit zunehmendem Wohlstand und war damit eine lebende Tracht. Dagegen steht die heutige Brauchtumspflege, die ein Beharren in der Tracht ausdrückt.

Trachtenlandschaften

Die noch vorhandenen Trachtenlandschaften lassen sich grob einteilen: Dreisamtal bis zum Hochschwarzwald und Baar. Hochschwarzwald. Glotter- und Elztal. Im Bereich unteres Kinzigtal im Entersbach- und Hamersbachtal. Schuttertal. In den Seitentälern von Haslach (Mühlenbacher Tracht). Im oberen Kinzig- und Wolftal (Fürstenberger Tracht). Gutach, Kirnbach und Reichenbach (Bollenhut-Tracht). Renchtal. Markgräflerland und Wiesental (Markgräfler Tracht). Münstertal (Breisgauer Tracht). Hotzenwald (Hotzenwäldertracht nur noch in Trachtenvereinen vereinzelt zu finden).

Männertracht

Die Männertracht kam schon seit Mitte des 19. Jahrhunderts aus der Mode. Dass sie überhaupt noch erhalten wurde, ist den Trachtenvereinen zu verdanken. Die schwarze Hose oder die Kniebundhose wird mit weißen oder blauen Strümpfen oder mit Stiefeln wie bei der Fürstenberger Tracht getragen. Zum grobleinenen Hemd mit geknotetem Binder wird eine schwarze (Kirnbach), blaue (Reichenbach), schwarz geblümte (Fürstenberger

Ein Paar in Mühlenbacher Tracht
beim Kreistrachtenfest in Wolfach.

Tracht) oder rote (Renchtal) Weste getragen. Darüber wird ein knopfloser, rotgefütterter Samtrock (Kirnbach) oder eine kurze Tuchjacke in blau (Reichenbach) oder eine schwarze Jacke getragen. Als Kopfbedeckung dient ein runder Filzhut.

Frauentracht

Die Frauentracht ist in ihrer ganzen Vielfalt noch zu sehen und variiert von Tal zu Tal. Als Grundform lassen sich aber unterscheiden: Das Rockmiederkleid mit einem weiten gefalteten Rock vom festlichen Schwarz bis zum hellen Grün oder lichten Blau. Das ungeteilte Kleid der Trachten (Kinzig-, Harmersbachtal) hat lange Ärmel, die im Schulteransatz gerafft sind. Bei den anderen Trachten ist das ärmellose Mieder am Rock befestigt. Oft wird für das Mieder ein dunkler Samtstoff mit Gold- oder Silberstickereien (Hochschwarzwald, Glottertal) verwendet. Bei den Trachtenkleidern, die nicht mit einem Halsbündchen abschließen, wird ein Halstuch getragen, – werktags aus Baumwolle, sonntags aus Seide, das unifarbig, in sich gemustert oder wertvoll bestickt ist. Das große Halstuch ist auch mit Fransen eingefasst (Kinzig-, Wolf-, Schuttertal sowie Breisgau).

Kopfbedeckung

Der deutlichste Unterschied bei regionaler Betrachtung ist bei der Kopfbedeckung der Mädchen oder Frauen zu sehen. Im Glotter- und Elztal wird im Sommer das „Schnapphütchen" getragen, ein Hütchen aus feinem weißen Strohgeflecht mit schwarzem Band und künstlichem Blumensträußchen. Im Winter und in Trauer wird dies in Schwarz getragen.

Im Harmersbach wird die „Henkelhaube" getragen, bei der die Schlaufen verlängert und mittels einer Drahteinlage hochgestellt sind. Bei den „Schlaufenkappen" gibt es die bekannte „Schlupfkappe" der Hanauer Tracht, von den steifen Flügelenden der Kappe fallen beiderseits lange seidene Fransen bis auf die Schultern herab. Die nach hinten anschließende Haube ist mit Perlenstickereien versehen.

Im Markgräflerland wird die „Hörnerkappe" getragen. Die Haube ist verschwunden, von den steifen Flügelenden der Kappe fallen beiderseits die langen seidenen Fransen herab.

Bekannt ist die Mühlenbacher „Goldhaube", die auch im Schuttertal getragen wird. Sie ist entweder ganz oder teilweise mit Goldfiligran bestickt. Bei der Fürstenberger Tracht ist die Haube mit Perlmutt bestickt.

Die ursprünglichste aller Hauben haben die Bollenhuttrachten. Eine schwarze Damasthaube bedeckt den Hinterkopf und endet vorn mit einer kleinen Schleife – ein zarter Schleier der Haube umschließt das Gesicht. Als Sonntagstracht wird der bekannte „Bollenhut" getragen, ein weißgekalkter Strohhut, auf den 14 Bollen in Kreuzform aufgesetzt sind. Bei Frauen sind die Bollen schwarz, bei Mädchen rot. Dieser dem ganzen Schwarzwald zugeschriebene Hut wird nur in Kirnbach, Gutach und Reichenbach getragen. In St. Georgen wird der „Rosenhut" aufgesetzt: ein Strohhut, der mit kleinen roten Röschen versehen ist.

Im Hochschwarzwald wird der „Strohzylinder" getragen. Die Kopfbedeckung der Mädchen besteht aus einem mit schwarzen Moirébändern geschaffenen Häubchen mit Brokat oder gesticktem Samtboden. Für die Frauen kommt der gelblackierte Strohzylinder oben drauf. Den Hut verzieren auch wieder schwarze Bänder.

Die Hotzenwälder Tracht kennt wie die „Bollenhut-Tracht" auch die „Plunderkappe", nur der Kappenboden ist aus geblümtem Seidenstoff. Daneben wird auch die „Backenhaube" getragen mit goldgesticktem „Dreiecksplätz" und einem angesetzten schwarzen Seiden-

Kirnacher
Hochzeitsschäppel.

schlupf. Im Sommer tragen die Frauen den weißgekalkten, leichten „Schiihuot" (Sonnen-scheinhut), dessen Krempe an vier Stellen aufgebogen ist.

Zu festlichen Anlässen und vor allem zur Trauung schmücken sich die Mädchen mit der „Schäpel", einem kronenartigen Gebilde aus Draht, das aus einfarbigen oder bunten Glas-perlen und Metallflitter zu einer Brautkrone geformt wird. Spangen und Bänder befesti-gen den Kopfschmuck auf dem Kopf. Die „Schäpel" wird nur in der Zeit von der Kommuni-on oder Konfirmation bis zur Hochzeit getragen. Sie wird zu festlichen Anlässen im oberen Kinzig- und Wolftal, in Lehengericht, Gutach, Kirnbach, Reichenbach, im Hochschwarz-wald und in der Gegend um St. Georgen sowie dem Hotzenwald getragen.

Im vorderen Kinzig- und Elztal wird zu diesen Anlässen das „Bogenkränzlein" aufgesetzt, ein Drahtgestell, auf das aus weißem Gazestoff kleine Rosetten mit künstlichen Myrten-zweigen gereiht sind. Die Mühlenbacher und Glottertäler Mädchen tragen den „Rollen-kranz" aus weißen Federchen, Gazerosetten, Glasperlen und Flitter.

Bürgerwehren

Verwandt mit den Schwarzwälder Trachten sind auch die militärischen Trachten der Bürgerwehren. Ihre Wurzeln hatten sie in der bäuerlichen Tracht. Sie entstanden in der Zeit des Dreißigjährigen Krieges, als die Bauern ihre Höfe, Familien und ihre Ernte gegen marodierende Soldaten verteidigen mussten. Was lag näher, als bei hohen kirchlichen Feiertagen sich zusammenzuschließen und bei den Prozessionen sich mit den Waffen einzureihen. So wird dies für 1659 beim Fronleichnamsfest in Oppenau berichtet. Auch

Umzug der
Bürgerwehr in Wolfach.

für das Reichstal Harmersbach wird 1660 berichtet, dass die Bürgerschaft mit Unter- und Obergewehren zum Huldigungseid antrat.

Anfang des 19. Jahrhunderts fanden sich die Bürgermilizen unter den Erfahrungen der Franzoseneinfälle im Schwarzwald erneut zusammen und umrahmten die kirchlichen Feste mit ihren Uniformen und Vorderladergewehren. Allerdings wurden nach der gescheiterten Revolution von 1848/49 die Bürgerwehren zwar nicht aufgehoben, aber entwaffnet. Anfang der 1860er Jahre wurde auf Antrag den Vereinen die volle Uniform – mit Waffentragen – wieder genehmigt.

Orte, an denen die Tracht zu sehen ist:

Trachtenmuseum Haslach, vgl. S. 152.

Schwarzwaldmuseum Triberg, vgl. S. 210.

Mit dem Dampfross unterwegs
durch Berg und über Tal

Der Schwarzwald liegt wie ein mächtiger Felsklotz mit allen Vor- und Nachteilen in der Landschaft. Die zunehmende Industrialisierung, die Versorgung der Menschen und die technischen Möglichkeiten forderten und geboten moderne Verkehrswege. Neben den topographischen Verhältnissen erschwerte die über den Schwarzwald verlaufende Landesgrenze zwischen dem Großherzogtum Baden und dem Königreich Württemberg die Planung und den Bau der Eisenbahnstrecken, um den Schwarzwald zu erschließen und zu überqueren. Ein Name ist mit zwei wichtigen Eisenbahnstrecken – der Schwarzwald- und der Höllentalbahn – verbunden: der badische Baurat Robert Gerwig. Er überplante genial die Entwürfe der Schwarzwaldbahn und verwirklichte sie, ebenso wie die der Höllentalbahn, deren Einweihung er aber nicht mehr erlebte.

Abgestellte
schwere Dampflok
der Schwarzwaldbahn.

Gäubahn

1866 bis 1879 wurde die Gäubahn von Stuttgart über Böblingen, Herrenberg, Eutingen, Horb, Oberndorf, Rottweil und Tuttlingen nach Hattingen (badisches Gebiet) Richtung Singen in Teilstücken gebaut. Erst 1934 wurde sie zur heutigen Trasse zusammengefügt. Zu einem früheren Zeitpunkt sollte nach einer Vereinbarung zwischen dem bayerischen und dem württembergischen König eine Bahnstrecke von Würzburg über Osterburken und Stuttgart nach Zürich gebaut werden. Sie sollte das Gegenstück zu der noch lange

beim Ausbau in Schwierigkeiten steckenden badischen Rheintalstrecke sein. Die großher-
zoglich badische Eisenbahnverwaltung ließ aber den Zug die letzten Kilometer auf badi-
schem Gebiet bis zur Schweizer Grenze in jedem Dorf halten. Dadurch wurde die Attraktivität dieser Bahnstrecke sehr verschlechtert, bis die Rheintalstrecke ausgebaut war.

Nagoldbahn

1874 konnte die 57 Kilometer lange Nagoldbahn von Pforzheim über Bad Liebenzell, Calw,
Bad Teinach, Wildberg, Nagold – aus dem Nagoldtal durch Tunnel hochführend – nach
Hochdorf und Eutingen eingeweiht werden. Damit war die Verbindung mit der Gäubahn
hergestellt. Als Kuriosum der Geschichte: Als die Franzosen 1923 Appenweier und Offenburg besetzt hatten, wurde der Schnellzug von Frankfurt nach Zürich über Pforzheim,
Nagoldbahn, Gäubahn, Immendingen, Schwarzwaldbahn, Freiburg umgeleitet. Heute
wird die Strecke mit einem Dieseltriebwagen befahren. Seit 1996 verkehrt am Wochenende ein Klosterstadt-Express.

Württembergische Schwarzwaldbahn

1872 wurde die württembergische Schwarzwaldbahn eingeweiht. Sie führt von Calw im
Nagoldtal nach Weil der Stadt, Leonberg, Ditzingen und zur Landeshauptstadt Stuttgart.
Die Bezeichnung Schwarzwaldbahn führt die Strecke wegen ihrer Überwindung der Stei-
gung von Calw nach Weil der Stadt. Hier wurde ebenfalls mit Kehrschleifen und Tunnels
wie bei der badischen Strecke gearbeitet. Seit 1976 wurde die Linie in den S-Bahn-
Verkehrsverbund Stuttgart integriert.

Da es für den württembergischen König wichtig war, Bad Wildbad von Stuttgart zu
erreichen, ohne badisches Gebiet überfahren zu müssen, wurde eigens die Königskurve
bei Pforzheim gebaut. Es wäre näher und schneller gewesen, die Strecke über Pforzheim
zu nehmen, aber Pforzheim war badisch. Deshalb wurde der Weg über die württembergische Schwarzwaldbahn nach Calw genommen. Aber auch hier hätte der Weg mit der
Nagoldbahn nach Pforzheim geführt und dann zurück mit der Enztalbahn (1868 eingeweiht) nach Bad Wildbad. So wurde gerade noch auf württembergischem Gebiet als
Verbindung zwischen Enz- und Nagoldtalbahn die Königskurve bei Brötzingen (seit 1905
nach Pforzheim eingemeindet) gebaut.

Murgtalbahn

Wie schwierig es war, die Interessen von Baden und Württemberg beim Eisenbahnbau in Einklang zu bringen, zeigte sich im Murgtal. Hier baute mit Genehmigung des Großherzogtums Baden eine Privatgesellschaft die Murgtaleisenbahn 1868 von Rastatt aus, um die aufkommenden Industriebetriebe des Murgtals versorgen zu können, zunächst bis Gernsbach (1869), dann verlängert nach Weisenbach (1894) und Forbach (1910). 1898 baute dagegen das Königreich Württemberg eine Stichbahn von Freudenstadt über Baiersbronn nach Klosterreichenbach, die 1901 eröffnet wurde. Es dauerte allerdings 60 Jahre, bis 1928 die Ländergrenze bei Kirschbaumwasen und Schönmünzach überwunden war. Um die Maximalsteigung von bis zu 50 Promille zwischen Baiersbronn und Freudenstadt bewältigen zu können, wurde dieser Abschnitt als Zahnradbahn mit einer Zahnstange angelegt. Heute wird die Strecke im Stadtbahnlinienverkehr von Karlsruhe bis Freudenstadt betrieben.

Achertal

1898 wurde im Achertal die elf Kilometer lange Bahnstrecke von Achern nach Ottenhöfen eingeweiht, die heute als Nebenstrecke mit Dieseltriebwagen bedient wird. Von 1968 bis 2013 fanden hier in den Sommermonaten fahrplanmäßig Dampfzugfahrten statt.

Schwarzwaldbahn

1873 wurde die bekannteste aller Bahnstrecken im Schwarzwald eingeweiht: die Schwarzwaldbahn von Offenburg nach Singen. Da der Schwarzwald schwer zu umfahren war, musste die großherzogliche badische Verwaltung einen Weg finden, diesen zu überqueren. Es standen drei Planungen zur Diskussion:

1. Bregtallinie (Haslach – Prechtal – Furtwangen – Donaueschingen).
   Sie war die teuerste Variante und schied deswegen aus.

2. Schiltachlinie (Haslach – Schiltach – Schramberg – Villingen). Sie
   hatte den geringsten Höhenunterschied, aber den größten Nachteil,
   denn sie musste württembergisches Gebiet überfahren.

3. Sommeraulinie (Hausach – Triberg – Sommerau – Villingen).
   Hier sah der ursprüngliche Entwurf des Oberbaurats Sauerbeck
   als betrieblichen Nachteil zwei Spitzkehren vor.

Der schließlich mit der Planung betraute Robert Gerwig verwirklichte die Sommeraulinie. Er verwendete 39 Tunnels mit insgesamt 10,686 Kilometer Länge, zwei aufeinander folgende Kehrschleifen und zwei Kehrtunnel, um die Steigung auf unter zwei Prozent zu begrenzen. Eine Realisierung galt damals zunächst als unmöglich. Die Trassierung, Rücksichtnahme auf klimatische und geologische Verhältnisse sowie die Linienführung machten die Schwarzwaldbahn zu einer der bekanntesten Gebirgsbahnen. Bis St. Georgen müssen 9,1 Meter/Kilometer an Steigung überwunden werden. Bremsenhersteller aus der ganzen Welt unterwerfen ihre Bremssysteme Leistungstests auf dieser Strecke. Legte im Eröffnungsjahr der Schnellzug die Strecke von Offenburg nach Singen in 4 Stunden 10 Minuten zurück, sind es heute unter 1 Stunde 45 Minuten.

1879 wurde die 39 Kilometer lange Kinzigtalbahn von Hausach über Wolfach, Schiltach und Alpirsbach nach Freudenstadt eingeweiht. Sie zweigt in Hausach von der Schwarzwaldbahn ab.

Von Triberg aus werden zu bestimmten Terminen Tunnelfahrten mit der historischen Dampflok oder dem roten Schienenbus angeboten.

Höllentalbahn

1884 wurde mit dem Bau der Höllentalbahn begonnen, die 1887 bis Villingen und 1901 bis Donaueschingen weitergeführt wurde. Ursprünglich sollte sie ein Teilstück der Fernverbindung Paris–Freiburg–München werden. Große Schwierigkeiten bereitete die Steigungsstrecke Hirschsprung bis Hinterzarten, die bis 1933 nur mit Zahnradbetrieb bewäl-

Die Höllentalbahn beim Ravenna-Viadukt um 1900.

tigt werden konnte, um die Steigung von 35,4 Meter/Kilometer zu überwinden. Dies war seither durch die schweren Tenderlokomotiven der Baureihe 85 möglich, die nur hier zum Einsatz kamen. Eine weitere Schwierigkeit war der Bau des mächtigen Ravenna-Viaduktes. 1936 wurde die Strecke elektrifiziert. Benötigte der Zug 1884 für die 35 Kilometer nach Neustadt noch 2 Stunden 25 Minuten, sind es heute 45 Minuten.

Dreiseenbahn

1926 wurde die Dreiseenbahn (Titisee, Windgfällweiher und Schluchsee) als Nebenlinie der Höllentalbahn von Titisee nach Seebrugg eingeweiht. Ursprünglich sollte sie bis St. Blasien und dann nach verschiedenen Varianten bis Waldshut, Albbruck oder Bad Säckingen weitergeführt werden. Besonderheit der 19 Kilometer langen Bahnlinie ist der mit 967 Meter höchstgelegene deutsche Bahnhof Bärental.

Das Schicksal der Stilllegung sollte 2008 auch die Dreiseenbahn treffen. Doch der Verein IG 3 Seenbahn führt regelmäßig Dampfzugsonderfahrten durch.

Kandertalbahn

1895 wurde die Kandertalbahn von Haltingen nach Kandern in Betrieb genommen. 1983 wurde der Betrieb auf der unrentabel gewordenen Strecke nach einem verheerenden Unwetter eingestellt. Seit 1986 fährt im Sommer das „Chanderli" mit historischer Lokomotive zu festgelegten Zeiten im unteren Kandertal zwischen Kandern und Haltingen.

Die originellste aller Bahnen ist die Sauschwänzlebahn

Zwischen 1875 und 1890 wurde die Wutachtalbahn nach und nach von Lauchringen nach Hintschingen eröffnet und verbindet damit die Hochrheinbahn mit der Schwarzwaldbahn. Die Bahn wurde aus militärstrategischen Gründen in diesem zerklüfteten Gelände gebaut und durfte kein Schweizer Gebiet überqueren. Die Strecke besitzt neben sechs Tunnels den einzigen Kreiskehrtunnel in Deutschland, der 1.765 Meter lange Stockhaldentunnel, dessen Portale 18 Meter Höhenunterschied aufweisen, daher der Name „Sauschwänzlebahn". Es müssen 4,97 Meter/Kilometer an Steigung überwunden werden. Die Strecke wurde für den Personenverkehr zwischen 1967 und 1976 abschnittsweise stillgelegt. Seit 1977 wird der mittlere Teil der Bahnstrecke als Museumsbahn betrieben. Auch der

Tunnel der
Sauschwänzlebahn.

Nord- und Südabschnitt sind inzwischen zumindest wieder teilweise für den Bahnbetrieb reaktiviert.

Die 1988 zum historischen Denkmal von nationaler Bedeutung erklärte Museumsbahn bietet Eisenbahnromantik pur im historischen Dampfzug auf einer 25 Kilometer langen Strecke.

Wiesentalbahn

1862 wurde die Wiesentalbahn von Basel bis Schopfheim eröffnet und 1876 dann bis Zell i. W. als Hintere Wiesentalbahn weitergeführt. Diese Strecke wurde zuerst von einer privaten Gesellschaft gebaut und betrieben, da die Basler Industriellen starke wirtschaftliche Interessen an ihren Betriebsstätten im Wiesental hatten. Gleichzeitig war es für die Wiesentäler die Gelegenheit, in einer armen Region Arbeit zu finden. Daran schloss sich 1889 die Schmalspurbahn Oberes Wiesental bis Todtnau an. Wie wichtig die Strecke war, zeigte die Elektrifizierung schon vor dem Ersten Weltkrieg. Heute ist die Wiesentalbahn in das Netz der Regio-S-Bahn Basel eingebunden.

1890 wurde als 20 Kilometer lange Nebenstrecke der Wiesentalbahn die Wehratalbahn gebaut und dann auch mit der Wiesentalbahn elektrifiziert, da sie als strategische Eisenbahn galt. Es musste nicht wie bei der Wiesentalbahn Schweizer Gebiet überfahren werden. Nach Teilstilllegungen wurde sie 1994 ganz stillgelegt, aber unter Denkmalschutz gestellt, um Überbauungen der Trasse zu verhindern.

Als kühner Traum der Eisenbahnbauer sei
noch die Schauinslandbahn erwähnt

1927 wurde geplant, eine Schmalspurbahn über Günterstal, Horben, Eduardshöhe, Gieß-hübel zur Halde (1.160 Meter) zu führen; danach weiter zum Notschrei, Muggenbrunn, Aftersteg nach Todtnau. Dort wäre eine Verbindung mit dem Ende der Wiesentalbahn möglich gewesen. Eine Stichbahn sollte von der Halde zum Schauinsland führen. Mit dem Bau der Schauinslandschwebebahn 1930 wurde das Projekt zu den Akten gelegt.

Orte, an denen Eisenbahnmuseumsfahrten angeboten werden:

Tunnelfahrten mit der Schwarzwaldbahn, vgl. S. 209.

Museumsbahnhof Seebrugg, vgl. S. 269.

Kandertalbahn, vgl. S. 242.

Sauschwänzlebahn, vgl. S. 273.

Murgtalbahn, vgl. S. 180.

Für die Eisenbahnfreunde seien noch folgende Sehenswürdigkeiten erwähnt:

Modellanlage der Schwarzwaldbahn in Hausach, vgl. S. 207.

Modellbau-Ausstellung Gebr. Faller, Gütenbach, vgl. S. 220.

Modellbahnzentrum Schluchsee OT Blasiwald-Eisenbreche, vgl. S. 269.

Mancher Karrenweg wurde zur Bundesstraße

Der Schwarzwald liegt wie eine Barriere zwischen Rheinebene und Baar oder zwischen dem alten Handelsweg Paris, Regensburg und Wien. Aber nicht nur die topographischen Verhältnisse bereiteten immense Schwierigkeiten, sondern auch die territoriale Zugehörigkeit zerriss ganze Landschaften. Beispielsweise führte vor 1806 die Straße von Kehl nach Konstanz durch zwölf verschiedene Herrschaftsgebiete. Aber auch die alten Straßenbauer trugen bis Anfang des 19. Jahrhunderts dazu bei, dass das Reisen alles andere als bequem war. Sie bauten oftmals keine Bögen oder Kehren, sondern führten die Straßen geradeaus über Berg und Tal. Dabei leisteten sie sich Straßen von unglaublicher Steilheit. So hatte die alte Kilpenstraße vom „Engel" in Simonswald nach Furtwangen 25 Prozent die alte Straße von Triberg nach Schönwald am Wasserfall entlang sogar 33 Prozent Steigung. Bergaufwärts benutzten die Fuhrleute 10 bis 20 Pferde Vorspann und abwärts legten sie den Radschuh an. Ebenso wurden Täler mit reißenden Bächen oder Schluchten wegen des Hochwassers gemieden.

Schwabenwege

Über Jahrhunderte hinweg war der wichtigste Schwarzwaldübergang der „Schwabenweg" von Straßburg über den Kniebis. Schon 1303 begann der Bischof von Straßburg den Weg zum Kniebis zu befestigen. 1603 wurde eine Postverbindung zwischen Stuttgart und Oberkirch eingerichtet.

Erst mit den Ausbau der Strecke durch Herzog Friedrich 1605 wurde ein befahrbarer Weg geschaffen. Unsäglich waren die Mühen und Strapazen für Menschen und Tiere, um mit zusätzlichem Vorspann die Oppenauer Steige – von Oppenau zur Zuflucht – zu überqueren. Hintergrund für den Ausbau waren die Gründung von Freudenstadt 1599 und Württembergs linksrheinische Besitzung Mömpelgard. Ab 1709 fuhr ein Postwagen und ab 1754 ein taxischer „Schnellpostwagen" von Augsburg über Stuttgart und den Kniebis nach Straßburg.

Relikt aus damaliger Zeit ist die Zollstockhütte an der B 500. Sie wurde errichtet, um den Schmuggel aus dem badischen Großherzogtum ins württembergische Königreich zu unterbinden.

1821 ließ Großherzog Ludwig als Alternativroute zur Oppenauer Steige den steilen Holzabfuhrweg von Griesbach zur Alexanderschanze nach Plänen von Johann Gottfried Tulla ausbauen.

Auch die anderen Straßenverbindungen zum Schwarzwaldkamm waren frühere Saumpfade und Holzabfuhrwege, die zum Übergang nach Württemberg genutzt wurden. Die

Der „Ruhestein", ein
Sandsteinfindling
mit Grenzeichen
am Ruhestein.

Straße von Achern über den Ruhestein – der Name kommt vom Absetzen der Ware auf einem Sandsteinblock auf der Passhöhe – nach Baiersbronn wurde erst 1863 ausgebaut.

Die Straße von Bühl nach Bühlertal führt hinauf zum Sand und weiter über Herrenwies ins Murgtal und wurde in ihrer heutigen Trassierung 1919 angelegt.

Schwarzwaldhochstraße

Die wohl berühmteste Straße im Schwarzwald ist die Schwarzwaldhochstraße, die Baden-Baden mit Freudenstadt verbindet. Mit dem aufkommenden Tourismus entstanden in der zweiten Hälfte des 19. Jahrhunderts auf den Passhöhen des nördlichen Schwarzwaldes aus Holzhauerhütten nach und nach Gasthäuser. Sie entwickelten sich mit der Zeit zu Höhenhäusern und dann schließlich zu Kurhäusern. Namen wie Schwanenwasen, Plättig, Sand, Hundseck, Unterstmatt, Mummelsee, Ruhestein, Schliffkopf, Zuflucht, Alexander-schanze, Lamm auf dem Kniebis und später Bühlerhöhe schrieben jeweils Geschichte und sind bis auf das Schlosshotel Bühlerhöhe, Höhenhotel Unterstmatt, Berghotel Mummel-see und Schliffkopfhotel inzwischen selbst Geschichte.

Im Laufe des 19. Jahrhunderts wurden im Höhengebiet zur Verbesserung der Holzab-fuhr mehrere Forstwege ausgebaut oder neu angelegt. Teilweise trieben die Kurhäuser mit eigenen Finanzmitteln den Ausbau der Straßen voran. So führte der sogenannte Chai-senweg von Baden-Baden über den Plättig zum Sand, um die „Sommerfrischler" auf die Höhengebiete zu kutschieren. Mit der Fertigstellung der Straße zwischen Hundseck und Unterstmatt kam erstmals die Bezeichnung Schwarzwaldhochstraße auf. Bereits 1926 hatte die Post den Sand zur Drehscheibe ihrer Kraftpostlinien bestimmt.

Die 1935 vorgenommene Planung einer Straßenverbindung zwischen Ruhestein und Alexanderschanze stieß auf vehementen Widerstand wegen des Naturschutzgebietes um den Schliffkopf, der ebenfalls nur auf einem Wanderweg zu erreichen war. Zwischen

1938 und 1941 wurde dennoch aus militärstrategischen Gründen der Bau einer Straße zwischen Ruhestein und Alexanderschanze vorangetrieben. In diesem Gebiet entstand dann auch das Führerhauptquartier für den Frankreichfeldzug. Erst 1952 wurde das letzte Teilstück vom Ruhestein zum Schliffkopf für den allgemeinen Verkehr freigegeben.

Seit einigen Jahren werden starke Anstrengungen unternommen, um den Verkehr zu kanalisieren und zu vermindern, das geht bis zu teilweisen Sperrungen der Strecke für Motorräder an bestimmten Tagen.

Alte Weinstraße

Die Alte Weinstraße war die einzige Fernverbindung, die im Mittelalter von Gernsbach aus in Richtung der schwäbischen Gäulandschaften führte. Zumindest in ihrem oberen Abschnitt ist die Straße sehr alt, denn bereits 1087 wurde in einer Schenkungsurkunde für das Kloster Reichenbach eine auf dem Kamm zwischen Murg- und Enztal verlaufende „via communis" erwähnt. Der Weg erreicht über den Hohloh und den Schramberg Besenfeld,

einen damals wichtigen Straßenknoten mit Verbindungen nach Pforzheim und Nagold und einem Anschluss an die Kniebisstraße. Die engen Schluchten im mittleren Teil des Murgtals waren weitgehend unpassierbar, weshalb die Straße auf der Höhe verlief. Vor allem die Grafen von Eberstein hatten im späten Mittelalter ein Interesse am Ausbau dieser Straße, da sie eine Verbindung zwischen ihrer Herrschaft im unteren Murgtal und ihren Besitzungen bei Horb und Freudenstadt sowie dem Kloster Reichenbach schuf, dessen Vogteirechte sie besaßen. Als Handelsweg war die Straße noch zu Beginn des 19. Jahrhunderts in Gebrauch.

Blick vom Hohlohturm auf die Alte Weinstraße.

Die Murgtalstraße
zwischen Langenbrand
und Gausbach vor dem
Ausbau der Bundesstraße.

Murgtalstraße

Das heute bequem zu durchfahrende Murgtal besaß sehr lange Zeit keine durchgehende Verbindungsstraße. Bereits nahe am Taleingang wurde es eng: Der Karrenweg nach Gernsbach musste wegen der Engstelle bei Hörden über den Hördelstein führen. Zwischen Ottenau und Hörden steht rechts an der Straße der Denkmalstein, der an viel Mühsal erinnerte:

Diesen Felsen sprengte man und legte einen Fahrweg an – 1786
Doch später ging man wieder dran und baute eine Eisenbahn – 1869
Die Straßenbreit' wollt' nimmer reichen, drum mußt' ich dem Verkehr jetzt weichen –
1955

Die Sprengung von 1786 erfolgte im Rahmen des Chausseebaus, den Markgraf Karl Friedrich von Baden ab 1783 ins Werk setzen ließ. Bereits 1788 war Forbach erreicht. Angesichts der engen Murgschlucht zwischen Langenbrand und Forbach wurde die Straße auf halber Höhe gebaut – heute verläuft hier auf der „alten Landstraße" der Radweg „Tour de Murg". Bis 1795 wurde auch oberhalb von Forbach bis zur württembergischen Landesgrenze eine Fahrstraße angelegt. Ihr kam von Süden der Weg entgegen, den österreichische Pioniere aus militärischen Gründen 1796 von Baiersbronn aus verbreiterten. Seit 1842 bediente eine durchgängige Fahrpost die Strecke von Rastatt nach Freudenstadt.

Von 1859 an wurde die Strecke auf badischer Seite neu und näher an der Murg trassiert – zwischen Langenbrand und Gausbach verlief sie buchstäblich durch die Felsen. Seit 1875 wurde auch von Württemberg her die Straße ausgebaut. Angesichts des zunehmenden Verkehrs entschloss man sich in den 1950er Jahren zu einem erneuten und großzügigen Ausbau, der 1983 mit der Brücken-Umgehung von Langenbrand im mittleren Murgtal ihren Abschluss fand. 1997 wurde schließlich auch noch Gernsbach mit einem anderthalb Kilometer langen Tunnel unterquert.

Die alte Schwarzwälder Handels- und Poststraße

Diese führte von Frankfurt und Straßburg nach Schaffhausen und Konstanz und ist heute als B 33 eine der wichtigsten Verkehrsverbindungen über den Schwarzwald. Die frühere Trassenführung ging aber über Hornberg, Benzebene, Krummschiltach, Brogen, Peterzell nach Villingen. Die Straße wies bis zu 15 Prozent Steigung auf. Deswegen gab es in Krummschiltach eine Posthalterei, die mit bis zu 40 Pferden den notwendigen Vorspann bereithielt. Der Posthalter von Gengenbach verriet: „Wer einmal die Strecke mitgefahren ist, kommt nie wieder." Vor allem im Winter mit seinen Schneeverwehungen benötigte ein Postwagen für die wenigen Kilometer von Hornberg nach Krummschiltach nicht weniger als acht Stunden. Erst 1836 wurde die alte Poststraße aufgegeben und bis 1839 die neue Trasse entlang der heutigen B 33 gebaut. Dies geschah auch insbesondere deshalb, weil Triberg und St. Georgen als Uhrenzentren bis dahin nur über Karrenwege zu erreichen waren.

Zähringer Karrenweg

Eine der ältesten Straßen über den südlichen Schwarzwald war die Verbindung von Villingen nach Freiburg, zwei Städtegründungen der Zähringer. Die Wagensteigstraße wurde erstmals 1340 urkundlich erwähnt, da die Handelsbeziehungen immer intensiver wurden. Sie führte über Urach, Kalte Herberge, Hohler Graben, Turner und hinab ins Wagensteintal. Nach dem Dreißigjährigen Krieg nahm wegen des beschwerlichen Weges der Verkehr seine Route zunehmend über das Höllental oder die Straße über Waldkirch und Simonswald, die die Städte Freiburg und Villingen lange zu verhindern gesucht hatten. Die heutige Straße durch das Wagensteintal und St. Märgen wurde erst im 18. Jahrhundert gebaut, um das Territorium des Klosters St. Peter zu umfahren.

Das Höllental vor dem
Bau der neuen Trasse.

Straße durch die Hölle

Die später wohl wichtigste Durchgangsstraße im südlichen Schwarzwald ist die heutige Höllentalstraße, die bis ins 17. Jahrhundert nach dem regionalen Herrschergeschlecht, der Falkensteiner, „Falkensteiner Steig" hieß. Der Handelsweg von Freiburg zum Bodensee oder Richtung Ulm war bis zum Dreißigjährigen Krieg ein miserabler Karrenweg. Erst 1755–1763 wurde die Strecke zu einer Chaussee ausgebaut. Um 1770 Marie-Antoinette, der Tochter von Kaiserin Maria Theresia, auf ihrem Brautzug zur Hochzeit mit dem französischen Kronprinzen, dem späteren König Ludwig XVI., eine erträgliche Durchfahrt zu ermöglichen, wurde die Straße nochmals verbreitert.

1796 durchzog nach verlorener Schlacht ein 40.000 Mann starkes Revolutionsheer unter General Moreau den Falkensteiner Steig. Danach prahlten die Soldaten von ihrer Heldenleistung, das Val d'Enfèr (Tal der Hölle) bezwungen zu haben. Dies mag die damaligen Strapazen wiedergeben, die die Soldaten beim Rückzug durch das Höllental – daher der heutige Name – auf sich nahmen. 1851–1858 baute dann die großherzogliche badische Straßenverwaltung die Trasse in der heutigen Form mit dem Hirschsprung aus.

Notschrei

1855 wurde von Friedrich Julius Gerwig, dem Vater von Robert Gerwig, die Straße über den Notschrei von Kirchzarten über Oberried und Muggenbrunn nach Todtnau ins Wiesental gebaut, um der Bevölkerung nach 30-jährigem Bitten die Erlösung einer Straßenverbindung zu bringen. Die Gemeinden des hohen Schwarzwaldes wurden damit besonders im Winter aus ihrer monatelangen Einsamkeit erlöst. Daher das Denkmal auf dem Notschrei, das an die Erlösung gedenkt.

Schauinslandrennstrecke

Aber auch für andere Gelegenheiten wurden Straßen im Schwarzwald gebaut, die berühmt wurden. 1925 ertönte erstmals Motorenlärm am Schauinsland. Damals handelte es sich um einen besseren Holzabfuhrweg, der immerhin Spitzengeschwindigkeiten um 60 Stundenkilometer erlaubte. In den sechziger Jahren erhielt die Schauinslandrennstrecke ihren heutigen Verlauf, die von Horben über die berühmte Holzschlägermatte zum Gipfel führt und Geschwindigkeiten von über 100 Sachen zuließ. Namen wie Hans Stuck und Rudolf Caracciola, die als Sieger die 175 Kurven durchrasten, sorgten für den notwendigen Nervenkitzel. Das Umweltbewusstsein hat sich gewandelt. Seit 1984 werden keine Rennen mehr durchgeführt. Nur noch Oldtimertreffen mit gedrosseltem Tempo bis zur Holzschlägermatte sind heute erlaubt. Um die Exzesse zu stoppen, wurde von April bis Oktober jeglicher Motorradverkehr verboten.

Karl Kappler, einer der erfolgreichsten Rennfahrer der 1920er Jahre, beim Schauinslandrennen.

Karrenwege des südlichen Schwarzwaldes

Auf dem Dinkelberg lag das Straßenwesen lange darnieder. 1835 wurden mit der wirtschaftlichen Erschließung des Wiesentales die Karrenwege ausgebaut. Die Straße von Todtnau zum Feldberg wurde erst 1885 eröffnet, um das Feldberggebiet zu erschließen. Auch der Hotzenwald war lange verkehrsmäßig überhaupt nicht – außer durch Karrenwege – erschlossen. Teilweise wehrten sich die Gemeinden gegen den Ausbau der Wege, weil sie befürchteten, zum Durchmarschgebiet für das Militär zu werden. So wurde 1825 die Straße vom Schluchsee nach Waldshut, 1850 die Straße im Wehratal, die nur ein Holzabfuhrweg war, gebaut. 1863 wurde die Albtalstraße von St. Blasien nach Albbruck fertiggestellt. Erst nach dem Zweiten Weltkrieg wurde mit dem Hotzenwaldprogramm der Rückstand im Straßenbau aufgeholt. So wurde 1952 die Strecke Schluchsee–Waldshut zur B 500 ausgebaut.

Auch die Schanzen boten keine Sicherheit

Die Reste alter Schanzen sind als runde, viereckige oder sternförmige Wall- oder Graben-systeme noch in der Landschaft zu sehen. Auch die sie verbindenden Wälle sind noch teilweise sichtbar. Die ältesten Schanzen, die runden „Schwedenschanzen", stammen aus der Zeit des Dreißigjährigen Krieges. Sie wurden nach der Einnahme Freiburgs 1644 durch Frankreich an den Schwarzwaldübergängen angelegt. Die meisten Schanzensyste-me stammen aus der Zeit der verschiedenen Erbfolgekriege des 17. und 18. Jahrhunderts.

Ein Schanzensystem bestand aus durchgehenden Erd- oder Mauerwällen, davor ein mehrere Meter tiefer Graben, der mit Palisaden gesichert war. Vor diesem lag ein breiter Holzverhau. Eingerammte Holzstämme wurden durch Astverhaue verklammert. An wich-tigen Orten lagen die „Redouten", Viereck- oder Sternschanzen mit umlaufenden Palisa-dengräben. Der hohe Holzverbrauch führte dazu, dass in der Gegend von Schanzen die Wälder kahlgehauen waren.

Schanzenlinien

Im Schwarzwald sind zwei große Schanzenlinien noch nachvollziehbar. Beide beginnen am Hotzenwaldabhang bei Säckingen. Die vordere, westliche und ältere Linie zieht vom Westhang der Hohen Möhr zum Zeller Blauen (an beiden Stellen sind die Schanzen noch

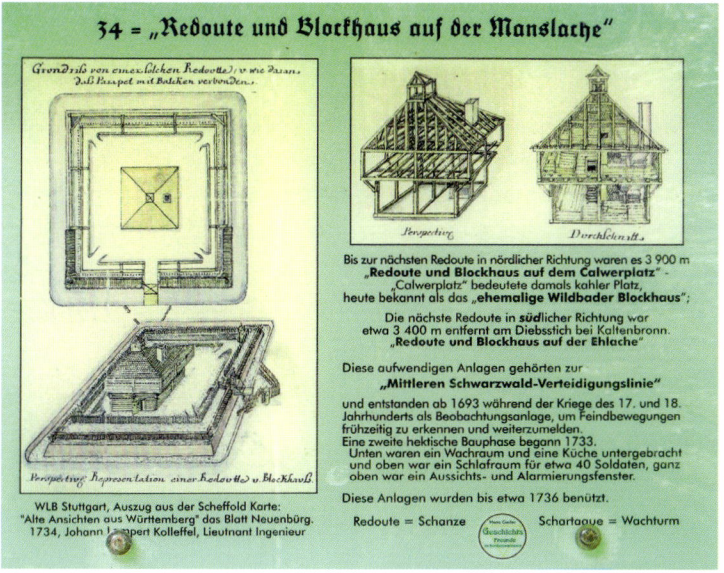

Informationstafel zur Mannsloh-Redoute nahe dem Kaltenbronn.

Erdwall der ehemaligen Röschen-Schanze bei der Zuflucht.

zu sehen), oberhalb des Wiesen- und Münstertals bis zum Wiedener Eck. Hier sind die Viereck- und Sternschanzen noch erkennbar. Weiter nördlich sind Reste der Linien mit den Prechtäler (beim Büchereck) und Hausacher Schanzen (rechts und links der Einbachmündung) und auf dem Kniebis erhalten geblieben.

Eine östliche, jüngere Linie zweigt von Todtmoos ab und führt vom Hochkopf (südlich und östlich sind die Schanzen deutlich sichtbar), durchgehend zum Herzogenhorn, zum Turner (östlich am Mittelweg) und zum Rohrhardsberg in den Raum Hornberg. Hier lag die von Markgraf Ludwig Wilhelm 1693 errichtete Markgrafenschanze. Über die Schondelhöhe (Schondelhöhe bis zum Schanzhäusle) reichte die Verteidigungslinie über St. Roman zum Kniebis.

Wichtig und mehrfach heftig umkämpft waren die Kniebisschanzen, die den Einfall von Straßburg durchs Renchtal verhindern sollten. Heute ist noch die Schwedenschanze auf der Zuflucht erkennbar (errichtet 1701–1714), ebenso die von Herzog Alexander an der Straßengabelung erbaute Alexanderschanze sowie die Schwaben- oder Röschenschanze, die bei der Zuflucht 1794 von Major Röschen angelegt wurde. Beide sind als archäologisches Denkmal erhalten.

Die Schwarzwälder Schanzenlinie führte über Kaltenbronn und Dobel in den Ettlinger Raum und fand ihren Abschluss in der Festung Philippsburg.

Bedeutung der Schanzen

Die Schanzen sollten die Schwarzwaldpässe schützen und die Einfälle der Franzosen verhindern oder aufhalten. Dies gelang nur selten wie bei den Stollhofener Linien, die

die östliche Oberrheinebene sperrten: von Obertal über Bühl nach Vimbach. Meist aber waren die Schanzen im Laufe der Jahre heruntergekommen, schlecht verteidigt oder konnten von den feindlichen Kräften umgangen werden. Wurden die Franzosen durch Schanzen aufgehalten, fielen die Entscheidungen anderen Ortes in größeren Schlachten, so dass sie selten strategische Bedeutung hatten.

Leidtragender war die Bevölkerung, die zum Schanzendienst als Fronarbeit herangezogen wurde, und zwar von Freund und Feind. Wenn die Feinde gesiegt hatten, musste das Schanzensystem wieder zugeschüttet werden. Die Wälder wurden abgeschlagen, die Felder durch die Fronarbeit vernachlässigt, die Bevölkerung durch die erzwungene Versorgung der Soldaten und ihres Trosses in die Armut getrieben.

Westwall, die moderne Schanzenlinie

Die Idee durchgehender Befestigungslinien musste der Schwarzwald noch einmal Ende der 1930er Jahre über sich ergehen lassen. Der Westwall sollte das Gegenstück zur Maginotlinie werden. Er reichte von Weil am Rhein bis zur niederländischen Grenze und war insgesamt 630 Kilometer lang, wobei das Festungswerk eher von propagandistischem als von strategischem Wert war. Die Schwarzwald-Täler waren von der Rheinebene her durch Bunkerstellungen gesichert. An exponierten Stellen, so auf dem Schliffkopf wie auch auf anderen Schwarzwaldhöhen, wurden Feuerleitstellungen gebaut. Um zu verhindern, dass Täler wie Murg oder Kinzig als Einflugschneisen benutzt werden konnten, wurden die Industriezentren zusätzlich durch Flak geschützt.

Im Gebiet zwischen dem ehemaligen Hotel Lamm, Alexanderschanze und Schliffkopf entstand ein kleines Führerhauptquartier mit der entsprechenden Infrastruktur, das von Hitler aber nur wenige Tage im Jahre 1940 benutzt wurde. Der damalige Ausbau führte, wie bereits erwähnt, dazu, dass trotz des streng geschützten Naturschutzgebietes und heftigen Widerstandes des Schwarzwaldvereines die Schwarzwaldhochstraße durchgehend befahrbar ausgebaut wurde.

Orte, an denen die Schanzen zu sehen sind:

Mannsloh-Schanze, vgl. S. 198.

Röschenschanze auf der Zuflucht, vgl. S. 164.

Markgrafenschanze Hornberg, vgl. S. 208.

Schanzen auf dem Wiedener Eck, vgl. S. 246.

Schanzen auf dem Hochkopf, vgl. S. 253.

Laufen im Ruhrgebiet die Maschinen an, wird im Schwarzwald der Wasserschieber geöffnet

Pumpspeicherkraftwerk im Murgtal

Das zwischen 1914 und 1926 errichtete Rudolf-Fettweis-Werk in Forbach war die erste Kraftwerksgruppe in Europa, bei der in großem Maßstab das Prinzip der Aufspeicherung elektrischer Energie angewandt wurde. Zum Zeitpunkt seiner Inbetriebnahme konnte es fast den kompletten Strombedarf Badens decken. Die Planungen gehen auf Professor Theodor Rehbock zurück, der einen Entwurf zur Nutzung der Wasserkräfte der Murg erarbeitet hatte. Allerdings konnte damals das württembergische Murggebiet nicht mit einbezogen werden. Nach seinen Plänen wurde 1914 mit dem Bau begonnen und bei Kirschbaumwasen die Murg durch ein 17 Meter hohes Wehr gestaut. Dadurch entstand ein 900 Meter langer See, der 359.000 Kubikmeter Wasser als Tagesausgleichsbecken fasst. Von Kirschbaumwasen fließt das Wasser fast ohne Gefällverlust durch den 5,6 Kilometer langen Murgstollen zum Wasserschloss I, von wo es in zwei Stahlrohren mit einer Fallhöhe von 140 Metern auf die Turbinen des Krafthauses in Forbach geleitet wird. Das Wasser gelangt in ein 230.000 Kubikmeter großes Ausgleichsbecken, das mit einem Niederdruckkraftwerk kombiniert ist und aus dem das Wasser gleichmäßig an die Murg zurückgegeben wird. Das Murgwerk ging 1918/19 mit einer Leistung von 22 Megawatt ans Netz.

Die Staumauer des Murgwerks bei Kirschbaumwasen.

Der rasch steigende Energiebedarf zwang zum beschleunigten Ausbau des Kraftwerkes mit der sogenannten Schwarzenbachstufe. 1922 wurde mit dem Bau der Staumauer (bis zu 67 Meter hoch und 380 Meter lang) im Schwarzenbachtal begonnen. Aus einem insgesamt 50 Quadratkilometer großen Einzugsgebiet konnte ein 2,2 Kilometer langer und bis zu 600 Meter breiter See aufgestaut werden, der 14,3 Millionen Kubikmeter Wasser fasst. Durch einen rund 1,7 Kilometer langen Druckstollen gelangt das Wasser zum Wasserschloss II, wo es in einem Druckrohr mit einer maximalen Fallhöhe von 362 Metern zum Krafthaus in Forbach fällt und zwei große Turbinen mit einer Maximalleistung von 43 Megawatt antreibt.

Die Pumpspeicherkraftwerke können innerhalb kürzester Zeit von Turbinen- auf Pumpbetrieb umstellen. Vorwiegend nachts wird aus dem Staubecken von Kirschbaumwasen in das höher gelegene Staubecken Schwarzenbach Wasser gepumpt. Bei Strombedarf müssen nur die Schieber geöffnet werden, um in Mannheim oder Stuttgart oder sonst wo die Spitzenlast abzudecken.

Das 1921/22 errichtete Raumünzachwerk, das die erforderliche elektrische Energie für den Bau der Talsperre bereitstellte, liefert heute noch bis zu 550 Kilowatt Strom.

Mittlerweile haben sich Segler, Ruderboote, Angler und Badegäste der Schwarzenbachtalsperre bemächtigt und den künstlich angelegten See zu einem Freizeitgebiet gemacht.

Rückhaltebecken Erzgrube

Eine Besonderheit wurde im hinteren Nagoldtal mit der Nagoldtalsperre bei Seewald-Erzgrube verwirklicht. Immer wieder hatten verheerende Überschwemmungen die Städte und Gemeinden entlang der Nagold verwüstet. Der ursprüngliche Schwallweiher für die frühere Flößerei wurde zwischen 1965 und 1970 zu einem zweigegliederten Rückhaltebecken ausgebaut. Ein 250 Meter breiter Staudamm lässt einen 2,9 Kilometer langen Stausee entstehen, der bis zu 5,6 Millionen Kubikmeter Wasser in regnerischen Zeiten aufstauen und in trockenen Zeiten abgeben kann. Eine im Staudamm eingebaute Turbine liefert eine Dauerleistung von 100 Kilowattstunden und ist bis zu 300 Tage im Jahr in Betrieb.

Die Nagoldsperre Erzgrube hat sich zu einem weit über die Region bekannten Bade- und Freizeitvergnügen für Surfer, Segler, Angler und Taucher entwickelt.

Linachtalsperre

Schon 1922 baute die Gemeinde Vöhrenbach während der Inflationszeit für Billionen von Reichsmark die Linachtalsperre als Speicherkraftwerk, um eigenen Strom zu erzeugen. Erstmals in Deutschland wurde eine Staumauer in aufgelöster Bauweise errichtet (25 Meter hoch und 143 Meter breit). Ein System von Pfeilern und hohen tonnenähnlichen Betongewölben bildet die Staumauer, die 1925 fertiggestellt war. Die Höchstleistung wurde im Jahre 1956 erbracht mit einer Jahresleistung von 1,9 Millionen Kilowattstunden. 1969 wurde das Kraftwerk angesichts anstehender umfangreicher Reparaturarbeiten und der gebotenen Ablösesumme des regionalen Energieversorgers stillgelegt. 2007 wurden die Staumauer und die technischen Anlagen abschließend saniert, so dass die Stromerzeugung heute wieder voll gewährleistet ist.

Kraftwerk Oberried

Schon 1924 wurde das Kraftwerk Oberried gebaut, um die auf über 1.000 Meter Höhe gelegene damalige Gemeinde Hofsgrund mit Strom zu versorgen. Es produziert heute noch Strom für 100 Familien.

Kraftwerk am Kirnbergsee

1922 wurde von der Gemeinde Bräunlingen der Brändbach mit Hilfe einer Staumauer zum Kirnbergsee aufgestaut. Die Leistung des Wasserkraftwerks beträgt 300 Kilowatt. Die Talsperre dient außer zur Stromgewinnung auch zum Hochwasserschutz, zudem wurde ein Naherholungsgebiet geschaffen.

Flusskraftwerk Stalleg

Es ist das älteste heute noch betriebene Flusskraftwerk des Schwarzwaldes. Das fürstlich-fürstenbergische Schloss in Donaueschingen und die Brauerei benötigten Strom. Was lag näher, als tief in der Wutachschlucht das Gefälle des Flusses zu nutzen. So wurde unterhalb der Ruine Stallegg 1894 mit den Bauarbeiten begonnen. Von der Bogenstaumauer führt ein 191 Meter langer Kanal zum Turbinenhaus. Das Nutzgefälle beträgt zehn Meter. Mit zwei Turbinen wird heute eine Leistung von 395 Kilowatt erzielt.

Schluchseewerk mit der Hotzenwaldgruppe

1928 wurde die Schluchseewerk AG im Südschwarzwald gegründet. Sie ist sozusagen der „große Bruder" des Kraftwerks in Forbach. Der steigende Strombedarf forderte den schnellen Ausbau der Wasserkraftwerke. 1929 wurde mit dem Bau des Schluchsee-Beckens begonnen. Der ursprüngliche Gletschersee wurde dank einer 250 Meter langen und 35 Meter hohen Staumauer zum größten See des Schwarzwalds mit 500 Hektar Fläche, 7,5 Kilometer Länge und 1,4 Kilometer Breite aufgestaut.

Das Wasser des Schluchsees in 930 Metern Höhe wird durch insgesamt 25 Kilometer lange Druckstollen hintereinander den Schwarzwald hinab nach Häusern (723 Meter), Witznau (475 Meter) und Waldshut (340 Meter) geleitet. Überall treibt das Wasser von Stufe zu Stufe abwärts Wasserkraftwerke an, bevor es in den Rhein geleitet wird. Nachts wird der Strom, den andere Kraftwerke produzieren, zur Vorratshaltung herangezogen. Damit wird das Wasser aus den verschiedenen Kraftwerkbecken in die jeweils nächsthöhere Stufe gepumpt, um bei Bedarf wieder abwärts durch die Rohrleitungen zu schießen. Jedes Pumpspeicherkraftwerk besteht aus Turbine und Generator, wie herkömmliche Kraftwerke. Als Speicherkraftwerk wird es aber mit einer zusätzlichen Pumpe versehen. So bringt der volle Kraftwerksbetrieb der Schluchsee-Gruppe eine Generatorenleistung von 470 Megawatt und eine Pumpstromaufnahme von 308 Megawatt.

Die starken Eingriffe in die Landschaft, die beim Bau des Schluchseekraftwerks entstanden, sind längst vernarbt. Der Schluchsee ist heute ein Ferienparadies mit allen Freizeitmöglichkeiten und ein Besuchermagnet im Südschwarzwald.

Pumpspeicherkraftwerk Häusern der Schluchseegruppe.

Da der Strombedarf weiter sprunghaft anstieg, wurde ab dem Jahr 1961 mit dem Ausbau der **Hotzenwald-Gruppe** begonnen. Mit dem Kavernenkraftwerk Säckingen wurde erstmals in Deutschland ein Pumpspeicherkraftwerk in Kavernenbauweise konzipiert und gebaut. Die vier Maschinensätze sind in einer künstlichen Höhle mit gewaltigen Ausmaßen untergebracht, die über einen anderthalb Kilometer langen Zufahrtsstollen zu erreichen sind. Das Kavernenkraftwerk liegt etwa 400 Meter unter dem Eggbergbecken, aus dem das Wasser durch einen gepanzerten Druckschacht senkrecht in die Tiefe rauscht. Mit einem Fassungsvermögen von 2,1 Millionen Kubikmetern Wasser reicht dieser Vorrat für einen sechsstündigen Turbinenbetrieb unter Volllast. Als Unterbecken für das Kavernenkraftwerk Säckingen dienen die Rheinstauräume der Rheinkraftwerke Säckingen und Ryburg-Schwörstadt. So kann auch hier Rheinwasser nachts wieder zurückgepumpt werden. Das Kavernenkraftwerk bei Säckingen verfügt über 360 Megawatt Turbinenleistung und 296 Megawatt Pumpleistung.

1976 wurde das Kavernenwasserkraftwerk Wehr, das zu den weltgrößten Pumpspeicheranlagen gehört, in Betrieb genommen. Vom Hornbergbecken I, das 700 Meter lang, 300 Meter breit und 46 Meter tief ist, schießt das Wasser über die Fallhöhe von 630 Meter durch die Turbinen des Kavernenkraftwerks, des 1,3 Kilometer tief im Berg liegt. Die immense Fallhöhe ermöglichen den vier Turbinen eine Generatorenleistung von 910 Megawatt – genug Strom für fast eine Million Menschen. Das Wehrabecken kann als Unterbecken des Kraftwerks bis zu 4,1 Millionen Kubikmeter Wasser aufnehmen. Hier wird also nicht mehr der Rhein für den Ausgleich des Wassers herangezogen, sondern es handelt sich um ein System mit zwei riesigen Wasserbecken.

Immer wieder stießen natürlich auch in den späteren Jahren Wünsche nach Erweiterung der Stromerzeugungskapazitäten auf die Belange des Landschafts- und Naturschutzes. So konnte 1955 nur unter größten Mühen die Aufstauung der Wutach unterhalb der Haslachmündung durch den Schwarzwaldverein verhindert werden.

2008 veröffentlichte das Schluchseewerk den Plan für das neue Pumpspeicherkraftwerk Atdorf. Hier soll südlich des bisherigen Hornbergbeckens I das Hornbergbecken II als Oberbecken mit bis zu neun Millionen Kubikmeter Wasserinhalt gebaut werden. Das Wasser des Oberbeckens soll über einen gepanzerten Druckschacht mit sieben Meter Durchmesser dem unterirdischen Kavernenkraftwerk zugeführt werden, das 3,2 Kilometer tief im Berg sechs Turbinen mit einer maximalen Leistung von 1.400 Megawatt Strom produzieren könnte. 600 Meter tiefer würde dann das Haselbecken mit einem ebenfalls notwendigen Nutzinhalt von neun Millionen Kubikmeter gebaut werden. Die riesige Staumauer wäre 520 Meter lang, hätte eine sichtbare Höhe von bis 76 Meter und müsste 40 Meter tief gegründet werden. Auch hier würde der Rhein nicht für den Wasserausgleich herangezogen.

Bisher verfügt die Schluchsee-Werk AG über fünf Kraftwerke mit insgesamt 20 Maschinensätzen und einer maximalen Leistung von 1.836 Megawatt. 14 Speicherbecken werden bewirtschaftet, die alle mit 66 Kilometern Stollen verbunden sind. Mit dem Bau von Atdorf würde die Leistung um 75 Prozent erhöht.

Talsperren im Schwarzwald:

Schwarzenbachtalsperre, vgl. S. 183.

Nagoldtalsperre, vgl. S. 206.

Linachtalsperre, vgl. S. 280.

Kirnbergsee, vgl. S. 279.

Flusskraftwerk Stallegg, vgl. S. 276.

Schluchsee, vgl. S. 268.

Witznautalsperre, vgl. S. 267.

Schwarzatalsperre, vgl. S. 267.

Mettmatalsperre, vgl. S. 264.

Trinke Wein und du wirst gesund sein (Paracelsus)

Der Wein kam bereits mit den Römern an die Schwarzwaldhänge, wenn hier auch erst zwischen 1170 und 1192 Weinbau urkundlich belegt ist. 1227 wurde der Weinversand über die alte Weinstraße von Gernsbach nach Besenfeld erwähnt. Im Mittelalter war der Weinbau weit in die Täler verbreitet. Die Wolfacher Schifferordnung verlangte 1557 von jedem Schiffer, der flößen wollte, den Anbau von einem halben Juchert Reben. Jedem Flößer standen pro Tag ein halbes Maß (1,5 Liter) Wein zu. Selbst für Hornberg ist Weinbau nachgewiesen.

Heute gibt es am Schwarzwaldrand drei Weinbaugebiete: Ortenau, Breisgau und das Markgräflerland. In ihnen wird vorwiegend Riesling, Silvaner, Müller-Thurgau, Grau-, Weiß- und Spätburgunder sowie Gutedel im Märkgräflerland angepflanzt. Es wird auch Burgunderland genannt. Die Burgunderrebe soll vom Mutterkloster Citeaux in Burgund über Kloster Lichtenthal in die Ortenau gekommen sein, denn dieses besaß seit seiner Gründung im Jahr 1245 Rebhöfe.

Der Ruländer als badische Spezialität ist ein kräftiger, schwerer und süßlich ausgebauter Burgunder. Der Speyrer Kaufmann Johann Seger Ruland sorgte Anfang des 18. Jahrhunderts für seine Verbreitung. Dagegen wird der Grauburgunder früher geerntet und leichter sowie süffiger ausgebaut. Der Riesling wird in der Ortenau auch als Klingelberger bezeichnet. Markgraf Karl Friedrich ließ 1782 im Gewann Klingelberg des Schlossberges der Burg Staufenberg erstmals 8.000 Stöcke Riesling anpflanzen. Damit war der Grundstock für den hohen Riesling-Anteil gelegt.

Der Müller-Thurgau ist nicht, wie oft erzählt, eine Kreuzung der Rebstöcke Riesling und Silvaner, sondern Riesling mit Madeleine Royal, die der Schweizer Rebforscher Hermann Müller aus dem Thurgau 1882 vornahm. Der Gutedel wurde erstmals von Markgraf Karl Friedrich 1780 vom Genfer See ins Markgräflerland gebracht und angepflanzt.

Weine der Winzergenossenschaft Neuweier im Bocksbeutel.

Weinberge in Durbach am Fuße von Schloss Staufenberg.

Unter dem Clevner versteht der Weintrinker in Baden den Traminer, in Württemberg dagegen den roten Frühburgunder und in der Schweiz den Spätburgunder.

Badisch Rotgold ist ein Cuvee aus mindestens 51 Prozent Ruländer und 49 Prozent Spätburgunder-Trauben. Nicht zu verwechseln mit einem Weißherbst oder Rosé, bei dem die rote Traube gekeltert wird, die rote Traubenhülle zwecks Färbung aber nicht dem Traubensaft beigegeben wird. Der Winzer spricht von weiß gekeltert.

Getrunken wird der Wein im badischen Schwarzwald aus dem Römer und im württembergischen aus dem Henkelglas.

Ein Schwarzwälder, Heinrich Hansjakob, gründete 1881 erstmals eine Winzergenossenschaft in Baden – allerdings in Hagnau am Bodensee. 1908 hielt die Idee der gemeinsamen Kelterung und Vermarktung mit der Gründung der Winzergenossenschaften in Schliengen und Affental auch am Schwarzwaldrand Einzug. Die Winzergenossenschaften sorgen für das hohe Qualitätsniveau und die Verbreitung des Badischen Weines. Aber auch private Winzer wie Schloss Neuweier, Decker/Möschle auf Schloss Eberstein, Laible und Männle in Durbach, Huber in Malterdingen, Salwey im Glottertal, Marget in Müllheim oder Blankenhorn in Schliengen sorgen für den Bekanntheitsgrad des Schwarzwälder Weins.

Als Besonderheit in der Ortenau ist hier in bestimmten Orten auch die Bocksbeutel-Flasche gebräuchlich, die sonst nur für den fränkischen Wein typisch und geschützt ist. In Neuweier, Varnhalt, Steinbach und Umweg darf er mit zähneknirschender Zustimmung der Franken abgefüllt werden. Franz-Philipp Freiherr von Knebel-Katzenelnbogen, gestorben 1816, besaß als letzter seines Geschlechts den gesamten Familienbesitz in Neuweier, um Mainz und Würzburg. Er ließ den Wein in Neuweier in Bocksbeutel füllen. Aufgrund dieser zweihundertjährigen Tradition hielt der mittelbadische Bocksbeutel einer juristischen Überprüfung, die bis zum Bundesgerichtshof führte, erfolgreich stand.

Gaumenfreuden des Schwarzwalds

Schwarzwälder Speck

Der Schwarzwälder Speck ist eine regionale Köstlichkeit, die seit 1997 als „Schwarzwälder Schinken" EU-weit geschützt ist.

Bei der Herstellung wird der Speck mit trockenem Salz im Holzbottich eingerieben. Nach einigen Tagen erfolgt das Einreiben mit einer Mischung aus Salz, Knoblauch, Koriander, Pfeffer und Wacholder. Immer wieder erfolgt das Tränken des Specks mit diesem „Lack", um richtig einzudringen. Dann hängt der Speck zum Trocknen in der Räucherkammer. Anschließend kommt das wichtige Räuchern: Sägemehl aus Tannen- oder Fichtenholz wird mit glühender Kohle zum Schwelen gebracht. Grünes Reisig veredelt den beißenden Tannen- oder Fichtenholzrauch, der dem Speck die typisch schwarze, verkohlte Schwarte gibt.

Schwarzwälder Vesperplatte.

Davon unterschieden wird der „Fiedle- und Bauchspeck", der gleichermaßen hergestellt wird. Der echte Schwarzwälder empfiehlt, den gut getrockneten Speck so dünn zu schneiden, dass man durch die abgeschnittene Scheibe die Zeitung lesen könne. Nur dann ist mit der Zunge zu schnalzen.

Schwarzwälder Bratwurst

Grob gehacktes Schweinefleisch wird mit verschiedenen Gewürzen wie Salz, Pfeffer, Majoran, Zwiebel und etwas Fleischbrühe gemischt und geknetet, anschließend in Schweinedärme gefüllt. Die Würste werden leicht mit Sägemehl und Wacholder im Räucherschrank angeräuchert.

Ein Brenner bei der Kirschwasserherstellung.

Im Wasser heiß gemacht und mit warmem Sauerkraut serviert ist das eine köstliche Mahlzeit, seltener wird die Wurst mit Zwiebel angebraten. An der Luft hart getrocknet mit einem guten Holzofenbrot ist sie neben dem Speckvesper das traditionelle Bauernvesper. Für Nichteinheimische führt das immer wieder zu Missverständnissen, weil eine angeräucherte, heiß gemachte oder getrocknete Bratwurst für diese keine „Bratwurst" darstellt.

Schwarzwälder Kirschwasser

Eine Besonderheit des landwirtschaftlichen Obstbaus an den Schwarzwaldhängen der Ortenau ist der intensive Kirschenanbau. Die schwarze Süßkirsche ist die Grundlage für das Schwarzwälder Kirschwasser.

Der Fürstbischof von Straßburg, Kardinal Armand Gaston de Rohan-Soubise, zu dessen Sprengel Teile der Ortenau gehörten, förderte im frühen 18. Jahrhundert die Anpflanzung der Kirsche. Die Bäume sind heutzutage bis auf eine Höhe von 600 Meter Höhe noch in einer Vielzahl zu finden. Zur Kirschblütenzeit werden ganze Berghänge in ein Blütenweiß getaucht.

Um den vielen Früchten eine Verwendungsmöglichkeit zu geben, wurde den vielen landwirtschaftlichen Anwesen ein Brennrecht zugestanden. Noch bis zum heutigen Tag hat nahezu jedes landwirtschaftliche Anwesen ein eingetragenes Brennrecht auf dem Hof, das über die Generationen mit dem Hof weitervererbt oder auch weiterverkauft wird. Dies sehr zum Ärger der Zollverwaltung, die all die vielen Brennrechte kontrollieren und beaufsichtigen muss.

Dieser Nebenerwerb ermöglicht vielen Bauern ein zusätzliches Einkommen, und heute ist Schwarzwälder Kirschwasser weit über seine Region bekannt.

Schwarzwälder
Kirschtorte.

Schwarzwälder Kirschtorte

Die Herkunft der Schwarzwälder Kirschtorte ist nicht eindeutig festzustellen. Die einen behaupten, dass ein Koch eines persischen Harems die Torte erfunden habe, um den Haremsdamen mit dieser kalorienreichen Kost möglichst schnell zu den erwünschten üppigen Formen zu verhelfen. Andere behaupten, der Name käme von der Bollenhuttracht. Das traditionelle schwarze Kleid sei wie der Schokoladenstreusel, das Weiß der Bluse entspreche den Sahnehäubchen und die roten Bollen den darauf zu verwendenden Kirschen.

Es gibt unzählige Rezepte und Variationen. Um als Schwarzwälder Kirschtorte zu gelten, kann als Unterboden ein Mürbeteig verwendet werden. Für die Krume sind dunkle und/oder helle Wiener- oder Bisquitböden zu verwenden. Die Masse für die dunklen Böden enthält mindestens drei Prozent Kakaopulver. Als Füllung dienen Buttercreme und/oder Sahne, teilweise mit Kirschen, auch als Stücke in gebundener Zubereitung. Auf den Sahnehäubchen sitzen die typischen roten Kirschen. Der Anteil an Kirschwasser ist deutlich wahrnehmbar.

Seit 2006 findet in Todtnauberg alle zwei Jahre im Mai das mittlerweile traditionell gewordene Schwarzwälder Kirschtortenfestival statt.

Die Schwarzwälder Forelle

Die Bachforelle hat sicherlich den Ruf der Schwarzwälder Forelle begründet. In den Gebirgs- und Talbächen „steht" sie beinahe regungslos im Wasser gegen den Strom, immer wieder macht sie kurze ruckartige Schwimmbewegungen. Sie lauert, ob Nahrung mit einem Strudel angespült wird. Die Bachforelle passt sich farblich dem Untergrund des Baches an und ist auf dem Rücken dunkelbraun bis schwarz mit helleren Punkten durchsetzt.

Ernest Hemingway verbreitete den Ruhm der Schwarzwälder Bachforelle durch seine Berichte über das Forellenfischen im Schwarzwald. 1922 fischte er auf einer Angeltour rund um Triberg in der Gutach und der Elz sowie in der Wutach. Sie bezeichnete er als das beste Fischwasser Europas.

Die heute in vielen Lokalen vorgesetzten Forellen sind aber Regenbogenforellen aus den Zuchtanstalten. Die Regenbogenforelle ist am „Regenbogen" erkennbar, der sich jeweils seitlich abzeichnet.

Wichtig für eine gute und bekömmliche Forelle ist klares, sauerstoffhaltiges, fließendes Wasser. Je kälter und frischer das Wasser, desto langsamer das Wachstum und um so besser der Geschmack.

Der Genießer wird vor dem Forellenessen immer einen Gang um das Lokal machen und sich von der Qualität des Forellenbeckens überzeugen. Am besten frisches, sauerstoffhaltiges Bachwasser, das durch das Forellenbecken läuft.

Topinambur

Auch eine Spezialität des mittleren Schwarzwaldes ist der Topinambur-Schnaps. Topinambur ist eine Erdfrucht wie die Kartoffel und stammt auch aus Südamerika. Sie wird sehr früh angepflanzt, da sie kälteunempfindlich ist. Sie wird auch als Pferdefutter verwendet. Daher wird der aus ihr gewonnene Schnaps auch Rossler – von Ross kommend – genannt. Der Rossler galt als Armeleuteschnaps. Als Verdauungsschnaps ist er sehr beliebt, aber keine Gaumenfreude. Mit Hilfe von Zutaten wie Wacholder wird er bekömmlicher.

Schwarzwälder Kirschtortenfestival:

Todtnauberg, vgl. S. 247.

Winter im Schwarzwald

Die neuen „Schneeschuhe"

Als die ersten Skiläufer im Schwarzwald gelten drei Norweger, die Anfang der 1880er Jahre in Schönwald im „Hirschen" untergebracht waren und von dort aus Skitouren unternahmen. Eigentliche „Wiege" des deutschen Skisports aber war Todtnau. 1888 ließ sich Dr. August Tholus, ein ehemaliger Schiffsarzt, der in Todtnau praktizierte, die damals „Schneeschuhe" genannten Brettl aus Norwegen kommen. Aber Leibesfülle, Ungeschicklichkeit und auch Ungeduld ließen ihn scheitern bei seinen heimlichen Versuchen, mit den ungewohnten Fortbewegungsmitteln zurechtzukommen.

Als der Reisebericht von Fridtjof Nansen über seine Grönlanddurchquerung auf Skiern auch in Deutschland begeistert aufgenommen wurde, erinnerte sich Tholus am Stammtisch an seine früheren, von wenig Erfolg gekrönten Erfahrungen. Eine Gruppe von Todtnauern wagte darauf im Spätwinter 1891 die vermeintlich erste Besteigung des Feldbergs auf Skiern. Dort angekommen, wurde ihnen berichtet, dass bereits kurz zuvor, am 8. Februar 1891, ein französischer Skifahrer dagewesen sei. Dr. Raymond Pilet, der als Diplomat in Heidelberg wohnte und sich ebenfalls für die neuen Schneeschuhe begeisterte, gab den Todtnauern sodann bereitwillig die ersten Unterrichtsstunden. Von Bauernbuben war er damals für einen originellen Fastnachtsnarren gehalten worden. Ein Bauer hatte ihn sogar gefragt, wo er sich sein Kostüm geliehen habe.

An den Weihnachtstagen des Jahres 1891 gründete eine Stammtischrunde um Fritz Breuer mit dem Ski-Club Todtnau den ersten deutschen Skisportverein. Fridtjof Nansen

Ausfahrt des Skiclubs Todtnau 1895.

erklärte man gleich zum Ehrenmitglied, was dieser dankend annahm. 1895 gründete sich auch ein Skiclub in Freiburg, der sich noch im gleichen Jahr mit Todtnau zum Ski-Club Schwarzwald vereinigte. Weitere Clubs bildeten sich in Neustadt, Lenzkirch und St. Blasien.

Bereits am 29. März 1892 berichtete die „Rundschau vom Feldberg" über die neuen norwegischen Schneeschuhe: „Sie sind etwa 2 m lang, 10 cm breit und 1 cm dick, vorn mit nach oben gebogenem Schnabel; in der flachen Seite ist ein Riemen angebracht, mit dem man den Schuh anschnallt. Ein mannshoher, mit Schneehaken versehener Stock dient zum Lenken, Bremsen usw."

Auch im Nordschwarzwald fand das Skifahren schnell Anhänger. Im November 1893 schlossen sich die ersten Liebhaber des weißen Sports von Pforzheim bis Offenburg im Ski-Club Badener Höhe zusammen, der sich 1896 als eigene Sektion dem Ski-Club Schwarzwald angliederte. Treibende Kraft war hier der Hotelier Friedrich August Maier vom Hotel Sand.

Vor dieser Zeit waren die Schwarzwälder nur mit „Schneereifen" unterwegs gewesen, die ein Gehen im tiefen Schnee erlaubten. 1896 bei den ersten Schwarzwälder Skiwettkämpfen gewann Wilhelm Paulcke das Skispringen von dem 1,50 Meter hohen Sprungwall mit einer Weite von 6,50 Meter. Ein Jahr davor hatte in Herrenwies der Sieger eines Wettkampfs die Strecke von 800 Metern in sechs Minuten bewältigt.

Erster Skilift

Der Schwarzwälder Tüftler Robert Winterhalder, Bauer und Wirt auf dem Gasthof „Zum Schnecken" in Schollach (heute ein Ortsteil von Eisenbach), erfand den weltweit ersten Skilift. An der Winterhalde stand seine wassergetriebene Mühle, die über 280 Meter Länge und 32 Meter Höhenunterschied ein auf fünf Holzmasten gelagertes Endlosseil zwischen zwei Umlaufrädern antrieb. Mit diesem am 14. Februar 1908 in Betrieb gegangenen Skilift wurden seine Hausgäste und die skibegeisterten Talbewohner den Hang hinaufgezogen.

Am 16. März 1908 war sein Patent „Vorrichtung zum Aufziehen von Schneeschuhläufern, Rodlern usw. auf Berghänge" auch international angemeldet. Seine Bauernwirtschaft mauserte sich dank seiner Erfindung zum Kurhotel. Noch 1908 wollte er auf dem Feldberg zwei Lifte aufstellen. Allerdings wurde das Ersuchen dem Schneckenwirt mit der Begründung zurückgeschickt, dass diese die Landschaft verschandeln würden. Winterhalder ließ sich nicht entmutigen, denn 1910 stellte er bei der Wintersportausstellung in Triberg einen Skilift mit Elektromotor vor, der bereits eine Länge von 550 Metern aufwies. Im Ersten Weltkrieg wurden seine beiden Skilifte zwecks Metallgewinnung wieder abgebaut, sein Kurhotel wurde mit der Zeit wieder zur Bauernwirtschaft. Den mangelnden

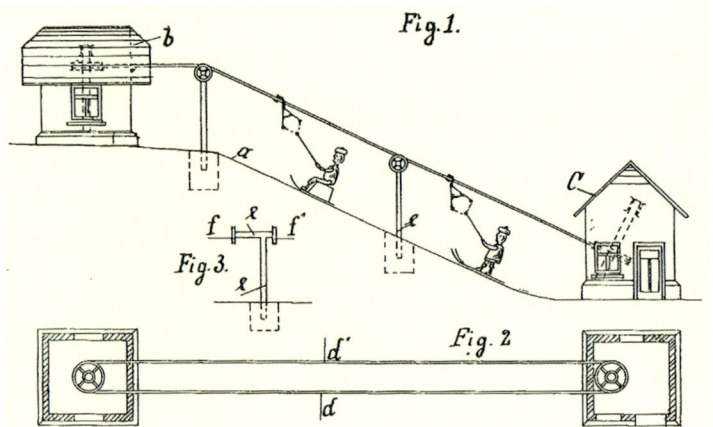

Planskizze des
ersten Skilifts.

Erfolg begründete ein Karlsruher Hofrat so: „Die Sache ist gut, aber es fehlt der Hintergrund. Sie sollten Doktor, Ingenieur oder wenigstens Techniker sein." Aber Winterhalder war seiner Zeit weit voraus, er konnte nicht ahnen, welche Entwicklung das Skifahren im Schwarzwald einst nehmen würde. Erst 1934 folgte der Skilift in Davos und 1951 der auf dem Feldberg.

Der Schwarzwald versinkt im Schnee

Das Gebiet zwischen Freudenstadt und Ruhestein galt lange Zeit als besonders schneesicher. Auf dem Kniebis, so erzählt man, soll es in früheren Zeiten so geschneit haben, dass man gar nicht erst die Haustüren freigeschaufelt habe, sondern gleich zu den Fenstern im ersten Stock in die Häuser eingestiegen sei.

Die Freudenstädter Bürger schrieben 1615 an den Herzog von Württemberg, da sie zum Straßenräumen als Frondienst auf dem Kniebis verpflichtet waren: „So liegt uns auch dieses mit sonderbarer Beschwernis dannenhero zu Wünder und ungestimmen großen Schneeewetterzeiten, es seye zu frid oder unzufridens Zeiten, wann der Wald und Straßen verschnuen und verwehet, mit ganzer Burgerschaft und großer Ungelegenheit die Straßen öffnen müssen".

Im Archiv in Freudenstadt liegt eine Rechnung von 1717/18 über einen Bahnschlitten mit 8 Gulden 57 Kreuzer an Bürgermeister Philipp Jacob Grundler von Freudenstadt vor. Dieser begründet diese Anschaffung gegenüber der Obrigkeit wie folgt: „Nachdeme man allhier noch niemahlen keinen rechten Bahnschlitten gehabt, der zum Bahnen etwas Nutz gewesen währe, und dahero die Bahn über den Kniebis vormahls mit Schneeschäufflern gebrochen werden mußte, wozu aber jederzeiten wenigstens 70 bis 80 Mann gebraucht worden. Uff jeden Mann ist alle Mahl ½ Mas Wein und vor 2 Kreuzer Brod zu reichen."

Ein großes Problem war in der ersten Hälfte des 20. Jahrhunderts die Schneeräumung der Zufahrtsstraßen zur Schwarzwaldhochstraße. Die Bahnschlitten wurden von sechs kräftigen Pferden gezogen, Räumkolonnen mussten von Hand dann noch die Straße räumen, so dass ein Postbus wenigstens fahren konnte. Teils war die Straße schon wieder zugeschneit, bevor die Räumkolonnen kamen. Um diesem Zustand abzuhelfen, kaufte die damalige Kraftpost 1931 nach der Idee des Wirts von Unterstmatt am Bodensee einen Büsing-Raupenschlepper, der einen kleinen Pflug vorgesetzt bekam. Ein größerer wurde nachgezogen. Seine große Bewährungsprobe kam gleich zur Jahreswende 1931/32, als der Schwarzwald völlig zugeschneit war und die Höhenhäuser nur so versorgt werden konnten.

1956/57 schneite es im Bereich Mummelsee so unaufhörlich, dass trotz Räumung rund um die Uhr die Straßenabschnitte nur einspurig befahrbar waren. Unterstmatt war drei Tage völlig abgeschnitten. Für die Kurgäste wurden in den Gängen der Hotels Notunterkünfte eingerichtet, da die Autos eingeschneit waren. Die Lebensmittel gingen zur Neige.

Die Pfarrchronik von Furtwangen berichtet, dass 1878 am 15. Oktober der erste Schnee fiel, im November war er so hoch, dass eine „Communication kaum thunlichst ist". Nach sieben Monaten Winter schneite es am 16. Mai abermals. Am 5. Februar 1952 berichtete der Südkurier, dass täglich 150 Kubikmeter Schnee von den Hauptstraßen abtransportiert werden mussten. Und dennoch wurde die Stadt Anfang Februar von der Außenwelt abgeschnitten. Am 16. Februar waren die Schneeverwehungen auf der Escheck bis zu sieben Meter hoch. Sämtliche männlichen Einwohner zwischen 14 und 65 Jahren – insgesamt 1.150 – mussten mit Pickel und Schaufel antreten, um die Straßen freizuschaufeln. Dies war auch in den Jahren 1942 und 1944 notwendig gewesen.

Ein Furtwanger Oberbürgermeister erklärte einem Fremden, dass man den Sommer an den Bewohnern in Furtwangen daran erkenne, dass beim Wintermantel die beiden obersten Knöpfe offen seien. In Menzenschwand Vorderdorf mussten 1920 zwölf Pferde eingespannt werden, um den hölzernen Bahnschlitten zu ziehen. Normalerweise genügten zwei Pferde und zwei Zugochsen. Für die neu angelegte Straße, die hoch nach Äule führt, mussten die Bürger zur „Notfronde" herangezogen werden, um die Straße von Eis und Schnee zu räumen und sie mit Wegmarkierungsstangen zu versehen. Auch die Chronik von Schönwald berichtet, dass in der Zeit nach dem Ersten Weltkrieg der Bahnschlitten aus zwei Pferden und sechs Ochsen bestand, um die Straße im Dörflein befahrbar zu machen.

Schneemassen am
Kniebis 1905.

Die Technik fordert die Natur heraus

Am 13. Januar 1924 fand erstmals ein Eisfest auf dem Titisee statt, bei dem Eiskunst-
lauf, Eisschnelllauf und Eistanz geboten wurden. In den Jahren 1929, 1930, 1933, 1934
und 1935 fanden auch Auto- und Motorradrennen auf dem zugefrorenen See statt. Dies
waren Veranstaltungen, die Zuschauer in bisher nicht gekannter Menge anzogen. Nicht
nur Tagestouren, sondern auch Wochenendpauschalreisen waren üblich. Die Lufthansa
bot Rundflüge über das Feldberggebiet mit Start und Landung auf dem zugefrorenen See
an.

Autorennen auf dem
zugefrorenen Titisee.

Unglücke gab es immer wieder...

Der große Waldbrand

Am 4. August 1800 brach nahe Baiersbronn im Wald „onfern des wilden Sees" ein Feuer aus, das sich zum größten Brand seit mehreren Generationen entwickelte. Das Feuer wütete über eine Fläche von mehr als 2.000 Hektar. Eine wochenlange Dürre machte das Löschen unmöglich. Begünstigt wurde der Waldbrand wegen mangelnder Forstaufsicht durch viel dürres Holz, Reisig und Stumpen, das beim Floßholzhauen liegen geblieben war. Am ersten Tage war die Rauchfahne bis nach Esslingen zu sehen. Die Löschmannschaften konnten wegen der Glut nicht herankommen. Die Holzhauer mussten aus ihren Hütten fliehen und warfen ihre Werkzeuge ins Wasser. Wenn etwa ein Stiel einer Axt aus dem Wasser herausragte, verbrannte er. Nach zwölf Tagen war durch tausend Helfer sowie französische Truppen das Feuer soweit unter Kontrolle, dass es sich nicht mehr ausdehnte.

Am 21. August fiel der lang ersehnte Regen und brachte das Feuer zum Erlöschen und die nicht vorstellbaren Schäden wurden sichtbar. Vom Seekopf bis Huzenbach, von der Elme bis zum Leinkopf waren neben den kahlen Hängen des Murgquellgebietes, das die Calwer Holzkompanie ausgebeutet hatte, das ganze Gebiet in eine kahle Aschenwüste verwandelt. 20 Quadratkilometer Waldgebiet waren vernichtet, ebenso tausende an gefällten Holländerstämmen und 10.000 Kubikmeter Scheiterholz sowie 3.000 Kubikmeter Brennholz, die zum Abtransport bereitlagen. Die Verluste waren so immens – allein die zerstörten Waldungen hatten einen Wert von einer Million Gulden, so dass ein Hochwasser, das teilweise die Floßeinrichtung zerstörte, genügte, um die mächtige Calwer Holzkompanie aufzulösen.

Wildsee und Umgebung nach dem großen Waldbrand.

Der zerstörte
Königinnenhof nach
dem Lawinenabgang.

Die tödliche Schneelawine

Der mächtige Königinnenhof, 1703 neu erbaut, lag im hinteren Wagnertal (vom Hexenloch südlich) an der Winterseite vor einer steilen Bergwand. 1844 im Februar hatte der Wind den vielen Schnee zwischen zwei und vier Meter hoch zusammengeweht. Durch einen Wettersturz am 24. Februar hatte es den ganzen Tag in die Schneemassen geregnet. Wie die überlebenden Töchter später aussagten, wurden sie gegen elf Uhr nachts durch ein fürchterliches Krachen aufgeweckt. Von der Bergseite hatte eine breite Schneelawine den ganzen Hof aus dem Fundament geschoben und talwärts mitgerissen, die Westseite des Daches wurde über das Haus hinausgeworfen, so dass das ganze Gebäude zusammengedrückt wurde. Die Kammern mit den Töchtern fielen in den Stall auf das Vieh. Insgesamt wohnten im Königinnenhof mit der Familie Tritschler 22 Personen. Von den 24 Personen – zwei Nachbarn waren noch zum Kartenspielen gekommen – überlebten acht Kinder das Unglück. Die Waisen begleiteten nach Tagen der Bergung 16 Schlitten mit den Toten auf den Gottesacker. Von den 28 Stück Rindvieh und den zwei Pferden mussten nur zwei Stiere und ein Pferd nicht notgeschlachtet werden.

An der früheren Hofstätte ließ die Forstbehörde 1908 eine Gedenktafel an das tragische Unglück errichten.

Der verheerende Orkan

Am 2. Weihnachtsfeiertag 1999 fegte der Orkan Lothar von Frankreich kommend über den Schwarzwald hinweg und war zumindest im Nordschwarzwald eine der größten Natur-

Umgeknickte Bäume
im Murgtal nach dem
Orkan „Lothar".

katastrophen. Auf dem Feldberg wurde eine Windgeschwindigkeit von 215 Kilometer/Stunde gemessen, eine Geschwindigkeit, die es seit den Wetteraufzeichnungen von 1876 nicht gegeben hatte. Neben abgedeckten Häusern und entwurzelten Bäumen brach der Straßen-, Bahn-, Luftverkehr und die Stromversorgung zusammen. Rettungsmannschaften mussten sich zu eingeschlossenen Bussen und PKWs durcharbeiten, um angstvolle Personen, Verletzte und Tote zu bergen.

In Baden-Württemberg mit Schwerpunkt Nordschwarzwald lagen 30 Millionen Festmeter Holz kreuz und quer übereinander. Es war das Dreifache der normalen Jahresnutzung und dabei entstanden Kahlflächen von 40.000 Hektar. Erschreckend war der Anblick von der Rheintalautobahn hinauf auf die kahlen Flächen, aber plötzlich gab es auch freie Blicke von den Höhen hinab ins Tal.

Dies war neben dem orkanartigen Sturm „Wiebke" nach nur wenigen Jahren der zweite verheerende Sturm, der über den Schwarzwald hinwegfegte.

Das alles vernichtende Hochwasser

In all den Jahrhunderten wurden die Talgemeinden immer wieder durch verheerende Hochwasser heimgesucht. Am 31. Dezember 1947 ließen heftige Niederschläge und die einsetzende Schneeschmelze die Wassermassen zu wahren Sturzbächen anschwellen. Im Enz- wie auch im Nagoldtal wälzte sich ein schmutzig-gelber Strom die Täler hinunter und riss alles mit sich fort, was sich in den Weg stellte. Klein-, Lang- und Schnittholz in allen Dimensionen, lebendes und totes Vieh wurde auf der Katastrophenflut davongetragen. In ihrer Bedrängnis stellten die Elektrizitätswerke den Strom ab, die Wasserversorgung

Hochwasser
in Calw 1851.

brach zusammen. Die Verwüstungen durch die ungeheuren Wassermassen konnten nur dadurch eingedämmt werden, dass die männlichen Bewohner zwischen 16 und 60 Jahren zur Hilfe dienstverpflichtet wurden, wie zum Beispiel in Neuenbürg und Calw. Es entstanden Millionenschäden.

Eines der wohl schlimmsten Hochwasser brachte am 3. August 1951 eine Naturkatastrophe über das Wolftal. Ein orkanartiger, gewittriger Wolkenbruch ergoss unvorstellbare Wassermassen in das Wolftal und dessen Seitentäler, so dass eine Wasserwalze vom Kniebis her alles vernichtete und zerstörte, was sich ihr in den Weg stellte: Felder, Brücken, Anbauten, Straßenmauern und ganze Straßenstücke waren plötzlich nicht mehr vorhanden. Der Durchfluss beim Bad in Bad Rippoldsau war in kürzester Zeit mit Wurzelstöcken, Holz, Steinen und Sand verstopft, so dass das Wasser drei Meter hoch durch den Straßendurchlass schoss und die Badeeinrichtungen weggerissen wurden. In den Häusern und Wirtschaften des Wolftales stand das Wasser bis zur Decke. Es hinterließ überall Steine, Schlamm, Dreck, Bäume, Wurzelstöcke und Tierleichen. Alleine 1,5 Millionen DM waren an Straßenschäden im Wolftal zu verzeichnen. Das Zehnfache war der Gesamtschaden an Häusern, Brücken und Gebäuden.

1829/30 war ein sehr kalter Winter. Seit Martini war alles eingefroren. Vom 9. auf den 10. Februar kam es zu einem plötzlichen Wetterumschwung, bei starkem Regen stiegen die Temperaturen. Ein Eisgang jagte die Kinzig hinunter, der am Zusammenfluss der Wolf und Kinzig stecken blieb. Immer nachkommendes Eis trieb die mächtigen Eisschollen durch die Straßen der Stadt Wolfach, so dass das Eis bis zum zweiten Stock reichte. Die Bewohner konnten über die Eisschollen zu ihren Nachbarn klettern.

Vom 15. bis 18. Februar wurden Sprengarbeiten durchgeführt und 300 kräftige Männer mussten täglich arbeiten, um die Kinzig langsam freizubekommen. Die Schäden waren unübersehbar, so dass selbst der Fürst von Fürstenberg „seine milde Hand öffnete" und half, wofür die Stadt sehr dankbar war.

Die alles zerstörende Feuersbrunst

Bis in die Neuzeit war die Feuersbrunst die große Angst der Bürger in ihren verwinkelten Dörfern und Städten. Die offenen Feuerstellen und unachtsam behandelte Kerzen waren oft Auslöser für kleine und größere Brände, die in den Fachwerkhäusern reiche Nahrung fanden. Aber auch Blitzeinschläge konnten eine verheerende Feuersbrunst auslösen. Nachtwächter und Turmwärter sollten rechtzeitiges Eingreifen möglich machen, aber nicht immer konnte das Schlimmste verhindert werden.

Das Offenburger Wochenblatt von 1826 berichtet: „Zwanzig nach 9 Uhr vormittags, als gerade der am Samstag stattfindende Wochenmarkt begonnen hatte, stieg eine schwarze Rauchwolke aus dem Dache des Adlerwirtshauses in Triberg. Die Sturmglocke verkündete sofort die drohende Gefahr. Die beigeschafften Löschgerätschaften zeigten sehr schnell die begrenzten Möglichkeiten auf. Im Nu standen die umliegenden mit Schindeln bedeckten Häuser in Flammen. Der plötzlich umgeschlagene Wind hat die brennenden Schindeln auf die anderen trockenen Schindeldächer verteilt.

Bald wogte die Flamme von einem Ende des unglücklichen Ortes zum anderen, und das ganze, von drei Bergen umschlossene Tal glich einem Feuermeere. In hastiger Eile flüchtete alles auf die Anhöhen und unter dem Geprassel des Feuers und dem Donner der einstürzenden Gebäude ertönte das Jammergeschrei der Fliehenden. Die letzten Habseligkeiten verbrannten noch auf dem freien Feld."

Das abgebrannte Todtnau 1876.

Da im Verlaufe einer Stunde 90 Gebäude in Flammen standen, lässt sich die Größe des Verlustes ermessen. Über 700 obdachlose Einwohner fanden in den Nachbargemeinden Aufnahme und Unterkunft.

Ein Zeitgenosse berichtet aus dem Südschwarzwald: „Am 19. Juli 1876 entstiegen um die Mittagszeit schwere Rauchwolken aus der Papierfabrik in Todtnau. Die Flammen ergriffen mit rasender Eile das nahestehende Wohnhaus der Fabrik. Ein heftiger Westwind hatte einen Regen von Funken zunächst auf die Kirche und das Pfarrhaus geführt. Im Nu wälzte sich ungeheurer düsterroter Qualm über die von anhaltender Sonnenhitze ausgetrockneten Schindeldächer. Es bedurfte selbst für Männer mit kühnem Mut, von stürzenden Balken dröhnenden Straßen Versuche der Rettung zu wagen. Was gerettet werden konnte, verbrannte auf der Straße. Grauenhafter, undurchdringlicher Qualm bedeckte das Schreckenstal mit düsterem Schleier, bis es nach verzweifelter, anstrengender Tätigkeit gelang, gegen 5 Uhr das Feuer mit Hilfe der Feuerwehren der Umgebung auf seinen Herd zu beschränken. Dieser bestand aber leider aus einem Trümmerhaufen von Kirche, Pfarrhaus nebst drei Fabriken und 84 Häuser. Am nächsten Morgen war das traurige Ergebnis: 973 Menschen waren brot- und obdachlos geworden, denn sie hatten alle Habseligkeiten verloren."

Alter Stollen im Besucherbergwerk Silbergründle in Seebach.

Kuhherde auf dem Belchen.

Alte Feste

Bühler Zwetschgenfest

1927 fand erstmals das Bühler Zwetschgenfest als 1. Badisches Obst- und Dankesfest für die Bühler Zwetschge statt. Es wird seither jährlich gefeiert. Seit dieser Zeit wird auch eine Bühler Zwetschgenkönigin, die „Blaue Königin", gekürt.

Ihre Wurzeln hat die Zwetschge in Vorderasien. Sie ist nicht zu verwechseln mit der Pflaume. Denn die Zwetschge ist rundlich, hat spitze Enden und lässt sich leichter vom Stein lösen.

1840 wurde in Kappelwindeck eine ungewöhnlich früh reifende Zwetschgensorte entdeckt. Die Bühler Frühzwetschge ist schon Anfang August reif und trat einen Siegeszug an, der seinesgleichen sucht und die Entwicklung von Bühl geprägt hat. Wurde 1884 der erste Eisenbahnwaggon mit Zwetschgen nach Köln verschickt, waren es vier Jahre später 12 bis 15 Eisenbahnwagen täglich. 1920 nahm die OAG, Obstabsatzgenossenschaft, in Bühl die Arbeit auf. Sie setzte damals zwischen 25.000 und 40.000 Zentner Zwetschgen um. 1935 wurde die neue Obstmarkthalle fertiggestellt, denn die Frühzwetschge war auf allen nationalen und internationalen Märkten zu finden.

Auch nach dem Kriege wurde 1949 wiederum an die bestehende Tradition angeknüpft und das Bühler Zwetschgenfest gefeiert. Ebenfalls wird, wie seit 1927 üblich, die Bühler Zwetschgenkönigin gewählt.

Auf dem Bühler Zwetschgenfest wird alles um die Zwetschge angeboten: Zwetschgengerichte, -kuchen, -likör und natürlich -marmelade. Neben den Marktgeschäften gibt es noch eine Vielzahl von Fahrgeschäften. Immer am ersten Wochenende im September wird freitags um 18.00 Uhr das Volksfest vom Bühler Oberbürgermeister eröffnet. Es ist zwischen Basel und Mannheim das größte Volksfest.

Vermarktet wird die Bühler Zwetschge durch die Affentaler Wein- und Obstgenossenschaft.

Die erste Bühler Zwetschgenkönigin 1927.

Chilbifest (Kirchweih) in Waldshut

Das Chilbifest findet jeweils im August statt. 2014 zum 546. Male. Es war in den harten Tagen der Waldshuter Belagerung durch die Schweizer Nachbarn im Jahre 1468, als sich die Junggesellen von Waldshut durch Löwenmut hervortaten. Ein Brauch, der sich noch in seiner alten, urwüchsigen Kraft vom Jahr 1468 an erhalten hat, ist das einzige große Fest der Junggesellenschaft, die Waldshuter Chilbi, immer am Sonntag nach Maria Himmelfahrt, dem Erinnerungstag an die Befreiung der Stadt. Ein großer Festzug zieht hinaus vor die Stadt auf die Festwiese. Unter den Klängen des „Chilbimarsches" wird von den Junggesellen, die mit dem „Schützenverein" und der „Vereinigung Alt-Waldshut" die Träger des Heimatfestes sind, ein Hammel im Festhäs, reich bekränzt und mit vergoldeten Hörnern durch die Stadt auf die Festwiese, den Chilbiplatz, geführt.

Mit dem Chilbibock soll es folgende Bewandtnis haben: Während der wochenlangen Belagerung durch 16.000 Schweizer war in der Stadt, die nur von wenigen hundert Bürgern verteidigt wurde, der Vorrat an Lebensmittel sehr klein geworden. Die Angreifer hatten einen Ring um die Stadt gezogen. Die Waldshuter sollten ausgehungert und mürbe gemacht werden. Schließlich sei nur noch ein Schafsbock übriggeblieben. Diesen Bock habe man nun, um die Feinde zu täuschen und den Anschein hervorzurufen, als besitze man noch genügend Vorräte, über die Mauer herab in das eidgenössische Lager geworfen und den erstaunten Schweizern zugerufen, man wolle ihnen von ihrem Überfluss auch noch was zukommen lassen.

Die Eidgenossen ließen sich täuschen, zogen unverrichteter Dinge ab und schlossen bald einen Friedensvertrag, der am 27. August 1468 in der Pfarrkirche zu Doggern unterzeichnet wurde.

Nach diesem glücklichen Friedensvertrag für die Waldshuter gelobten diese, jährlich am dritten Sonntag im August einen Festgottesdienst, die Waldshuter Chilbi, zu feiern. Im Mittelpunkt steht natürlich der Chilbibock, der im Laufe des Festes verlost wird.

Jung und Alt in Tracht beim Chilbifest.

Eulogi-Ritt zu Lenzkirch

Eulogius war der Legende nach ein hervorragender Hufschmied, bevor er Goldschmied wurde. Eines Tages beschlug er das Pferd eines Fremden, der seine ausgezeichnete Arbeit lobte. Der Fremde schlug ihm aber eine andere Methode vor. Man brachte dem Fremden ein Pferd zum Beschlagen. Er schlug dem Pferd die Beine ab, schlug die Hufeisen auf und brachte die Beine wieder an. Als Eulogius dies nachahmen wollte, gelang ihm das nicht. Er erkannte in dem Fremden Gott, der ihm eine Lektion in Demut erteilt hatte. Eulogius war später auch Bischof von Noyon (641). Er wird mit dem Hufeisen abgebildet und gilt als Schutzpatron der Haustiere.

So wurde er als Heiliger in den Kreis der Pferdepatrone aufgenommen, zu denen auch die Heiligen Stefan, Leonhard und Georg gehören. Dem Eulogius zu Ehren und mit der Bitte um Schutz vor Krankheit und Unglück findet jeweils am 25. Juni oder dem Sonntag davor eine Pferdewallfahrt in Lenzkirch statt.

Uralt dürfte der Brauch in Lenzkirch sein, die Pferde am Eulogiustag vom Priester segnen zu lassen, um sie vor Krankheit zu bewahren. Der Brauch wurde 1934 wieder aufgenommen. Um fünf Uhr morgens werden die Bewohner durch die Stadtmusik geweckt. Geschmückte Pferde aus nah und fern kommen nach Lenzkirch und formieren sich am Kurhaus zu einer Reiterprozession. Ross und Reiter kommen zum Feldaltar bei der 1685 erbauten Wallfahrtskapelle St. Eulogius am Friedhof. Der Priester segnet das vor im ausgebreitete Eulogiusbrot sowie die knienden Gläubigen beim Festgottesdienst auf der Wiese hinter dem Friedhof.

Der anschließende Eulogiusritt – die große Reiterprozession –, an dem auch der auf einem Ehrenschimmel von zwei Hufschmieden flankierte Pfarrherr teilnimmt, endet nach einem Flurumritt mit dem Umreiten der Pfarrkirche St. Nikolaus. Vor der Pfarrkirche segnet der Pfarrer dann Reiter und Pferde. Die Reiter grüßen vor der Segnung traditionsgemäß die Figur des heiligen Eulogius.

Der kirchlichen Feier schließt sich die weltliche mit einem großen Jahrmarkt an.

Eulogi-Ritt in Lenzkirch.

Fackeln in Altensteig

In den Orten Calw, Zwerenberg und Nagold wird ebenso wie in Altensteig das Fackeln als Brauch zu Heiligabend gepflegt. Wann das Fackeln aufkam, ist nicht überliefert. Die älteste schriftliche Überlieferung stammt aus dem Jahre 1862.

Auf dem Hellesberg über der Stadt Altensteig sammelte die Jugend früher über Wochen Holz, um die bis zu zwölf Meter hohen Holzhaufen aufzuschichten. Heute wird das Brennmaterial von der Stadt Altensteig zur Verfügung gestellt. Am Heiligabend um 18.00 Uhr nach dem Gottesdienst läuten die Glocken. Es werden dann die Holzstöße entzündet. Sieger sind diejenigen Jugendlichen, deren Holzstoß als letzter zusammenbricht. Die vier bis fünf Meter langen Fackeln werden am Feuer entzündet und schwingend von mehreren Seiten aus in die Stadt hinuntergetragen. Am Wegesrand stecken auch Pechfackeln, die entzündet werden. Der Hellesberg ist für eine dreiviertel Stunde hell erleuchtet. Dabei werden Weihnachtslieder und „Lobet den Herren ..." gesungen. Begleitet wird der Zug mit Bläsern der Stadtkapelle. Erst wenn die Fackelhaufen abgebrannt sind, geht es zurück in die Familien, und die weihnachtliche Bescherung kann beginnen. Für Einheimische und viele Fremde ist das Fackeln ein ergreifender Brauch.

Die Jugendlichen beim Anzünden der Fackeln.

Fridolinsfest Bad Säckingen

Jedes Jahr findet am 6. März, dem Todestag des heiligen Fridolin, oder dem darauffolgenden Sonntag in Bad Säckingen der Fridolinstag mit einem großen kirchlichen und weltlichen Fest statt.

Eines Tages vernahm Fridolin, ein irischer Mönch, eine neue Berufung, dass er auf einer Rheininsel als Missionar tätig sein sollte. Auf seinem missionierenden Weg nach Deutschland fand er schließlich in Bad Säckingen die „Trauminsel" im Rhein und konnte nach vielen Schwierigkeiten mit dem Aufbau eines Klosters beginnen. Aus der Klostergründung entwickelte sich ein Doppelkloster. Das Männerkloster ging im Mittelalter ein. Die Frauenabtei, ein Chorstift, entwickelte sich zu einem weit über die Region hinaus bekannten Kloster. Die Äbtissin wurde 1307 in den Reichsfürstenstand erhoben. 1806 wurde das Kloster nach über tausendjähriger segensreicher Arbeit säkularisiert.

Das Fridolinsfest in Bad Säckingen ist das älteste und traditionsreichste Fest der Stadt. Die Prozession wurde 1347 erstmals dokumentiert. Am Festtag ziehen Tausende von Bürgern und Besuchern aus dem badischen und schweizerischen Umland in einer feierlichen Prozession durch die Altstadt. Mittelpunkt ist der silberne Fridolinschrein mit den Gebeinen des Heiligen und anderen Kostbarkeiten aus dem Kirchschatz. Würdenträger aus Kirche, Staat und Kommune folgen neben den Abordnungen der Deutschordensritter. Trachtengruppen aus dem Hotzenwald, Musikkapellen und Chöre runden das Bild ab.

Um den weltlichen Bedürfnissen und Freuden entgegenzukommen, findet im Anschluss ein Jahrmarkt mit den unabdingbaren Schaugeschäften statt. Früher bot der Jahrmarkt der Landbevölkerung die Möglichkeit, ihren Bedarf zu decken, heute dient er eher der Freude und dem Vergnügen.

In der Literatur erhielt das Fridolinsfest durch Viktor von Scheffel mit dem „Trompeter von Säckingen" ein Denkmal gesetzt.

Prozession mit dem Fridolinsschrein
auf dem Münsterplatz.

Fronleichnamsprozessionen am Herrgottstag

Fronleichnam wird seit dem 13. Jahrhundert als Gedenktag an die Einsetzung der Eucharistie (Danksagung) gefeiert. Der Anstoß zur Einrichtung des eucharistischen Kults ging 1209 von einer Vision der Augustinerchorfrau Juliana von Lüttich aus. Es sollte der Abwehr von „Ketzern" dienen, an die Einsetzung des Sakramentes erinnern und Sünden sühnen.

1264 führte Papst Urban den „Herrgottstag" für die gesamte Christenheit ein. Noch im 13. Jahrhundert setzte er sich im deutschen Sprachraum durch. An vier Stationen, die nach den vier Himmelsrichtungen ausgerichtet und an denen meist Altäre aufgestellt waren, sang man an Fronleichnam die Anfänge der vier Evangelien und symbolisierte damit den Missionsauftrag Jesu.

Nicht nur die Umzüge zu den verschiedenen blumengeschmückten Altären, die mit Birken oder Birkenlaub versehenen Straßen, sondern auch die Blumenteppichen, mit christlichen Symbolen und Motiven sind typisch für Fronleichnam. Weit über die Region hinaus bekannt ist der nahezu 1.000 Meter lange Mühlenbacher Blumenteppich bei Haslach aber auch der 600 Meter lange Blumenteppich von Hüfingen. Der Maler Lucian Reich sah auf einer Italienreise solche Blumenteppiche und brachte das Gesehene mit nach Hüfingen. 1842 begann er vor seinem Haus in Hüfingen mit kleinen Teppichstücken. Der Blumenteppich wird von vielen fleißigen Händen zur Ehre Gottes zusammengestellt, weshalb Fronleichnam im bäuerlichen Leben auch als Herrgottstag bekannt ist.

Von dort breitete sich der Brauch über den Schwarzwald aus. Überall in den Gemeinden finden farbenträchtige Trachtenprozessionen mit ihren Trachtenkapellen statt. Der Pfarrer schreitet mit der Monstranz unter einem Baldachin der Prozession voran. Ihm folgen junge Trachtenmädchen, welche Figuren der heiligen Ursula, des heiligen Joseph oder

Fronleichnamsprozession in Mühlenbach.

der heiligen Maria tragen. Dem Zug schließen sich die Gemeinderatsmitglieder sowie die örtlichen Vereine an. Die Prozession zieht über die Gemeindefluren zu den Altären in der Natur und betet im Feldgottesdienst um Schutz und reiche Ernte. Bekannt ist die prächtige Trachtenprozession von St. Peter, die sich nach dem feierlichen Gottesdienst unter Böllerschüssen in Bewegung setzt. Nur 1800, so schrieb Abt Speckle, wurde auf die Böllerschüsse verzichtet, da österreichische Soldaten einquartiert waren und auf Komplikationen verzichtet werden sollte. In Freiburg wurde 1969 die althergebrachte Prozessionsordnung: getrennt nach Geschlecht, Alter und Beruf, aufgehoben.

Hornberger Schießen

Die Burg von Hornberg entstand Ende des zwölften Jahrhunderts. Im selben Jahr 1564, als sich das peinliche Hornberger Schießen ereignete, wurde auf dem Gelände der Burg ein neuer Schlossbau errichtet. 1643 gab es einen Brand, bis 1823 dienten die Gebäude als Kaserne. 1900 wurde neben der Ruine das Schlosshotel erbaut. Die Ruine Hornberg ist Kulisse für die Aufführung des „Hornberger Schießens".

Es war das Jahr 1564. Da hatte der in Württemberg regierende Herzog plötzlich das Verlangen, den gesamten Westteil seines Landes mit der Amtsstadt Hornberg zu besichtigen. Der für seine spontanen Entschlüsse bekannte Landesfürst jagte schon nach drei Tagen seine Kuriere hinaus, um überall das Kommen des allergnädigsten Landesfürsten zu vermelden.

Wie in einem aufgestöberten Wespennest mag es in Hornberg ausgesehen haben, nachdem die überraschende Kunde eingetroffen war. Es herrschte eine erfreuliche Einmütigkeit darüber, dass man den Herzog gebührend empfangen müsse. Ein Fest sollte gefeiert werden, dass es nur so krachte. Und wenn es krachen sollte, musste geschossen werden, natürlich als besondere Feierlichkeit mit den Kanonen der Festung. Um zugleich die wackere vaterländische Wehrhaftigkeit der Hornberger zu zeigen, sollte die Feier mit einem richtigen Schützenfest verbunden werden, wozu die Hornberger eilends alle Schützengilden eine Tagesreise in der Runde einluden.

Die alten Kanonen wurden alsbald aus dem Zeughaus hervorgeholt und auf Hochglanz geputzt, dann in Stellung gebracht, weil man sicherheitshalber ein paar Probeschüsse lösen wollte. Bald krachte und knallte es vom Schlossberg herunter, dass das ganze Tal

Die Hornberger beim Böllern mit der Kanone.

widerhallte. Damit waren sie sicher, dass der Herzog sich über den Empfangssalut herzlich erfreuen würde.

Schon am nächsten Tag sollte der Herzog eintreffen. Alle Bürger waren zum Empfang gerichtet. Auf dem Schlossturm stand ein Wächter mit dem Auftrag, ja sofort durch ein Hornsignal zu melden, wenn der Herzog im Gutachtal erscheine. Es war ein heißer Sommertag, die Kehlen ausgetrocknet und nach einem kühlen Trunk lechzend. So war es nicht weiter verwunderlich, wenn der Wächter öfter als nötig ins Horn blies, um bald zu einer Erfrischung zu kommen.

Eine Staubwolke, die aber in Wirklichkeit eine Rindviehherde verdeckte, hielt er in der Aufregung für den Herzog und blies schnell in sein Horn. Sofort schossen die wackeren Kanoniere ihren Salut, bis sich der Irrtum herausstellte.

Genauso war es bei den nachfolgenden Staubwolken, die sich zuerst als eine Postkutsche und beim dritten Male als ein Krämerkarren entpuppten. Jedesmal zögerten die Männer an den Kanonen nicht, sofort loszuböllern.

Als nun schließlich der Herzog sich mit seinem Gefolge wirklich näherte, war das Pulver bereits restlos verschossen. Bei dieser Meldung kratzte sich der Bürgermeister hinter dem Ohr und verfluchte die verdammte Knallerei. Endlich schien er einen Ausweg gefunden zu haben. Es war sicherlich ein Ding der Unmöglichkeit, in der kurzen Zeit, die noch blieb, neues Pulver zu beschaffen. Da rief er kurz entschlossen die Ratsherren zusammen und erklärte ihnen, dass es beim Eintreffen des Herzogs ihre Pflicht sei, bum-bum und puff-paff zu schreien, so laut und kräftig es ihnen möglich sei.

Pflichtgetreu übernahmen die Räte diesen Auftrag in der Überzeugung, der Bürgermeister werde schon das Rechte gewusst haben.

Als nun der Herzog herankam, schrien die Väter der Stadt aus Leibeskräften ihr „bum-bum". Der Landesfürst stutzte und nahm das Ganze höchst ungnädig auf. Ein solcher Spaß schien ihm äußerst unpassend zu sein, und er verschrieb den wie verrückt schreienden Hornberger Kanonieren je einen Tag Loch, dem Bürgermeister aber drei Tage, nachher indes soll er ihnen verziehen haben.

Pferdewallfahrt zur Kapelle St. Wendelin bei Nußbach

Die Lebensgeschichte Wendelins beruht größtenteils auf Legenden. Er soll ein schottischer Königssohn gewesen und um 555 auf die Welt gekommen sein. Mit 20 Jahren war er nach Rom gepilgert und wurde dort vom Papst gesegnet. Auf dem Rückweg ließ er sich bei Trier als Einsiedler nieder. Um seinen Lebensunterhalt zu verdienen, übernahm er Hirtendienste bei einem Adligen. Er zog mit seiner Herde immer weit auf einen Berg, um in Ruhe beten zu können. Der Adlige war zornig, weil er glaubte, dass Wendelin nicht rechtzeitig zurück sein könnte. Als der Adelige abends zu Hause ankam, war aber Wendelin schon eingetroffen. Da merkte der Adelige, dass er dem Hirten Unrecht getan hatte und dass dieser über besondere Gaben verfügte.

Wendelin wurde vom Adeligen in der Nähe des Gutes eine Einsiedlerzelle gebaut. So konnte er sich dem Gebet und der Besinnung hingeben. Bald hörten die Mönche vom nahen Kloster vom Einsiedler. Auf Grund seiner Lebensweise wurde ihm bald die Abtswürde angeboten, die er auch annahm.

Nach seinem Begräbnis lag Wendelin am nächsten Morgen aber neben seiner Grabstätte. Die Mönche verstanden das Zeichen, legten den Leichnam auf einen Ochsenkarren und ließen die Ochsen ziehen. Die Ochsen liefen zielgerichtet auf den Hügel, auf denen Wendelin als Hirte immer gebetet hatte. Dort wurde er beigesetzt, und es entwickelte sich bald eine Wallfahrtsstätte. Aus dem Pilgerort habe sich dann die Stadt St. Wendel an der Saar entwickelt.

Pferdeprozession zu Ehren des heiligen Wendelin.

Der heilige Wendelin wird besonders von den Hirten und Bauern, aber auch von den Jägern als Schutzpatron verehrt. Der Tag hat eine große Bedeutung im Kalender des Bauernvolkes. Deswegen wird auch vom „Burefierdig" gesprochen. Viele Kapellen im Schwarzwald sind dem heiligen Wendelin geweiht: Wie die in Osterbach bei Hausach neben dem Käppele Hof, die sich zu einem Wallfahrtsort entwickelt hatte.

Besondere Bekanntheit erreicht der heilige Wendelin bis heute in Nußbach. Seit 1591 wallfahren die Bauern des Renchtales dem Heiligen zu einer kleinen Hofkapelle, die auf Grund eines Gelöbnisses errichtet wurde. 1715 und 1756 wurden immer größere Kapellen gebaut, um die vielen Wallfahrer aufzunehmen. Kaiser Josef II. wollte die Wallfahrt 1788 verbieten. Er hatte aber nicht mit dem Widerstand der Bauern gerechnet, die sich ihren Heiligen und die Wallfahrt nicht nehmen lassen wollten. Seit 1949 findet jedes Jahr eine feierliche Pferdeprozession mit mehreren hundert Reitern zur Wendelinskapelle statt.

Jeweils am Sonntagnachmittag nach St. Wendelin (20. Oktober) findet nach 13.00 Uhr die Pferdewallfahrt mit geistlicher Begleitung zur Wallfahrtskapelle mit anschließender Pferdesegnung statt.

Rossfest von St. Märgen

Die Geschichte der Pferdezucht um St. Märgen mag zurückreichen bis in die Besiedelung des Gebietes. Eine Bewirtschaftung von Wald und Feld ohne Hilfe des Pferdes war nur schwer möglich. Der Ursprung der heimischen Pferderasse mag nicht feststellbar sein. Sicherlich mag die klösterliche Herrschaft und die jahrhundertelange vorderösterreichische Verwaltung ihren Einfluss gehabt haben. Andererseits war diese Landschaft immer wieder Rückzugs- und Durchzugsgebiet fremder Truppen mit Pferden, die zur Blutauffrischung beigetragen haben.

Seit 70 Jahren wird eine nachweisliche stutbuchmäßige Zucht betrieben. Dies hat zum „St. Märgener Fuchs" geführt, einer der ältesten Kaltblutrassen. Der „St. Märgener Fuchs" mit seinem rotbraunen Fell und der hellen Mähne zeichnet sich durch Temperament, Härte, Widerstandsfähigkeit und Genügsamkeit aus.

Alle drei Jahre findet das weit über die Region hinaus bekannte Rossfest statt und zwar jeweils am zweiten Sonntag im September.

Jeweils am Samstag findet die Prämierung der zweijährigen Stuten statt, gefolgt von Reitvorführungen des Reit- und Fahrvereins St. Märgen. Am Sonntag findet die Prämierung der dreijährigen und älteren Stuten, danach die Einsegnung der Pferde statt.

Höhepunkt ist der Festumzug mit Musikkapellen, geschmückten Pferden – als Gespanne vor Kutschen und traditionellen Arbeitsgeräten oder mit Reitern; alles in bunter heimischer Tracht. Eine Mischung aus Leistungsschau, Tradition und Volksfest, das weit über die Region bekannt ist und sich als Zuschauermagnet erwiesen hat.

Festumzug
beim Rossfest.

Schäferlauf in Wildberg

Herzog Eberhard Ludwig von Württemberg ließ 1723 die Einrichtung von Nebenladen für die Schäferei in Wildberg, Urach und Heidenheim neben dem Zentrum für Markgröningen zu.

Am Zunfttag der Schäfer waltete auch das Schäfergericht, um Streitigkeiten zu entscheiden. Dazu gehörte das Erteilen von Gesellen- und Meisterbriefen. Das Beschäftigen von Schäfern ohne Ausbildung war streng verboten. In der Zunftlade wurden alle Dokumente und das Geld aufbewahrt. Jeder Schäfer hatte am Schäfertag teilzunehmen. Um die Attraktivität zu erhöhen und dem Schäfertag ein fröhliches Festgeschehen zu verleihen, wurde im Laufe der Zeit der Schäferlauf eingeführt. Mit dem Auflösen der Schäferzünfte 1828 geriet der Schäferlauf zum Volksfest, obwohl wesentliche Elemente erhalten blieben. Seit 1930 gibt es sogar berufsbezogenes Leistungs- und Berufshüten. Die Zusammenarbeit zwischen Hund und Schäfer wird geprüft. Der Samstag ist diesen Leistungsprüfungen vorbehalten.

Am Freitag wird das größte Brauchtumsfest des Nordschwarzwaldes mit einem Festspiel „Der Klosterschäfer und des Teufels Puppenspieler" eröffnet. Ab sechs Uhr am Sonntag weckt die Stadtkapelle die Stadt zum Schäferlaufmorgen am Marktbrunnen. Nach einem ökumenischen Festgottesdienst bewegt sich ein historischer Festzug zu den Nagoldwiesen.

Höhepunkt ist der Schäferlauf, wobei Schäfer und Schäferinnen getrennt und barfuß über ein abgemähtes Feld um die Wette laufen müssen. Neben anderen Geschenken ist der Hauptgewinn jeweils ein Schaf und die feierliche Krönung zur Schäferkönigin bzw. zum Schäferkönig. Beide werden durch den Schäfertanz geehrt. Am Montag wird dann jeweils der „Schäfer-Gottlieb" in einem Trauerzug zum Festplatz getragen und unter Weinen und Klagen verbrannt.

Der Schäferlauf findet in der zweiten Hälfte des Juli in Abwechslung mit Urach statt – in geraden Jahreszahlen in Wildberg.

Schäferkönigin und Schäferkönig nach der Krönung.

Schwyzertag in Tiengen

Aus einer Urkunde von 1415 geht hervor, dass Herzog Reinold von Urslingen seine Erbansprüche gegenüber der Stadt Tiengen mit List und Gewalt durchsetzen wollte. Am 1. August 1415, dem Fest St. Peter in Ketten, überfiel er mit einer Schar Knechte die Stadt. Doch den Bürgern gelang es, die Eindringenden zurückzuschlagen und aus der Stadt hinauszutreiben.

Da die Bevölkerung glaubte, das Wunder der Befreiung der Mutter Gottes zu verdanken, gelobten sie – Vogt, Räte, Leutpriester und die ganze Gemeinde – alljährlich dank ihrer Errettung diesen Tag feierlich zu begehen. Daraus hat sich der heutige Schwyzertag entwickelt, der jeweils am ersten Juliwochenende gefeiert wird. Das Gelöbnis ist im ältesten Jahrzeitbuch von 1500 überliefert.

Umzug beim Schwyzertag.

Silvesterzug in Schiltach

In Schiltach wurden beim Silvester-Gottesdienst auf den Altarstufen weiße Windlichter aufgestellt und zwar so viele, wie Glieder der Kirchengemeinde gestorben waren, und am Taufstein rote Windlichter für die Kinder, die getauft wurden.

Gegen 20.30 Uhr nach dem Gottesdienst strömen die Einwohner mit ihren Laternen zum Marktplatz, dort erstrahlt eine große Tanne im Lichterglanz. Die Leuchtreklamen sind erloschen. Eine feierliche Stimmung verbreitet sich auf dem Marktplatz. Nachdem die große Glocke der evangelischen Kirche geläutet hat, werden auch die Lichter des Weihnachtsbaumes gelöscht.

Die Mitglieder des Kirchenchores an der Spitzes des Zuges singen: „Nun danket alle Gott", und der Zug beginnt mit den mitgebrachten Laternen sich vom Marktplatz in Richtung evangelisches Pfarrhaus in Bewegung zu setzen. Bei der Ankunft am evangelischen Pfarrhaus ertönt „Ehre sei jetzt und mit Freuden". Der Pfarrer berichtet vom obersten Eckzimmer über das vergangene Jahr und die Vorhaben im kommenden Jahr. Er dankt Gott für das vergangene Jahr, bittet für die Gemeinde um den Segen für das kommende Jahr.

Der Zug bewegt sich zurück zum Rathaus, um dort vom Bürgermeister am Fenster des Bürgersaales seinen Rechenschaftsbericht zu hören und die Glückwünsche für das kommende Jahr entgegenzunehmen. Der Dank gilt allen Mitarbeitern und Vereinen. Ein Mitglied des Stadtrates dankt dem Bürgermeister für seine Arbeit und wünscht ihm und seiner Familie ein gutes Neues Jahr.

Der Silvesterzug soll auf die überstandene Pest im Jahre 1635 zurückgehen. Aber den Liedern nach war der Zug nicht vor 1710 möglich. 1869 weist das Protokollbuch des Kirchengemeinderates darauf hin, dass zu Beginn des Zuges die große Glocke der Kirche läutet und dann aus dem Zug nicht mehr geschossen werden darf.

Der Silvesterzug auf einem historischen Gemälde.

Felsen über dem Alpinen Pfad am Feldberg.

Gengenbach

Durch die Täler

Kinzigtal mit Harmersbachtal und Nordrachtal

◤ Die B 33 führt nach **Offenburg**.

Säule mit der heiligen Ursula,
der Schutzpatronin Offenburgs.

Die Hauptstraße führt in das Zentrum der historischen Altstadt. Linker Hand das Bezirksamt als Sitz
der Kreisbehörde. Der frühere **Königshof** wurde
1714–1717 als Sitz der Landvogtei Ortenau erbaut.
Nebenan, 1376 erstmals urkundlich erwähnt, das
Hotel Sonne, das heutige Aussehen stammt aus
dem Jahre 1830. Daneben das Historische Rathaus
aus dem Jahre 1741. Über dem Giebel die sagen-
hafte Figur des angeblichen Gründers von Offenburg, *König Offo*. Vor dem Rathaus die Säule mit
der Schutzpatronin von Offenburg, St. Ursula.
Die Sage berichtet, dass die heilige Ursula 1638
auf den Stadtmauern mit ausgebreiteten Armen
erschienen sei, um den Sturm der Soldaten des
Herzogs Bernhard von Weimar abzuwehren. Mit den beiden „Offenburger Versammlun-
gen" in den Jahren 1847 und 1848 zählt die Stadt zu den Wiegen der badischen und der
deutschen Demokratie.

ⓘ www.offenburg.de

🚆 Offenburg ist Ausgangspunkt der Schwarzwaldbahn, die auf 149 Kilometern über Hausach,
Triberg, Sommerau (dem Scheitelpunkt der Strecke) und St. Georgen nach Singen führt.

↗ Mit dem Dampfross unterwegs durch Berg und über Tal.

◤ Auf der B 33 in das Kinzigtal bis **Gengenbach**.

Die frühere Freie Reichsstadt Gengenbach besitzt eine historische Altstadt mit teilweise
mittelalterlichem Flair.

Vom Marktplatz Richtung Oberes Tor führt die Straße zum ehemaligen **Kloster Gengenbach**, einer im achten Jahrhundert gegründeten Benediktinerabtei, die die Besiedlung
des Kinzigtals und seiner Höhen vorantrieb, wie dies Heinrich Hansjakob in seinem „Vogt
auf dem Mühlstein" beschrieben hat. Das Kloster betrieb nicht nur Landwirtschaft und
Bergbau, sondern in Nordrach auch eine eigene Glasmanufaktur. Das Kloster wurde 1807
säkularisiert. Im Abteigebäude ist heute eine Fachhochschule untergebracht. Zu besich-

tigen ist die frühere Abteikirche und heutige Stadtkirche St. Marien, die zwischen 1892 und 1906 umgebaut wurde.

ⓘ St Marien, 77723 Gengenbach,
Benedikt-von-Nursia-Straße 1,
www.kath-vorderes-kinzigtal.de/
html/st_marien_gengenbach.html

↗ Bete und arbeite

Die ehemalige Klosterkirche St. Marien.

Das 1784 erbaute Rathaus verwandelt sich in der Zeit vom 30. November bis zum 23. Dezember in das weltgrößte *Adventskalenderhaus*, das mit Bildern von Künstlern wie Otmar Alt, Marc Chagall und Tomi Ungerer jährlich um die hunderttausend Besucher anlockt.

ⓘ www.gengenbach.info/Kultur/
Der-Gengenbacher-Adventskalender

Im *Narrenmuseum im Niggelturm* sind über sieben Stockwerke nicht nur die Geschichte der Gengenbacher Fasnacht und deren Figuren, sondern auch zahlreiche Kostüme

Das Rathaus als Adventskalender.

und Holzmasken aus dem gesamten schwäbisch-alemannischen Raum zu sehen.

ⓘ Niggelturm, 77723 Gengenbach, Friedrichstraße. Geöffnet: April bis Oktober Mi, Sa
14.00–17.00 Uhr, So 11.00–17.00 Uhr, www.narrenmuseum-niggelturm.de

Das *Flößereimuseum* der Flößer-Gilde Schwaibach im alten Bahnwärterhaus unweit der alten Zollstelle und der Flößerkapelle erinnert an das alte Gewerbe.

ⓘ Flößereimuseum, 77723 Gengenbach, Grünstraße 1. Geöffnet April bis Oktober
Sa 14.00–17.00 Uhr, So 10.00–12.00 und 14.00–17.00 Uhr,
www.floesserei-museum.de/fs-ortschronik.htm

↗ Durst hatten die Flößer

Auf dem 872 Meter hohen Mooskopf im Mooswald über Gengenbach steht der **Mooskopfturm**, ein 25 Meter hoher runder Sandsteinturm, der 1890 errichtet wurde. Von hier bietet sich bei gutem Wetter ein herrlicher Weitblick auf Schweizer Alpen, Feldberg, Vogesen und Hornisgrinde.

🚶 Durch Gengenbach führt der Ortenauer Weinpfad von Durbach nach Friesenheim.

Der Querweg Gengenbach–Alpirsbach führt von Gengenbach über den Mooskopf, der Kandelhöhenweg von Oberkirch nach Gengenbach über den Mooskopf. 2,5 Kilometer nach dem Mooskopf liegt das Naturfreundehaus auf der Kornebene.

ⓘ Naturfreundehaus, Tel. 07838/770. Geöffnet: Fr, Sa und So.
www.kornebene.de/kornebene/kornebene.php

Historische Aufnahme des Mooskopfturms.

◄ Die B 33 führt weiter talaufwärts bis Biberach. Auf der Höhe ist Burg Hohengeroldseck zu sehen. Die B 415 führt von Biberach auf die Höhe und weiter in das Schuttertal und Lahr. Sie wird auch Ludwigstraße genannt. Großherzog Ludwig ließ sie von Johann Gottfried Tulla erbauen. Oben auf der Höhe am Wanderparkplatz steht ein Denkmal für den Bauherrn. Gegenüber führt der Fahrweg 1,3 Kilometer zum Burgaufgang hinauf.

Die Burgruine Hohengeroldseck, ehemaliger Stammsitz der Herren von Geroldseck.

Um 1250 wurde die **Burg Hohengeroldseck** gebaut. Sie bestand aus zwei Teilen, der unteren und der oberen Burg. Ein in den Fels getriebener Brunnenschacht garantierte die Wasserversorgung. 1688 wurde die Burg den französischen Truppen übergeben mit der Zusicherung, dass die Burg unversehrt bliebe. 1689 wurde sie jedoch beim Abzug der französischen Truppen von diesen angezündet und zerstört.

Von der Burg genießt der Besucher einen herrlichen Blick ins Kinzig- und Harmersbachtal.

ⓘ http://de.wikipedia.org/wiki/Hohengeroldseck

🚶 Der Kandel-Höhenweg führt von Gengenbach über die Burg Hohengeroldseck.

◀ Von Biberach aus führt die L 94 ins Harmersbachtal, dem einstigen Freien Reichstal, nach **Zell am Harmersbach.**

Am Ortseingang von Zell a. H – die einst kleinste freie Reichsstadt – liegt die seit 1794 bestehende, von Joseph Anton Burger gegründete *Zeller Keramik*. Bekannt ist das Geschirr mit dem aufgemalten Motiv *Hahn und Henne*.

ⓘ Keramikmuseum mit offener Produktion und Werksverkauf. 77736 Zell a. H., Hauptstraße 2, Tel. 07835/7860. Geöffnet täglich 9.00–17.30 Uhr, www.zeller-keramik.de.

Hahn & Henne, das bekannteste Motiv der Zeller Keramik.

🚶 Der Große Hansjakobweg führt durch Zell zum Gehöft Mühlstein.

◀ Von Zell auf der K 5354 nach **Nordrach.**

Zwischen Nordrach und Nordrach-Kolonie beim Moosbach liegt linker Hand ein restaurierter, historischer *Teer- oder Salbeofen*.

ⓘ www.nordrach.de/pb/,Lde/158415.html

↗ Längst sind vergessen die alten Waldberufe

◀ Zurück zur L 94 im Harmersbachtal. Von Zell a. H. weiter bis an die alte Gemarkungsgrenze von Zell und Unterharmersbach. Rechts über dem Bach liegt die bekannte

Wallfahrtskirche *Maria zu den Ketten*.

Mitten im Ortsteil **Unterharmersbach** liegt links über dem Bach der *Fürstenberger Hof.*

Das Heimatmuseum Fürstenberger Hof.

Dieser mächtige Schwarzwaldhof, der heute als Heimatmuseum dient, wurde bis 1970 noch bewirtschaftet. Er ist noch vollständig eingerichtet mit bäuerlichen Gegenständen aus 300 Jahren. Der Name kommt vom Erbauer des Hofes, der aus dem Gebiet des ehemaligen Fürstentums Fürstenberg stammte.

ⓘ Fürstenberger Hof. Geöffnet April bis Oktober Do und So 15.00–17.00 Uhr, www.fuerstenberger-hof-museum.de

⌕ Am Ortsende von Unterharmersbach oder in Oberharmersbach an der Kirche jeweils rechts bis zur Bettelfrau und dann Fahrweg zum **Brandenkopf**.

Der Brandenkopf ist mit 945 Metern einer der höchsten Berge des Mittleren Schwarzwaldes und trägt seinen heutigen Namen seit einem Waldbrand im Jahre 1730. Dieser hatte 50 Morgen (12,5 Hektar) Wald verwüstet. Der 32 Meter hohe Brandenkopfturm wurde 1929 als quadratischer Sandsteinturm errichtet. Er bietet einen Rundblick auf die Schwäbische Alb, den Feldberg, die Alpen und das Elsass. An ihm liegt das Wanderheim Brandenkopf mit großer Berggaststätte und Biergarten. Auf dem Brandenkopf steht auch ein weithin sichtbarer, 114 Meter hoher Sendeturm für Radio- und Fernsehprogramme.

ⓘ Wanderheim, Tel. 07831/6149 – Mo Ruhetag, www.brandenkopf.net

Der Brandenkopfturm neben dem Wanderheim.

🚶 Über den Brandenkopf führt sowohl der Große Hansjakobweg von Zell nach Oberwolfach wie auch der Westweg von Norden nach Hausach.

↰ Zurück ins Kinzigtal zur B 33. Diese führt nach Haslach zum Ortsteil **Schnellingen**. Am Hotel Blume links ab und dem Hinweisschild zum **Besucherbergwerk Segen Gottes** folgen.

Silbererzbergbau „am Schnelling" bei Haslach ist seit 1491 urkundlich belegt. 1786 wurden die Arbeiten in der Grube eingestellt. Seit 2003 ist das Besucherbergwerk zugänglich. Am Mundloch befindet sich die **Schnellinger Silberstub**.

ⓘ Silberstub geöffnet: Anfang April bis Ende Oktober, jeweils 11.00, 13.30, 15.30 Uhr, Gruppen nach Vereinbarung. Anmeldung: Gasthaus Blume, Tel. 07832/91250, Tourist-Information, Tel. 07832/706172, www.haslach.de/,Lde/startseite/tourismus/besucherbergwerk.html

↗ Schwer war die Arbeit unter Tage

↰ Weiter zur schön restaurierten Altstadt von **Haslach**.

Im Zentrum von Haslach liegt das ehemalige Kloster. 1630/32 ließen die Fürsten zu Fürstenberg ein **Kapuzinerkloster** erbauen. Es sicherte die geistliche Betreuung bis ins obere Wolf-, Kinzig- und weit hinein ins Elztal. 1802 ergriffen die Fürstenberger von dem Kloster Besitz, doch blieb der Konvent noch bis 1823 bestehen. 1973 renoviert, ist es das einzige noch in der ursprünglichen Form erhaltene Kapuzinerkloster in Süddeutschland.

↗ Bete und arbeite

Es beherbergt heute das Trachtenmuseum, das mit 100 Trachten die wichtigsten Trachten des Schwarzwaldes zeigt.

Das Trachtenmuseum im ehemaligen Kapuzinerkloster.

ⓘ Schwarzwälder Trachtenmuseum, 77716 Haslach, Klosterstraße 7. Geöffnet: 1. April bis 15. Oktober 10.00–12.30 Uhr und 13.30–17.00 Uhr, 16. Oktober bis 31. März bis 16.00 Uhr. Tel. 07832/706172, www.haslach.de/,Lde/startseite/tourismus/Trachtenmuseum.html

↗ Tradition und Stolz drücken sich in der Tracht aus

⋔ Der Große Hansjakobweg führt von Hofstetten nach Hausach durch Haslach.

◄ Die B 33 führt weiter talaufwärts nach **Hausach**.

> 🚊 Hausach war früher ein wichtiger Eisenbahnknotenpunkt.
> Hier konnten die Lokomotiven Kohle übernehmen und
> Wasser fassen, bevor der beschwerliche Weg der Bahn über
> den Schwarzwaldkamm begann. Bei Bedarf war es möglich,
> eine weitere Lokomotive zum Schieben auf der steilen
> Strecke einzusetzen.

In Hausach ist unweit des Bahnhofs eine Modellanlage der Schwarzwaldbahn zu sehen, mit Bahnhöfen und naturgetreuer Landschaft.

ⓘ Schwarzwaldbahnmodell, 77756 Hausach, Eisenbahnstraße 52 a.
Geöffnet: April bis Oktober Di-So 10.00–18.00 Uhr, November bis
April Mi-So 10.00-17.00 Uhr, Tel. 07831/966010,
www.schwarzwald-modell-bahn.de

Ab Hausach führt auch die Kinzigtalbahn über Wolfach und Schiltach nach Freudenstadt. Die 39 Kilometer lange Strecke wurde erst 1879 eingeweiht. Schwierigkeiten bereitete nicht nur die Steigung von Schenkenzell nach Freudenstadt, sondern auch die notwendige Zusammenarbeit zwischen dem Großherzogtum Baden und dem Königreich Württemberg.

↗ Mit dem Dampfross unterwegs durch Berg und über Tal

⋔ Der Westweg führt vom Brandenkopf durch Hausach.

◄ Von Hausach führt die B 294 nach **Wolfach**, einer ehemaligen
Fürstenberger Residenz.

Am Ortseingang liegt die ***Dorotheenhütte*** Wolfach. Sie wurde 1947 von zwei Hamburger Kaufleuten mit vertriebenen schlesischen Glasbläsern gegründet und ist heute Mundblashütte, Glasmuseum und Weihnachtsdorf mit Hüttenklause.

ⓘ Dorotheenhütte, 77709 Wolfach, Glashüttenweg 4.
Geöffnet ganzjährig 9.00–17.00 Uhr, Tel. 07834/83980,
www.dorotheenhuette.de

↗ Glas, der älteste Kunststoff

1937 wurde im ehemaligen Fürstenberger Schloss das *Flößer- und Heimatmuseum Wolfach* eröffnet. Es ist damit eines der ältesten der Region. Die neugestaltete Ausstellung vermittelt einen Einblick in die 900-jährige Stadtgeschichte. Einen Schwerpunkt bilden die Narrengewänder und Masken der bekannten Wolfacher Fasnet. Den Wolfacher Flößern wurde eine eigene Abteilung mit den Nebengewerben gewidmet.

ⓘ Flößer- und Heimatmuseum, 77709 Wolfach, Hauptstraße 40 (im Schloss),
   Tel. 07834/4284. Geöffnet: Di, Do, Sa, So jeweils 14.00–17.00 Uhr,
   www.wolfach.info/Entdecken/Sehenswertes-in-Wolfach/Museum-im-Schloss-Wolfach

🚶 Entlang der B 294 führt von Loßburg über Alpirsbach, Schenkenzell, Schiltach nach Wolfach der 32 Kilometer lange Flößerpfad Kinzigtal. Wanderschild: Flößer auf Floß.

ⓘ Hinweise jeweils bei der Tourist-Information der Stadt Wolfach,
   Tel. 07834/835353, www.floesserpfad.de

↗ Durst hatten die Flößer

🚶 Der Große Hansjakobweg führt von Hausach über Wolfach hinauf zum Hirzwasen.

◄ Der B 294 weiter folgend kommt man zu der Fachwerkstadt **Schiltach**.

Schiltach ist eine bekannte Fachwerkstadt und ebenfalls eine Flößerstadt mit langer Tradition und berühmten sowie tüchtigen Flößerfamilien. Auch die Schiltacher pflegen heute noch die Erinnerung an die Flößerei.

ⓘ Schiltacher Flößer, www.schiltacher-floesser.de

Seit 1989 ist auf dem sogenannten Schleifengrün das *Schüttesägemuseum* untergebracht. Das ehemalige Sägewerk geht auf die 1491 erstmals erwähnte Kirchensäge zurück. Die wasserkraftbetriebene Anlage steht unter Denkmalschutz und wird bis heute zur Stromerzeugung genutzt. Das Museum veranschaulicht die Holzwirtschaft, die Gerberei sowie die Technik der Gestörflößerei und das Leben der Schiltacher Flößer.

ⓘ Schüttesägemuseum, 77761
   Schiltach, Hauptstraße 1.
   Geöffnet April bis Oktober
   11.00–17.00 Uhr, Tel. 07836/5850,

Das Schüttesägemuseum in Schiltach.

www.schiltach.de/de/Freizeit+Tourismus/
Sehenswertes+Museen/Museen

Sehenswert ist der Schiltacher Silvesterzug. Am
31. Dezember ziehen Schiltacher Bürger mit
Laternen durch die dunkle, nur mit Weihnachts-
bäumen beleuchtete Stadt. Der Zug geht vom
Marktplatz zum Pfarrhaus, um dort die Ansprache
des Pfarrers zu hören, und anschließend zurück
zum Marktplatz zur Ansprache des Bürgermeis-
ters vor dem Rathaus.

Das Grab der heiligen
Luitgard im Kloster Wittichen.

↗ Silvesterzug in Schiltach

🚶 Der Mittelweg führt von Freudenstadt über
Schiltach.

⬐ In Schenkenzell zweigt von der B 294 die L 405 nach Reinerzau ab. Nach wenigen
Kilometern zweigt die Straße nach **Wittichen** ab.

In diesem wild romantischen Tal liegt das ehemalige Abteigebäude des *Klarissenklosters
Wittichen*. Es wurde 1324 unter großen Entbehrungen gegründet, ist mehrfach abgebrannt und wurde 1803 säkularisiert. In der ehemaligen Klosterkirche befindet sich das
Grab der Gründerin, Äbtissin Luitgard. In den ehemaligen Klosterzellen ist ein kleines Klostermuseum eingerichtet.

ⓘ Klostermuseum, geöffnet nach Vereinbarung, Tel. 07836/939751,
www.schenkenzell.de/de/Gemeinde/Geschichte/Klostermuseum

↗ Bete und arbeite

🚶 Der Kleine Hansjakobweg führt von St. Roman über Wittichen nach Schapbach und
der Querweg Gengenbach–Alpirsbach führt von Bad Rippoldsau durch Wittichen auf
seinem Weg nach Alpirsbach.

⬐ Zurück zur L 405 talaufwärts Richtung **Reinerzau**. Im Tal der Kleinen Kinzig zweigt im
Oberen Dörfle der Fahrweg Richtung Wasserwerk ab. Gleich links ab führt der Weg zum
Waldparkplatz.

Die Hofbauernriese ist eine gut erhaltene Stein-
riese. Früher 780 Meter lang, heute restauriert
250 Meter, Einzugsfläche 200 Hektar, gerieste
Menge: 1000 Festmeter pro Jahr.

ⓘ www.reinerzau.de/holzries.html

↗ Durst hatten die Flößer

◄ Der Weg zum Stausee Kleine Kinzig führt
weiter talaufwärts. Vom Parkplatz sind es 1,5
Kilometer zur **Talsperre Kleine Kinzig**.

Die restaurierte
Hofbauernriese in Reinerzau.

Zwischen 1978 und 1982 wurde in Reinerzau am
Oberlauf der Kleinen Kinzig eine Talsperre für die
Trinkwasserversorgung mit einem Fassungsver-
mögen von 13 Millionen Kubikmetern errichtet. Sie ist die einzige Trinkwassertalsperre
in Baden-Württemberg. Das Einzugsgebiet umfasst 18 Quadratkilometer. Der Damm von
70 Metern Höhe und 340 Metern Breite ist keine herkömmliche Staumauer, sondern
ein Stein-Schüttdamm. Über ein Rohrnetz von 220 Kilometern Länge werden insgesamt
250.000 Einwohner der beteiligten Verbandsgemeinden mit Trinkwasser versorgt.

ⓘ www.schwarzwald.de/ausflugsziele-im-schwarzwald/natur/trip-detail/7/

◄ Zurück zur B 294 nach **Alpirsbach**.

An der Bahnlinie liegt das ***Kloster Alpirsbach***. Die ehemalige Benediktinerabtei wurde 1095
von Bischof Gebhard von Konstanz geweiht. Das Kloster wurde 1535 säkularisiert, zweimal restituiert und mit dem West-
fälischen Frieden endgültig aufgehoben. Der imposante Baukomplex
aus rotem Sandstein ist auch heute
noch Zeugnis großer Frömmigkeit.
Der Kreuzgang aus dem 15. Jahrhundert wird heute für die berühmten
Kreuzgangkonzerte genutzt.

↗ Bete und arbeite

ⓘ Neben der Klosterkirche kann der
Kreuzgang, das Infozentrum und

Das Brauereimuseum in Alpirsbach.

das Klostermuseum besichtigt werden. Klostermuseum geöffnet werktags 15. März bis 1. November 10.00–17.30 Uhr, So 11.00–17.30 Uhr, 2. November bis 14. März Do, Sa, So 13.00–15.00 Uhr. Tel. Kloster-Info 07444/51061, www.stadt-alpirsbach.de/de/Tourismus+Freizeit/Sehenswertes

Die gefasste Quelle der Kinzig.

Die ehemalige Klosterbrauerei, die von den Mönchen des Klosters betrieben wurde, ist die heute bekannte Alpirsbacher Klosterbrauerei Glauner GmbH & Co KG.

Seit 1999 existiert eine Glasbläserei mit Shop und Weihnachtskeller.

ⓘ Glasbläserei, 72275 Alpirsbach, Krähenbadstraße 3. Geöffnet Mo bis Fr 10.00–18.00 Uhr, So ab Ostern 14.00–17.00 Uhr, Tel. 07444/6009, www.glasblaeserei-alpirsbach.de

↗ Glas, der älteste Kunststoff

🚶 Alpirsbach liegt am Ostweg und am Flößerpfad Kinzigtal. Der Querweg Gengenbach–Alpirsbach endet hier.

◁ Weiter talaufwärts auf der B 294 nach **Loßburg.**

🚶 Loßburg ist die Stadt mit der **Kinzigquelle**. Sie liegt an der Straße nach Ödenwald. Vom Wanderparkplatz 300 Meter zum Kinzigsee – heute eine Freizeitanlage. 100 Meter talaufwärts befindet sich die gefasste Kinzigquelle.

In Loßburg wird an die Flößerei erinnert und hier beginnt auch der Flößerpfad Kinzigtal entlang der B 294 nach Alpirsbach, Schenkenzell, Schiltach und Wolfach mit vielen erklärenden Hinweistafeln. Wanderschild: Flößer auf Floß.

ⓘ Hinweise jeweils bei der Tourist-Information der Stadt Loßburg, Tel. 07446/95040 www.floesserpfad.de

↗ Durst hatten die Flößer

🚶 Der Ostweg führt von Freudenstadt durch Loßburg.

Wolftal

⊶ In Wolfach führt die L 96 in das Wolftal nach **Oberwolfach**.

Oberwolfach besitzt seit vielen Jahren im ehemaligen Hofbauernhaus ein Mineralienmuseum des „Vereins der Freunde von Mineralien und Bergbau Oberwolfach". Das Mathematische Forschungsinstitut in Oberwolfach, 1944 als Reichsinstitut für Mathematik gegründet, hat ebenfalls in Oberwolfach seinen Sitz. Hier werden beispielsweise die Teilnehmer der Internationalen Mathematik-Olympiade vorbereitet. Die beiden Organisationen tragen das **Museum für Mineralien und Mathematik**.

Das Museum für
Mineralien und Mathematik.

In der Mineralienabteilung werden Mineralien und Bergbauerzeugnisse des gesamten Schwarzwaldes ausgestellt und wissenschaftlich aufgearbeitet. Es werden darüber hinaus auch spezielle Informationen über die heute noch aktive **Grube Clara** sowie über die frühere, im Frohnbachtal betriebene **Grube Wenzel**, heute Besucherbergwerk, gegeben. Es gibt auch die Möglichkeit, Mineralien aus den Verkaufsvitrinen zu erwerben. In der Mathematikabteilung erlaubt die Ausstellung einen Blick auf die moderne Mathematik sowie auf die faszinierenden, geometrischen Motive und interaktiven Simulationen aus der Welt der mathematischen Grundlagenforschung und ihrer Anwendung.

ⓘ Mineralien- und Mathematikmuseum, 77709 Oberwolfach, Schulstraße 5.
Geöffnet: Mai bis Oktober täglich 11.00–17.00 Uhr, 16. Dezember bis April
täglich 14.00–16.00 Uhr, Tel. 07834/9420, www.mineralienmuseum.de

Rund 800 Meter von der Kirche am Lindenplatz entfernt, befindet sich am Bächleshof im Frohnbachtal der Eingang zur **Grube Wenzel**. Zwischen 1760 und 1823 wurde hier vorrangig Silbererz abgebaut. Seit 2001 ist die Grube als Besucherbergwerk zugänglich.

ⓘ Grube Wenzel, 77709 Oberwolfach, Frohnbach 19. Geöffnet: Anfang April bis Ende
Oktober, jeweils 11.00, 13.00, 15.00 Uhr außer Mo, Tel. 07834/868392. Anmeldung:
Gemeindeverwaltung Oberwolfach, Tel. 07834/83830, www.grube-wenzel.de

Im Oberwolfacher Ortsteil Walke befindet sich im Rankachtal die **Grube Clara**. In ihr werden jährlich 160.000 Tonnen Fluss- und Schwerspat abgebaut. Die Grube ist für Besucher geschlossen. Die Aufbereitung befindet sich in Wolfach, Kirnbacher Straße 1. Es besteht die Möglichkeit, die Mineralienhalde (Abraum aus Grube Clara) zu besuchen.

ⓘ Geöffnet: April bis Oktober täglich 9.00–17.00 Uhr, www.mineralienhalde.de

↗ Schwer war die Arbeit unter Tage

🚶 Der Westweg führt oberhalb des Frohnbaches von der Kreuzsattelhütte nach Hausach.

↱ Die L 96 im Wolftal weiter bis **Bad Rippoldsau-Schapbach**.

Der **Alternative Wolf- und Bärenpark Schwarzwald** liegt zwischen beiden Ortsteilen. Er wurde 2010 eröffnet und umfasst ein zehn Hektar großes, eingezäuntes und durch gesicherte Passagen zugängliches Gelände. Es werden misshandelte und nicht artgerecht gehaltene Bären aufgenommen. Aktuell gibt es hier neun Bären und drei Wölfe.

ⓘ Alternativer Wolf- und Bärenpark, 77776 Bad Rippoldsau-Schapbach, Rippoldsauer Straße 36/1. Geöffnet: März bis Oktober 10.00–18.00 Uhr, November bis Februar 10.00–16.00 Uhr, www.bad-rippoldsau-schapbach.de/baerenpark.html

↱ Nach dem Ortsteil Schapbach geht im Gewann *Vor Seebach* links fünf Kilometer die Talstraße zum Waldparkplatz, von dort 800 Meter aufwärts zum **Glaswaldsee**.

Der Karsee liegt am Ende des Seebachs auf 840 Metern Höhe. Er ist elf Meter tief. Früher hieß er Wilder See. Der heutige Name kam durch die vor Seebach liegende, um 1600 gegründete Glasbläserei, die Flaschen für den Sauerbronnen in Bad Rippoldsau produzierte. Der Wasserspiegel des Sees wurde durch eine Staumauer angehoben, um genügend Schwallwasser für die Flößerei auf dem Seebach zu erhalten.

Der Glaswaldsee bei Schapbach.

ⓘ www.wolftal.de/das-wolftal.html

🚶 Der Westweg führt von der Alexanderschanze ins Kinzigtal. Von der Lettstädter Höhe gibt es einen herrlichen Blick hinunter zu dem geheimnisvollen See.

- ◀ Die L 96 weiter talaufwärts. Kurz vor Bad Rippoldsau liegt links das **Gasthaus zum Letzten G'stehr**. Von hier führt rechts ein Fahrweg zwei Kilometer zum Wasserfall.

Der **Burgbachwasserfall** liegt vor dem Ortsteil Bad Rippoldsau im Burgbachtal. Das Wasser stürzt über eine senkrechte Felswand 32 Meter nach unten.

- ⓘ www.bad-rippoldsau-schapbach.de/ unser-ort/sehenswertes.html

- ◀ Zurück zur L 96 das Wolftal aufwärts nach **Bad Rippoldsau**.

Der Burgbachwasserfall in Bad Rippoldsau.

Die Existenz einer St. Nikolaus-Zelle im Gewann *Ripoldesowe* im oberen Wolftal wurde 1179 erstmals erwähnt. Das Priorat des Benediktinerklosters St. Georgen erschloss das Kniebisgebiet. In den 1540er Jahren wurde das Priorat kurzzeitig aufgelöst, da Graf Wilhelm von Fürstenberg, Landesherr in dieser Zeit, zum evangelischen Glauben übergetreten war. Die endgültige Aufhebung erfolgte 1802 durch das Fürstentum Fürstenberg, das 1806 selbst durch Baden mediatisiert wurde.

- ↗ Bete und arbeite

Bad Rippoldsau soll sehr früh für seine Quellen bekannt gewesen sein. Aber erst 1490 gibt es einen schriftlichen Hinweis auf ein *Badhuß* in Rippoldsau. Von 1579 datiert die erste Badeordnung durch Graf Albrecht von Fürstenberg. Seine Glanzzeit erlebte Bad Rippoldsau unter der Ägide der Familie Göhringer von 1807 bis 1922. In dieser Zeit weilte die großherzogliche Familie mit ihren Gästen oft zur Kur und Jagd in Rippoldsau. Das Mineral-Thermalbad (32 Grad Celsius) ist seit 2011 geschlossen. Die Peterstaler Mineralquellen unterhalten einen Zweigbetrieb in Bad Rippoldsau. Eine 16 Kilometer lange Mineralwasserleitung verbindet die Firmenstandorte in Bad Rippoldsau und Bad Peterstal.

- 🚶 Der Querweg Gengenbach–Alpirsbach führt von der Littweger Höhe durch Bad Rippoldsau auf seinem Weg nach Wittichen.

◄ Nach Bad Rippoldsau die Talstraße Richtung **Holzwald** nehmen.

Es gibt auch hier noch Zeugnisse aus der Flößerzeit. Die **„Langrindenriese"** liegt links im Absbachtal. Hier wurde zum Holztransport eine Brücke aus Buntsandsteinen über dem Absbach errichtet. Die **„Teufelsriese"** im Hinteren Holzwald des Wolfbaches liegt ca. 1,5 Kilometer nach den letzten Häusern nahe dem Steinbruch. Rechts neben der Törlehütte führt die Teufelsriese von oben herunter. Obwohl die Riese schon ziemlich zugewachsen ist, ist doch erkennbar, dass es sich um eine mit Stein ausgelegte Holzriese handelt. Von den letzten Häusern des Wolfbaches entfernt liegt die „Wolfbach-Polter". Am Hang ist noch die Steinmauer der Riese zu erkennen, auf der die Baumstämme zur Polter geriest wurden.

↗ Durst hatten die Flößer

Renchtal

⮐ Die B 28 führt ins Renchtal.

> 🚃 Die Renchtalbahn zwischen Appenweier und Oppenau wurde 1876
> eingeweiht, sie wurde 1926 nach Bad Peterstal und sieben Jahre darauf
> bis Bad Griesbach verlängert und wird heute noch betrieben.

⮐ Vor Oberkirch führt die K 5369 ins bekannte Weindorf **Durbach**. Nach weiteren 1,5 Kilometern führt die Straße rechts zur St. Wendelinskapelle.

Der heilige Wendelin wird besonders von den Hirten und Bauern, aber auch von den Jägern als Schutzpatron verehrt. Besondere Bekanntheit erreicht der Heilige bis heute in Nußbach. Seit 1949 findet jedes Jahr eine feierliche Pferdeprozession mit mehreren hundert Reitern und noch mehr Gläubigen zur **Wendelinskapelle** statt. Jeweils am Sonntagnachmittag nach St. Wendelin (20. Oktober) findet nach 13.00 Uhr die Pferdewallfahrt mit geistlicher Begleitung statt. Ausgehend von der Pfarrkirche St. Sebastian führt die Prozession von dem festlich geschmückten Ort durch die Weinberge zur Wallfahrtskapelle hinauf. Anschließend findet die Pferdesegnung statt.

↗ Pferdewallfahrt zur Kapelle St. Wendelin

🚶 Der Ortenauer Weinpfad führt von Oberkirch zur St. Wendelinskapelle.

⮐ Die B 28 führt nach **Oberkirch** mit der Burgruine **Fürsteneck** rechts und der Burgruine **Schauenburg** links am Taleingang liegend.

Die Schauenburg, auf der Grimmelshausen zeitweise als Burggraf amtierte.

Im alten Rathaus von Oberkirch befindet sich das **Heimat- und Grimmelshausenmuseum**. Auf 480 Quadratmetern werden Exponate und Urkunden aus der Region gezeigt, mit Darstellungen des Alltags, Trachten, Schnapsbrennerei, Weinbau und alten Handwerksberufen. Eine eigene Abteilung ist dem berühmten Dichters Hans Jakob Christoffel von Grimmelshausen gewidmet. Grimmelshausen, 1622 in Gelnhausen geboren und 1676 in Renchen gestorben, wohnte längere Zeit in Gaisbach, heute ein Stadtteil von Oberkirch. Er veröffentlichte 1668 seinen Roman „Der abenteuerliche Simplicissimus Teutsch", das wichtigste Prosawerk des Barock in deutscher Sprache.

ⓘ Heimat- und Grimmelshausenmuseum, 77704 Oberkirch, Hauptstraße 32. Geöffnet Di und Do 15.00–19.00 Uhr, So 10.00–12.30 Uhr und 14.00–17.00 Uhr, Tel. 07802/82109, www.oberkirch.de/4180_DEU_WWW.php

Weit über die Region bekannt, findet immer am ersten Wochenende im September das traditionelle **Oberkircher Weinfest** statt.

ⓘ www.oberkirch.de/4350_DEU_WWW.php?&publish[id]=273350&publish[start]=

🚶 Der Ortenauer Weinpfad führt von Kappelrodeck durch Oberkirch und der Kandelhöhenweg führt ab Oberkirch nach Süden.

🚗 Die B 28 führt talwärts durch **Lautenbach**.

Links an der Bundesstraße liegt in der Ortsmitte die spätgotische Pfarrkirche **Mariä Krönung**. Wie eine Tafel am Portal verkündet, wurde 1417 unter der Schirmherrschaft des Bistums Straßburg mit den Bauarbeiten begonnen, die erst 1488 beendet werden konnten. 1483 wurde die Kirche noch unvollendet geweiht. 1485 ließ die lokale Ritterschaft eine kleine Ritterschaftskapelle – heute Gnadenkapelle – einbauen.

🚗 Die B 28 führt über Oppenau nach **Bad Peterstal-Griesbach**.

Der Badebetrieb in Peterstal und Griesbach lässt sich bis ins 16. Jahrhundert zurückverfolgen. Mindestens seit dem 17. Jahrhundert erfolgte der Versand des Mineralwassers in Flaschen und Krügen, so nach Straßburg. Den Zusatz „Bad" trägt Peterstal seit 1920, Griesbach seit 1932.

Bekannt und wichtiger wirtschaftlicher Faktor sind die Brunnenbetriebe: Freyersbacher Schwarzwald-

Ansicht von Peterstal 1644.

quellen und Peterstaler Mineralquellen in Bad Peterstal, Schwarzwald-Sprudel in Bad Griesbach.

ⓘ www.bad-peterstal-griesbach.de

🚶 Vom Bahnhof Bad Peterstal führt der Premiumwanderweg *Peterstaler Schwarzwaldsteig* über 10,8 Kilometer als Rundwanderweg hinauf zum Braunberg. Vom Weiherplatz (Wanderparkplatz) oder Renchtalhütte (Wanderparkplatz) führt der Premiumwanderweg *Griesbacher Wiesensteig* über 9,6 Kilometer als Rundwanderweg in und um das Tal der Wilden Rench.

ⓘ www.wanderinstitut.de/premiumwege/baden-wuerttemberg/peterstaler-schwarzwaldsteig
www.wanderinstitut.de/premiumwege/baden-wuerttemberg/wiesensteig

◀ Die B 28 steigt hinter Bad Griesbach hinauf zur *Alexanderschanze* an der B 500. Die L 92 führt gleich hinter Oppenau aus dem Lierbachtal die Oppenauer Steige hinauf zum Roßbühl und dem ehemaligen Höhenhotel *Zuflucht*.

Hier oben verliefen die Schanzen als militärische Schutzwehren. Die ehemalige Schwedenschanze nahe der Zuflucht ist von Wald überdeckt. Wenige 100 Meter vom Parkplatz liegt noch gut sichtbar die Röschenschanze. Sie wurde von dem württembergischen Major Rösch 1794/96 angelegt, um die Franzosenheere abzuwehren.

↗ Auch Schanzen im Schwarzwald boten keine Sicherheit

🚶 Der Westweg führt vom Schliffkopf über die Röschenschanze nach Süden zur Alexanderschanze.

◀ Zurück in das Lierbachtal zur K 5370, die Richtung **Allerheiligen** führt.

Der Lierbach stürzt in den *Allerheiligenfällen* insgesamt 83 Meter in sieben Stufen hinunter. Die Abgeschiedenheit der Wasserfälle führte zu vielen Sagen.

ⓘ www.schwarzwaldhochstrasse.de/13-0--
Klosterruine-und-Wasserfaelle-Allerheiligen.html

◀ Der K 5370 weiter talaufwärts folgend führt diese zum ehemaligen *Kloster Allerheiligen*.

Zwei Stufen der Allerheiligen-Wasserfälle.

Im oberen Lierbachtal liegt über den Allerheili-genwasserfällen die Klosterruine des ehemaligen Prämonstratenserklosters Allerheiligen. Von Uta von Schauenburg wurde Ende des zwölften Jahr-hunderts in dieser noch unerschlossenen Gegend das Kloster gegründet, das 1803 säkularisiert wurde. Die Klosterkirche wurde 1804 durch Blitz-einschlag zerstört. 1816 wurden die Gebäude auf Abbruch versteigert.

ⓘ www.oppenau.de/tourismus/
  sehenswert/allerheiligen.html

↗ Bete und arbeite

◄ Über Allerheiligen an der B 500 liegt der **Schliffkopf**.

Ruine des Klosters Allerheiligen.

Mit 1.054 Metern Höhe ist der Berg ein herrlicher Aussichtspunkt, von dem man bei guter Sicht nicht nur die Rheinebene mit Vogesen, sondern das gesamte Alpenpanorama sowie den Bodensee sehen kann. Er ist auch Quellgebiet von Acher und Murg. Die hochmoo-rige Gipfelregion steht seit 1938 unter Naturschutz. Das Schliffkopfhotel wurde 1911 als Skihütte gebaut und ist nach dem Brand 1991 zu einem modernen Höhenhotel ausgebaut worden.

ⓘ www.schliffkopf.de

🚶 Der Westweg führt auf seinem Weg nach Süden über den Schliffkopf. Beim Schliffkopf-Hotel wurde nach dem verheerenden Orkan 2003 der **Lotharpfad** eingerichtet.

ⓘ www.schwarzwaldhochstrasse.de/22-0-Lotharpfad-.html

↗ Unglücke gab es immer wieder

Achertal

 Die Bundesstraße B 3 führt von Achern nach Norden. Am Ortseingang von **Sasbach** liegt nach 350 Metern rechts durch die Allee der Obelisk des *Turenne-Denkmals*.

Denkmal für Marschall Turenne.

Der französische Marschall Turenne hatte seine Truppen bis Sasbach-Dorf heran- und vorgeschoben; er ritt auf seinem Schimmel und suchte einen Platz für seine Artillerie. Der Markgraf Hermann von Baden soll ihn von Weitem durch sein Glas erkannt und sofort einen Kanonier aufgeregt gefragt haben, „ob er sich getraue, jenen dort auf seinem Schimmel eine Kugel zu senden". Der Kanonier richtete das Geschütz ein, die Kugel wurde ausgelöst und schlug an Turennes Standort in einen mächtigen Nussbaum ein. Ein baumstammdicker Ast schlug herunter, fiel dem Marschall aufs Haupt und traf ihn auf die Brust, riss auch dem General St. Hilaire den linken Arm weg. Der Marschall sank vom Pferd und war tot.

Ein Gedenkstein, wohl ein einfacher Naturstein, der noch 1675 an der Stelle, wo Turenne tot vom Pferd sank, platziert worden war, scheint bis 1760 auf den tragischen Platz hingewiesen zu haben. In jenem Jahr ließ der Straßburger Fürstbischof Kardinal de Rohan den einfachen Stein durch ein bearbeitetes Denkmal ersetzen. Noch heute verkündet es uns: „Hier ist Turennius vertötet worden."

ⓘ www.badische-seiten.de/sasbach-ortenau/turenne-denkmal.php

 Die L 87 führt ins Achertal. Talaufwärts wird **Kappelrodeck** erreicht, das mit Waldulm als Rotweindorf bezeichnet wird.

In Kappelrodeck grüßt von rechts *Schloss Rodeck* herunter. Angeblich hat hier Burkhard Roeder um 1200 eine Burg gegründet. Letztmalig durchgreifend 1880 umgebaut, wird es heute als Schloss Rodeck geführt, das sich in privatem Besitz befindet. Die Burg wurde in den vergangenen Jahrhunderten nie zerstört.

Auf der anderen Seite der Acher liegt im Gewann Kappelberg ein gewaltiger Felsen, der weitbekannte *Dasenstein*. Ein hübsches Burgfräulein hatte sich in einen Bauernsohn verliebt. Der Burgherr war empört und jagte seine Tochter kaltherzig von der Burg ins Tal. Da ohne Stand und Burg, wurde sie auch vom Bauernsohn verschmäht und hauste in ihrer Not im Dasenstein. Rund um ihre Höhle pflanzte sie Weinstöcke und spielte den Leuten manchen Streich. So war sie bald die *Hex vom Dasenstein*, jene legendäre Figur, die die Kappelrodecker Weine ziert.

🚶 Durch Kappelrodeck führt der Ortenauer Weinpfad von Sasbachwalden auf seinem Weg nach Süden.

🔰 Die L 87 führt talaufwärts nach **Ottenhöfen**, dem Mühlendorf.

Im Achertal befindet sich ein zwölf Kilometer langer, ausgestalteter *Mühlenweg* um Ottenhöfen über Seebach bis Grimmerswald mit sechs erhaltenen oder restaurierten Mühlen und mit Einkehrmöglichkeiten. In Ottenhöfen an der Straße liegt rechts die alte Hammermühle.

ⓘ Geführte Mühlenwanderung immer donnerstags von April bis Oktober
9.30 Uhr – Info: Tourist-Info Ottenhöfen, Tel. 07842/80444.

ⓘ www.ottenhoefen-tourismus.de/21-0-Sehenswuerdigkeiten+i
n+und+um+Ottenhoefen+im+Schwarzwald.html

🔰 Vor dem Ortsausgang von Ottenhöfen rechts dem Hinweisschild „Edelfrauengrab, Karlsruher Grat" auf dem Fahrweg,
der durch das Kieswerk führt, folgen
zu den *Gottschlägwasserfällen*.

Der Gottschlägbach überwindet 100 Meter Gefäll-
stufen mit zahlreichen, bis zu acht Meter hohen
Wasserfällen. Einer der unteren ist das Edelfrauengrab.

ⓘ www.schwarzwaldhochstrasse.de/25-
0-Edelfrauengrab-Wasserfall.html

🚶 Eine teilweise alpine Felsformation zum Bergwandern lädt mit dem *Karlsruher Grat* bei Ottenhöfen ein: Vom Parkplatz der Gottschlägwasserfälle bis zum Ende der Wasserfälle, dann links zum Karlsruher Grat über den Eichenholderfirst zum Bosenstein.

Bergwanderer auf dem
Karlsruher Grat.

167

Von dort über den Brennte Schrofen (schöne Aussicht) zurück zum Parkplatz (zehn Kilometer mit 700 Höhenmetern). Der Karlsruher Grat lässt alpine Träume aufkommen, denn er kann es mit Hochgebirgsklettersteigen aufnehmen. Er ist seit 1975 ein 154 Hektar großes Naturschutzgebiet.

ⓘ www.ottenhoefen-tourismus.de/21-0-Sehenswuerdigkeiten+i
n+und+um+Ottenhoefen+im+Schwarzwald.html

Wandervorschlag: www.seebach-tourismus.de/files/karlsruher_grat.pdf

◄ Zurück zur L 87, die weiter talaufwärts nach **Seebach** führt. Die K 5363 führt am Rathaus links nach Grimmerswald. Nach 500 Metern rechts liegt das *Besucherbergwerk Silbergründle*.

Seit dem Mittelalter ist Blei-, Kupfer- und Silbererzbergbau erwähnt und auch 1770 noch nachgewiesen.

ⓘ Silbergründle Bergwerk. Öffnungszeiten: auf Anfrage. Anmeldung: Tourist-Info, 77889 Seebach, Ruhesteinstraße 21, Tel. 07842/958320, www.bergwerk-seebach.de

↗ Schwer war die Arbeit unter Tage

Weit über die Grenzen bekannt im Museumsdorf Seebach ist neben vielen anderen Mühlen die 250 Jahre alte *Vollmer's Mühle.* In der Ferienzeit finden sonntags 10.00 bis 11.30 Uhr oder für Gruppen ganzjährig nach Vereinbarung Führungen statt. Bei diesen wird nicht nur der Mahlvorgang, sondern auch die Herstellung von Butter, das Spinnen oder das Kienspanziehen gezeigt. Von Mai bis Oktober kann die Mühle ohne Führungen besichtigt werden.

Die Vollmer's Mühle in Seebach.

ⓘ Vollmer's Mühle: K 5363 nach Grimmerswald und nach 1,5 Kilometern links ab zur 250 Jahre alten Mühle. Touristinfo, 77889 Seebach, Ruhesteinstraße 21, Tel. 07842/948320, www.vollmers-muehle.de

◄ Die L 87 führt weiter hoch zur B 500 und dem **Ruhestein**.

Er ist die Passhöhe zwischen Achertal und Murgtal. Auf der Passhöhe lag eine große Sandsteinplatte, auf der die Leute nach einem anstrengenden Aufstieg aus dem Seebachtal oder von Baiersbronn her ihre Traglasten abstellten, um sich eine Verschnaufpause zu gönnen. Daher der heutige Name *Ruhestein*. Unter den Ausruhenden waren immer wieder Händler, die ihre Produkte aus der schwäbischen Glashütte in Buhlbach oder Wein und Obst aus dem Achertal transportierten. Die Platte liegt heute hinter dem Naturschutzzentrum.

Das Naturschutzzentrum Ruhestein zeigt eine erlebnisreiche Dauerausstellung über die Faszinationen des Schwarzwaldes, die Waldentwicklung sowie über den Erholungswert der Region. Künftig wird an dieser Stelle das Besucherzentrum des Nationalparks Schwarzwald entstehen.

ⓘ Öffnungszeiten Naturschutzzentrum: Mai bis September Di–So 10.00-18.00 Uhr, Oktober bis April 10.00-17.00 Uhr, www.naturschutz.landbw.de/servlet/is/67496/

Vom Ruhestein zwei Kilometer bis zur See-Ebene oder mit dem Lift auf die Höhe und 500 Meter zum Seeblick mit herrlicher Aussicht: Unterhalb des Seekopfs auf 910 Metern Höhe liegt der elf Meter tiefe *Wildsee*. Oberhalb des Sees befindet sich das Grab von Professor Euting, der die Aussicht auf den waldumsäumten Wildsee als den schönsten Blick des nördlichen Schwarzwaldes pries. Der einsam liegende See, von Bannwald umgeben, bot auch Anlass für zahlreiche

Der Wildsee, heute Teil des Nationalparks Schwarzwald.

Sagen. Im Wildsee entspringt die Schönmünzach, die der Murg zueilt.

🚶 Der Westweg führt vom Mummelsee, Seibelseckle, Darmstädter Hütte über den Ruhestein nach Süden.

🚌 Vom Ruhestein auf der B 500 zehn Kilometer Richtung Baden-Baden liegt der **Mummelsee.**

Der größte See an der B 500 unterhalb der Hornisgrinde liegt auf
1.029 Metern Höhe und ist 17
Meter tief. Noch 1886 wurde über
den Mummelsee geschrieben: „Die
Einsamkeit und Stille dieser Gegend
hat etwas Schauererregendes".
Davon ist heute nichts mehr zu
spüren. Der Mummelsee gehört zu
den beliebtesten Ausflugszielen des
Nordschwarzwalds.

Der Mummelsee mit dem neu erbauten Hotel.

Früher wurde er als Schwallweiher für die Flößer auf der Acher verwendet. Im Winter
war er Eislieferant für die Brauereien im Achertal. Das Eis wurde mit der Achertalbahn
abtransportiert.

ⓘ www.schwarzwaldhochstrasse.de/29-0-Mummelsee.html

Ein vorzügliches Hotel mit einer herrlichen Aussicht, das die Waldgenossenschaft Seebach
nach dem Brand des alten Gebäudes 2010 neu erbaut hat, bewirtet den Wanderer oder
Tagesausflügler.

ⓘ Wandervorschläge: www.seebach-tourismus.de/26-0-Wandern+Wandertouren+Wanderwege
   +und+gefuehrte+Wanderungen+im+Achertal+-+rund+um+Seebach+im+Schwarzwald.html

ⓘ Berghotel Mummelsee, 77889 Seebach, Mummelsee, Schwarzwaldhochstraße
   11, Tel. 07842/99286, www.mummelsee.de

🚶 Der Mummelsee liegt am Westweg von der Hornisgrinde nach Süden.

Vom Mummelsee führt eine geteerte, aber gesperrte Fahrstraße 1,5 Kilometer mit
dem Westweg hoch zur **Hornisgrinde**. Kurz vor Erreichen der ersten Häuser führt links
ein Wanderweg zum Mummelseeblick, einem filmreifen Ausblick. Auf der Anhöhe sind
neben den Türmen noch die alten militärischen Gebäude vorhanden, die leider vor sich
hin gammeln.

Der Name Hornisgrinde stammt wahrscheinlich von „Horn-mis-grinte" (Bergrücken, der
auf seiner Höhe ein Moor trägt). Die Hornisgrinde liegt auf 1.163 Metern Höhe über der
B 500 und dem Mummelsee. Sie ist der höchste Gipfel des Nordschwarzwalds. Von weit
her ist der kahle, mit mehreren Türmen bestückte Höhenrücken sichtbar.

Der *Bismarckturm* mit 8,5 Metern Höhe war ursprünglich ein hölzernes Pyramidensignal, 1822 wurde ein reines Vermessungsbauwerk errichtet, 1871 ein massives Bauwerk, 1892 wurde er durch eine eiserne Außentreppe zum Aussichtsturm. Der *Hornisgrindeturm* mit 23 Metern Höhe wurde 1910 von der Ortsgruppe Achern des Schwarzwaldvereins südlich davon errichtet. 2005 wurde er nach dem Abzug der französischen Truppen und der Sanierung der Allgemeinheit zugänglich gemacht. Beide Türme lagen seit 1942 im Sperrgebiet der deutschen Luftwaffe und nach dem Kriege bis 1999 in dem der französischen Streitkräfte.

Eine befestigte Straße verbindet noch aus der militärischen Zeit beide Türme. Von hier aus bietet sich ein atemberaubender Ausblick auf Offenburg, Straßburg und die Vogesen. Auf kaum acht Kilometer fällt der Schwarzwald tausend Meter tief ab.

1972 wurde vom Südwestfunk ein Signalturm gebaut, der der Öffentlichkeit nicht zugänglich ist.

ⓘ www.schwarzwaldhochstrasse.de/31-0-Hornisgrinde-Aussichtsturm-und-Bismarckturm.html

Vom Signalturm führt ein Pfad auf Holzschwellen durch das *Hochmoor*. Hier werden die Besonderheiten und der Aufbau des Moores mit der typischen Moorvegetation mit ihren verkrüppelten Kiefern erklärt. Das Alter des Höhenmoores wird auf über 6.000 Jahre geschätzt. Nach Osten bietet sich ein Blick über den Schwarzwald und hinab in den Kleinen und Großen Biberkessel, in denen auch im Juni noch Schneereste zu finden sind.

Hochmoor auf der Hornisgrinde.

300 Meter vom Signalturm führt ein Pfad aus Holzschwellen durch das Moor auf der rückwärtigen Seite über den Biberkessel zum *Dreifürstenstein*. Hier stießen das Königreich Württemberg, die Markgrafschaft Baden und das Fürstbistum Straßburg zusammen, der Grenzverlauf ist auf dem 1722 errichteten Stein eingezeichnet. Die Stelle stellt mit 1.151 Metern die höchste Erhebung Württembergs dar.

ⓘ www.schwarzwaldhochstrasse.
  de/30-0--Der-Grindenpfad.html

🚶 Der Westweg führt
  vom Hundseck über die
  Hornisgrinde von Unterstmatt
  zum Mummelsee.

Der Dreifürstenstein markiert den
höchsten Punkt Württembergs.

Bühlottal

⬏ Die L 85 führt nach **Bühl**. Von Bühl führt die K 3752 in den Ortsteil **Kappelwindeck** mit der Abzweigung nach Riegel hinauf zur *Burgruine Alt-Windeck* mit einem herrlichen Blick auf die Rheinebene.

Die Burg wurde Ende des zwölften, Anfang des 13. Jahrhunderts von den Herren von Windeck erbaut. Im Laufe des 16. Jahrhunderts geriet die Burg in Verfall und wurde als Steinbruch genutzt. In der Vorburg befinden sich ein Hotel sowie ein gutes Restaurant.

ⓘ Burg Windeck Hotel, 77815 Bühl, Kappelwindecker Straße 104,
Tel. 07223/920, www.burg-windeck.de

🚶 Der Ortenauer Weinpfad führt von Neuweier über Alt-Windeck nach Süden.

Von Bühlertal kommend liegt rechts der Wiedenbach-Parkplatz. Der Wanderweg, aber auch eine Fahrstraße führen zur Kurpension Gertelbach. Von hier aus führt ein vom Schwarzwaldverein angelegter Weg die *Gertelbachwasserfälle* entlang.

Der Gertelbach überwindet die Gefällstufe von 220 Metern Höhe mit bis zu sieben Meter hohen Wasserfällen und vielen moosbewachsenen Granitblöcken. Eine der letzten Stufen umspült das *Edelfrauengrab.* Hier soll der Sage nach die Burgherrin von Bosenstein zur Strafe eingemauert worden sein, nachdem sie ihre unehelichen Säuglinge ertränken lassen wollte.

🚶 Am Ende der Wasserfälle sind es noch 500 Meter zum **Wiedenfelsen** mit seinem Ausblick auf die Rheinebene. Beim Hotel Wiedenfelsen die Bundesstraße überqueren und ab dort den Paradiesweg entlang. 2,5 Kilometer sind es bis zur Hertha-Hütte mit ihrem Ausblick zum Schlosshotel Bühlerhöhe und zur Rheinebene. Von der Hertha-Hütte sind es 500 Meter zur Kohlbergwiese, von dort führt der Gertelbach-Rundweg zum Wiedenbach-Parkplatz zurück (insgesamt elf Kilometer Wanderweg).

ⓘ www.schwarzwaldhochstrasse.de/37-0-Gertelbachwasserfaelle.html

Die Gertelbach-Wasserfälle oberhalb von Bühlertal.

▣ Die L 83 führt hoch zum **Sand** an der B 500. Von dort erreicht man nach 2,5 Kilometern Richtung Baden-Baden das Schlosshotel **Bühlerhöhe**.

Die 1871 geborene Hertha Schottländer, Erbauerin der **Bühlerhöhe**, entstammte einer großbürgerlichen jüdischen Familie, ihr Vater war ein erfolgreicher Getreidehändler aus Breslau. Hertha heiratete mit knapp zwanzig Jahren einen Bankier und Gutsbesitzer. Die Ehe hielt indessen nur wenige Jahre, da sich Hertha Schottländer in den Regimentskommandeur Wilhelm Isenbart verliebte. Ihr Vater missbilligte die Auflösung ihrer Ehe, mit der sich für sie auch ein Religionswechsel verband, sie trat zum Protestantismus über. Der Vater brach daraufhin das Verhältnis zu seiner Tochter ab und zahlte ihr den noch zustehenden Erbteil in beträchtlicher Höhe aus. Auch für Wilhelm Isenbart hatte die Heirat mit einer geschiedenen und zudem noch jüdischen Frau ernsthafte Konsequenzen: Er wurde im Range eines Generalmajors aus dem Heeresdienst entlassen. Damit endete nicht nur seine Karriere, sondern auch Herthas brennender Wunsch nach gesellschaftlicher Anerkennung in Adels- und Offizierskreisen.

1908 verstarb unerwartet ihr Gemahl in Ägypten. Von da an lebte die „Generalin" nur noch für die Realisierung des Wunsches, eine bleibende Stätte des Gedächtnisses an den verstorbenen Ehemann in Form eines Offiziersgenesungsheims zu schaffen. Dieses wollte sie Kaiser Wilhelm II. zum Geschenk machen, um dadurch wiederum die notwendige Reputation zu erhalten.

Das Projekt Bühlerhöhe nahm langsam Gestalt an. Das luxuriös gestaltete Kurhaus sollte für zwölf Generäle Platz bieten. In einiger Entfernung sollte ein Sanatorium entstehen, welches heute noch besteht. Im Frühjahr 1911 wurde mit den Bauarbeiten begonnen. Im Juli 1912 hatte Hertha Isenbart Gelegenheit, dem Kaiser den Schenkungsgedanken vorzutragen. Wilhelm II. schien dem Vorhaben zunächst etwas skeptisch gegenüberzustehen, denn er verlangte neben der Schenkung noch ein Barkapital von drei Millionen Mark. Schließlich willigte Wilhelm II. aber doch in die Schenkung ein. Die Übergabe des Hauses sollte im September 1914 erfolgen.

Der Ausbruch des Ersten Weltkrieges im August 1914 bedeutete eine beträchtliche Zäsur in der Geschichte der Bühlerhöhe. Mit der Kriegserklärung wurde das Genesungsheim für Offiziere erst einmal in Frage gestellt. Die Arbeiten verlangsamten sich und konnten erst im Oktober 1914 abgeschlossen werden. Das Sanatorium wurde als Reservelazarett für Offiziere benutzt, das Kurhaus dagegen stand leer. Das Vermögen von Hertha Isenbart war größtenteils im Ausland angelegt und durch die kriegerischen Ereignisse nicht mehr zugänglich. Sie fürchtete einen Bankrott. Ihr Lebenswerk schien zerstört. Ein letztes Mal nahm sie in der Hertha-Hütte Platz – auf einem Felsvorsprung vor dem Hotel, bevor der Schwarzwald in die Rheinebene abbricht –, ließ um 22:00 Uhr alle Fenster erleuchten, da sie noch einmal ihr Schloss von hier und bei Nacht beleuchtet sehen wollte. Mit einer Überdosis Schlafmittel nahm sie sich im September 1918 das Leben.

Die Einrichtung entwickelte sich im Laufe der Jahrzehnte immer mehr zu einer weit über Deutschlands Grenzen hinaus bekannten Insel der Erholung. Eine Finanzgruppe erwarb bald nach dem Ersten Weltkrieg das große Anwesen vom Sohn Hertha Schottländers. Im Zweiten Weltkrieg wurden beide Häuser als Reservelazarette verwendet. Nach dem Krieg belegte der Stab der französi-

Das Schlosshotel Bühlerhöhe unterhalb der Schwarzwaldhochstraße.

schen Besatzungsarmee unter General Koenig das Anwesen. In den fünfziger Jahren war Konrad Adenauer sehr häufig zu Gast. Für ihn wurde die Kapelle gebaut.

1986 erwarb die Max-Grundig-Stiftung die Anlage mit dem dazugehörigen, 18 Hektar großen Schwarzwaldpark und dem benachbarten Hotel Plättig und baute das Kurhaus zu einem Hotel der Luxusklasse aus.

ⓘ www.buehlerhoehe.de

Oostal

⊞ Die B 500 führt von der Autobahn nach **Baden-Baden**.

🚃 Bereits mit dem Beschluss zum Bau der Rheintalbahn erfolgte die Entscheidung, die Stadt Baden-Baden mit einer Stichbahn von Baden-Oos an die badische Hauptbahn anzubinden. Die 1845 eingeweihte Strecke wurde 1977 stillgelegt und abgebaut. Das alte Bahnhofsgebäude ist heute der Eingang zum Festspielhaus.

Über der Stadt erhebt sich die Schlossruine **Hohenbaden** auf einem Felsen am südwestlichen Abhang des Battert. Die romanische Oberburg, der sogenannte Hermannsbau, entstand um 1100, die spätgotische Unterburg mit dem Bernhardsbau als Kernstück wurde um 1400 errichtet. Seit der Mitte des 15. Jahrhunderts verband der Jakobsbau Ober- und Unterburg. 1599 wurde die Burg durch einen Brand zerstört. Das oberhalb

Der obere Burghof der Schlossruine Hohenbaden.

des Marktplatzes gelegene **Neue Schloss** löste bereits seit etwa 1479 das Alte Schloss als Residenz der badischen Markgrafen ab.

Die römische Siedlung *Aquae* entstand im ersten Jahrhundert nach Christus. Die Römer nutzten hier die heißen Quellen, die aus dem zerklüfteten Gestein emporsteigen, für ihre Bäder. Die Badruinen sind heute noch unter dem Römerplatz (Zugang Steinstraße/Tiefgarage Friedrichsbad) zu besichtigen.

1473 und 1485 weilte Kaiser Friedrich III. zu mehrwöchigen Badekuren in der Stadt. Um 1500 wurde mit dem Badgeld eine Art Kurtaxe eingeführt. Damals soll es in den zwölf Wirtshäusern der Stadt bereits an die 400 Badekästen gegeben haben. Die zwischen 1850 und 1870 zu einem großzügigen Landschaftspark umgestaltete *Lichtentaler Allee* führt entlang der Oos vom Theater am Goetheplatz zum *Kloster Lichtenthal*.

Im 19. Jahrhundert galt Baden-Baden als vornehmste Kurstadt und *Sommerhauptstadt* Europas. Sie war der strahlende Treffpunkt des Adels und der Reichen zwischen St. Petersburg, Paris, London, Wien und Rom, und auch von denjenigen, die sich dazugehörig fühlten. Großen Anteil hatte daran das von Jacques Bénazet 1838 gegründete Casino. Seit 1858 bis heute trifft man die Reichen und Einflussreichen auch in der fünften Jahreszeit – der Iffezheimer Rennwoche.

ⓘ www.baden-racing.de

Die 1882 eingeweihte russisch-orthodoxe Kirche mit ihrer goldenen Zwiebelkuppel demonstriert die große Anziehungskraft, die Baden-Baden im 19. Jahrhundert auf Adlige, Künstler und Geschäftsleute aus dem Zarenreich ausübte. Heute tun dies überall die offiziellen Hinweise in kyrillischer Schrift.

ⓘ www.baden-baden.de

Der historische Thermalquellenbezirk befindet sich am Florentinerberg unterhalb des Neuen Schlosses. 1625 wurden zwölf Thermalwasseraustritte aufgeführt mit Temperaturen zwischen 57 und 68 Grad Celsius. 1868 wurden die Thermalquellen in zwei Stollensystemen neu gefasst. Heute sprudeln aus zwölf Quellen pro Tag 800.000 Liter Thermalwasser aus dem Boden. Die Badetempel Caracalla Therme mit 4.000 Quadratmetern Badelandschaft, Friedrichsbad mit 17 Badstationen, Arena Vita – Fitnesswelt, Cara Vitalis – Wellness und Therapien sind zusammengefasst als Carasana.

ⓘ Carasana, 76530 Baden-Baden, Römerplatz 1, Tel. 07221/275940 Caracalla Therme. Tel. 07221/275920 Friedrichsbad, www.carasana.de

🚶 Der Ortenauer Weinpfad führt von Schloss Eberstein durch Baden-Baden nach Varnhalt und Neuweier.

↰ Aus dem Zentrum von Baden-Baden führt die Rotenbachtalstraße hinauf zur Wolfsschlucht und dort links ab nach Ebersteinburg. Von hier führt ein Fahrweg 2,3 Kilometer zum Schloss Hohenbaden.

🚶 Zwischen dem Schloss Hohenbaden und dem Ortsteil Ebersteinburg liegt das *Kletter- und Naturschutzgebiet Battertfelsen*. Das Klettergebiet ist

Die Battertfelsen oberhalb von Baden-Baden.

177

vom Schloss Hohenbaden über eine Brücke oder vom Wanderparkplatz Ebersteinburg zu erreichen.

ⓘ www.battertfelsen.de

🚶 Vom Alten Schloss oder von der Wolfsschlucht führt ein Premiumwanderweg zehn Kilometer als Rundweg zwischen Ebersteinburg und dem Alten Schloss um die Kletterfelsen des Battert.

ⓘ www.schwarzwald-tourismus.info/entdecken/Wandern/
Premium-Wanderwege/Ebersteinburg-Rundweg

Auf dem 668 Meter hohen **Merkur**, dem Hausberg Baden-Badens, steht ein Turm mit Aufzug und Aussichtsplattform. Er wurde Mitte des 19. Jahrhunderts errichtet und dient heute dem SWR als Sendeturm. Von dort hat man einen weiten Blick über Baden-Baden bis zur Rheinebene und ins Murgtal. Seit 1913 überwindet die Merkurbahn, eine der längsten Standseilbahnen, die 1.200 Meter zum Gipfel mit einer Maximalneigung von 54 Prozent.

ⓘ Merkurbahn, 76530 Baden-Baden, Merkuriusberg 2, www.stadtwerke-baden-baden.de/merkur-bergbahn/index.php und www.baden-baden.de/freizeit-sport/ausflugsziele-baden-baden-und-schwarzwald/merkurberg-baden-baden

ⓘ An der Bergstation lädt das „Merkurstüble" zum Verweilen und Genießen ein. Merkurstüble, 76530 Baden-Baden, Merkuriusberg 5, Tel. 07221/31640, www.restaurant-merkurstueble.de

🚩 An der B 500 Richtung Freudenstadt liegt im Baden-Badener Stadtteil Lichtental das *Kloster Lichtenthal*.

Die Zisterzienserabtei ist eine Stiftung der Markgräfin-Witwe Irmengard und ihrer Söhne. Um 1245 wurde mit dem Bau begonnen. Bis 1372 war die Fürstenkapelle im Kloster die Grablege der badischen Markgrafen. Weder Reformation, Dreißigjähriger Krieg noch Franzosenkriege stellten den Bestand des Klosters in Frage. Auch die Säkularisierung hat das Kloster überstanden, allerdings wurde der Grund-

Die Abteikirche des Klosters Lichtenthal.

besitz 1803 eingezogen und ging an das damalige Kurfürstentum Baden.

ⓘ Kloster Lichtenthal, 76534 Baden-Baden, Hauptstraße 40, Tel. 07221/504910 www.abtei-lichtenthal.de

↗ Bete und arbeite

◄ Von Baden-Baden kommend die B 500 Richtung Freudenstadt, Geroldsau, vor Malschbach links ab bis zum Wanderparkplatz, gelangt man zu den *Geroldsauer Wasserfällen*.

Der Grobbach bildet eine neun Meter hohe Gefäll-stufe. Ein Besuch ist besonders während der Blüte der Rhododendronbüsche, die den Fall umsäumen, empfehlenswert. Gute Einkehrmöglichkeit bietet die Waldgaststätte Bütthof.

Das Grobbachtal unterhalb des Wasserfalls.

ⓘ Bütthof, 76534 Baden-Baden, Bütthof 1, Mo Ruhetag, Tel. 07221/73747, www.buetthof.de/uebersicht.html und www.schwarzwaldhochstrasse.de/41-0-Geroldsauer-Wasserfaelle.html

Murgtal

⚑ Von der Autobahn führt die B 462 in das Murgtal nach **Gaggenau**.

🚃 Von Juni bis Oktober veranstaltet der Verein der Ulmer Eisenbahnfreunde
jeweils am ersten Sonntag im Monat eine Dampfzugfahrt von Karlsruhe über
Rastatt durch das Murgtal nach Baiersbronn. Der Dampfzug befährt die technisch
anspruchsvolle Strecke mit zehn Tunneln und vielen imposanten Brücken.

ⓘ Dampfzugfahrt Murgtal, Verkehrstage und Informationen:
Ulmer Eisenbahnfreunde e.V., www.murgtal-dampfzug.de

↗ Mit dem Dampfross unterwegs durch Berg und über Tal

🚶 Die **Murgleiter**, der Wanderweg entlang der Murg, führt von Gaggenau nach Gernsbach.

Die Ausstellungshalle des Unimog-Museums.

Gaggenau ist seit über 100 Jahren Automobilstadt. Berühmtestes Produkt ist der Unimog. Am 3. Juni 1951 verließ der erste Unimog das Werk Gaggenau, und am 3. Juni 2005 wurde das Unimog-Museum eröffnet, das die Erfolgsgeschichte dieses universellen Fahrzeuges würdigt. In ihm werden Unimogs aus verschiedenen Jahrzehnten, ihre Möglichkeiten und ihre Einsatzgebiete gezeigt. Es gibt auch die Möglichkeit, auf dem Parcours mitzufahren oder ein Fahrertraining zu buchen.

Das ganze Jahr über gibt es verschiedene Sonderausstellungen zu allgemeinen Themen.

ⓘ Unimog-Museum, 76571 Gaggenau, an der B 462 (Ausfahrt Schloss Rotenfels).
Geöffnet Di–So 10.00–17.00 Uhr, Tel. 07225/981310, www.unimog-museum.com

Bad Rotenfels besitzt eine Mineralquelle, die Elisabethenquelle. Sie wurde 1839 zufällig bei der Suche nach Steinkohle angebohrt. Die Elisabethenquelle tritt mit 20,9 Grad Celsius aus. Das Thermalbad Rotherma bietet auf 5.000 Quadratmetern eine moderne Bade- und Saunalandschaft.

ⓘ Rotherma, 76571 Gaggenau-Bad Rotenfels, Badstraße 9, Tel. 07225/97880, www.rotherma.de

⚑ Die B 462 talaufwärts liegt **Hörden**.

In Hörden steht heute noch das Haus eines der reichsten und bekanntesten Murgschiffer, des Jakob Kast. Über dem Torbogen steht die Inschrift: „Gott forchten ist Weisheit, die reich macht und bringt alles Guts mit sich – 1594". Jakob Kast soll so reich gewesen sein, dass bei seinem Tode so viel bares Geld vorhanden gewesen sei, dass seine Erben es korbweise verteilt haben sollen, da das Zählen zu viel Arbeit machte. Angeblich wollte er sein Haus statt mit Stroh mit Silbertalern decken. Da sei ihm im Traum ein Engel mit der Botschaft erschienen, er solle Gott nicht versuchen, sondern lieber an die vielen Armen denken. Und Jakob Kast ließ von seinem Plan ab, die Silberstücke verwendete er zur Almosenstiftung für die Ortsarmen von Hörden und Gernsbach und bewirkte damit viel Gutes.

ⓘ Museum Haus Kast, 76571 Gaggenau-Hörden, Landstraße 43,
www.murgtal.org/themen/sehenswertes/museen

◄ Die B 462 führt weiter nach **Gernsbach** mit seiner historischen Altstadt.

Das *Alte Rathaus* von Gernsbach liegt inmitten der denkmalgeschützten Altstadt. Sein Erbauer war der Sohn von Jakob Kast, Johann Jakob Kast, der es 1617/18 als herrschaftliches Wohnpalais errichten ließ.

Gernsbach war seit dem 13. Jahrhundert Hauptort der Grafschaft Eberstein und war über viele Jahrhunderte als Sitz der Murgschifferschaft Zentrum des Holzhandels im Murgtal.

Jeweils am dritten Septemberwochenende finden während des Altstadtfestes Gästefloßfahrten in Erinnerung an die alte Flößertradition auf der Murg statt.

Bis heute sind Gernsbach und das Murgtal mit bedeutenden Werken der Spezialpapier-, Kartonagen- und Bierdeckelproduktion ein Zentrum der deutschen Papierindustrie. Einzigartig ist das in Gernsbach beheimatete Papierzentrum mit Papiermacherschule, Bildungsakademie und bedeutenden Branchenverbänden.

ⓘ www.gernsbach.de

Das Alte Rathaus in Gernsbach.

Direkt an der Murg liegt ein Anfang des 19. Jahrhunderts im barocken Stil angelegter Garten

mit mediterranem Flair und alten Baumbestän-
den. Auch mehrere Palmenarten gedeihen im
Katz'schen Garten.

ⓘ Katz'scher Garten, 76593 Gernsbach,
   Bleichstraße. Geöffnet April bis Oktober
   10.00–18.00 Uhr, www.katzscher-garten.de

Über die Stadtbrücke, der Murg entlang, vorbei
am **Alten Amtshof** aus dem Jahr 1556 gelangt
man zur **Klingelkapelle**. Die Ursprünge des kleinen Gotteshauses reichen bis um 1500 zurück. Die
heutige neugotische Form stammt aus den Jahren
1851/53.

🚶 Vom Wanderparkplatz der Klingelkapelle
   führt der Premiumwanderweg **Gernsbacher
   Sagenweg** 5,3 Kilometer über Schloss Eberstein
   und acht Sagenstationen wieder zurück. Die
   Murgleiter führt hoch über der Murg nach
   Forbach.

Der Katz'sche Garten mit einem
barocken Ziehbrunnen aus
dem Abtgarten von Fulda.

🏁 Von Gernsbach führt die L 564 nach Loffenau
   und weiter Richtung Bad Herrenalb. Einen
   Kilometer vor dem Käppele zweigt scharf
   rechts eine Fahrstraße ab, 1,6 Kilometer bis
   zum Waldparkplatz (Mautstelle), von dort drei
   Kilometer zur **Teufelsmühle**.

Die Teufelsmühle, der Hausberg von Loffenau, ist
mit 908 Metern Höhe eine markante Aussichts-
stelle im Nordschwarzwald. 1910 wurde der
viereckige Sandsteinturm erbaut, 1953 auf 16,50
Meter erhöht und 1958 wurde der Gebäudean-
bau zu einem Jugendwanderheim ausgebaut. Der
Turm bietet einen herrlichen Blick ins Murgtal, ins
Elsass und über den Nordschwarzwald. Seit 1977
ist die Teufelsmühle auch Startplatz für Gleitschirmflieger.

Ausssichtsturm mit Wanderheim
auf der Teufelsmühle.

ⓘ www.schwarzwald-informationen.
de/teufelsmuehle-loffenau.html

🚶 Der Westweg zweigt zwei
Kilometer südlich Richtung
Dobel ab. Im Winter ist die
Teufelsmühle an das Loipennetz
der Region Nordschwarzwald
angeschlossen.

◄ Zurück ins Murgtal talaufwärts.

Schloss Eberstein im Murgtal.

Von der Höhe rechts grüßt **Schloss Eberstein** mit seinen Weinbergen ins Murgtal. Vor 1272 von den Grafen von Eberstein erbaut, befindet es sich seit 2000 in privatem Besitz und ist heute ein bekanntes Weingut mit Sterne-Restaurant und Hotel.

ⓘ Hotel Schloss Eberstein, 76593 Gernsbach, Tel. 07224/995950, www.hotel-schloss-eberstein.de

🚶 Der Ortenauer Weinpfad beginnt hier seinen Weg nach Baden-Baden. Auch an die Badische Weinstraße ist Schloss Eberstein seit 2014 über eine Schleife angeschlossen.

◄ Nach Gernsbach die B 462 weiter talaufwärts fallen die großen Unternehmen der Papierindustrie im engen Murgtal auf.

◄ Die B 462 talaufwärts weiter folgend kommt **Forbach**. Das Wahrzeichen der Gemeinde ist die alte **Holzbrücke** aus dem Jahre 1778, die 1954/55 nach alten Plänen neu aufgebaut wurde. Gleich nach der neuen Murgbrücke zweigt rechts die L 79 nach **Bermersbach** ab.

🚶 Die Murgleiter führt aus dem Murgtal herauf nach Bermersbach und weiter nach Forbach. Der örtliche Wanderweg führt rechts der Landstraße von Forbach zu den Giersteinen und Bermersbach.

Hier stehen die **Giersteine**, eine Gruppe unterschiedlich großer Granitblöcke, 160 Meter hoch über dem Grund der Murg. Von hier hat man einen schönen Ausblick in das unten liegende Murgtal.

ⓘ www.forbach.de/inhalte/tourismus/sehensw_giersteine.html

◄ Talaufwärts der B 462 folgend zweigt in Raumünzach die L 83 zur **Schwarzenbachtalsperre** ab.

Der rasch steigende Energiebedarf zwang auch im Nordschwarzwald zum Ausbau der Wasserkraft, die Schwarzenbachstufe des Rudolf-Fettweis-Werkes der heutigen EnBW. Die Staumauer (67 Meter hoch und 380 Meter lang) wurde zwischen 1922 und 1926 errichtet.

↗ Laufen im Ruhrgebiet
  die Maschinen an

Die Giersteine in Bermersbach.

🚶 Viele Wander- und Radwege führen zur Talsperre, auch der Westweg führt auf seinem Weg zum Herrenwieser See und zur Badener Höhe an ihr vorbei. Die Murgleiter führt talaufwärts zur Talsperre und weiter nach Schönmünzach. Die Schwarzenbachtalsperre an der L 83 von Raumünzach nach Herrenwies ist ein beliebtes Wanderziel. Aber auch Bootsfahrer, Badende und Angler finden hier ihr Eldorado.

ⓘ www.murgtal.org/themen/natur/seen_im_murgtal

Vom Seeende liegt nach 1,5 Kilometern unweit der L 83 auf der rechten Seite eine große, gut erhaltene *Flößerschwallung*. Sie wurde benutzt, um die Holzeinschläge der Region der Murg zuzuflößen.

◄ Die L 83 führt weiter nach Herrenwies.

Bei Herrenwies auf 832 Metern Höhe liegt der Herrenwieser See, einer der typischen Karseen des Nordschwarzwaldes. Er ist in seiner ursprünglichen Form erhalten, liegt in Waldeinsamkeit, wächst vom Ufer zu, weist seltene Pflanzen wie Wollgras und Sonnentau auf und wird eines Tages zu einem Hochmoor werden. Der See kann auf einem Weg umrundet werden, das

Die 1844 errichtete Schwallung bei Herrenwies.

Ufer darf aus Naturschutzgründen nicht betreten werden.

🚶 Der Westweg führt von Forbach sechs Kilometer zum Herrenwieser See über die Schwarzenbachtalsperre, dann zwei Kilometer zur Badener Höhe und weiter zum Sand. Kurz vor Sand liegt der Sandsee, der im 18. Jahrhundert aufgestaut und zur Flößerei genutzt wurde. Bis in die Mitte der 1970er Jahre diente er auch als Badesee.

Der Herrenwieser See, ein typischer Karsee des Nordschwarzwalds.

Die **Badener Höhe** ist mit 1.002 Metern der höchste Punkt der Baden-Badener Gemarkung. Auf ihr steht der Friedrich-Turm. Er wurde 1890 als 34 Meter hoher Rund-turm aus Buntsandstein errichtet und 1891 von Großherzog Friedrich I. eingeweiht. Er bietet einen Blick über den gesamten Nordschwarzwald bis hinüber zu den Vogesen und dem Pfälzer Wald. Neben dem Turm gibt es eine Schutzhütte des Schwarzwaldver-eins.

ⓘ www.murgtal.org/themen/natur/berge_gipfel_tuerme__1

◄ Zurück ins Murgtal aufwärts bis **Schönmünzach**.

Auf 794 Metern Höhe liegt der 13 Meter tiefe Schurmsee noch auf Forbacher Gemarkung. Der Karsee hat seine ursprüngliche Form erhalten, aber schon zur natürlichen Verlandung angesetzt und hat daher seinen eigenen Reiz. Aus ihm fließt der Vordere Seebach. Von der Schurmer Höhe hat man einen schönen Blick auf den ganzen See.

ⓘ www.murgtal.org/themen/natur/seen_im_murgtal

🚶 Der Seensteig führt von Schönmünzach ca. vier Kilometer zum Schurmsee, weiter am Blindsee vorbei, der aber schon verlandet und nur noch Moor ist. Der Seensteig führt weiter nach Hinterlangenbach zum Seibelseckle.

◄ Von Schönmünzach führt die K 4734 Richtung Hinterlangenbach.

In Zwickgabel zum Wanderparkplatz, dem Wanderweg neun Kilometer durch das Schönmünz-Tal zum **Wildsee** folgend. Der elf Meter tiefe Wildsee liegt unterhalb des Seekopfs auf 910 Metern Höhe am Mittelweg vom Mummelsee über die Darmstädter Hütte zum Ruhestein. Der Wildsee mit seinem hundertjährigen Bannwald ist heute Kernzone des Nationalparks Schwarzwald.

Das Grabmal für Professor
Julius Euting oberhalb des Wildsees.

Oberhalb des Wildsees befindet sich das Grab von Professor Julius Euting, des Orientalisten und ehemaligen Direktors der Straßburger Universitätsbibliothek, der die Aussicht auf den waldumsäumten Wildsee als den schönsten Blick des nördlichen Schwarzwaldes pries. Vom Ruhestein sind es zwei Kilometer hoch zum Eutinggrab.

ⓘ www.tourismus-bw.de/Media/Touren/Seebach-Wildsee-Erlebnistour

◀ Zurück ins Murgtal zur B 462, die von Schönmünzach nach **Schwarzenberg** führt.

Am Bahnhof ist der Wanderparkplatz gleichzeitig Einstieg in einen Erlebnispfad über die alten Waldberufe. Weitere Einstiegmöglichkeit in den fünf Kilometer langen Rundweg ist die Reinhardsbrücke am Ortseingang von Huzenbach (Station 1). Besonders interessant ist die Station 3 mit dem Hinweis auf die Huzenbacher Maschine. Sie wurde errichtet, um beim Holztransport badisches Gebiet zu umgehen. Die Holzstämme wurden mit Hilfe der Maschine den Berg hochgezogen, um sie dann über die Enz zu flößen, so blieb man im heimischen württembergischen Gebiet.

ⓘ www.baiersbronn.de/text/97/de/erlebnispfade.html

↗ Durst hatten die Flößer

Die Murgleiter führt von Schönmünzach weiter zum Silberberg und zum Huzenbacher See. Ebenso der Seensteig.

◀ Weiter das Murgtal aufwärts liegt **Huzenbach**.

🚶 Von Huzenbach die Fahrstraße auf den Silberberg hinauf und weiter bis zum Waldparkplatz. Von dort 2,4 Kilometer auf dem Holzabfuhrweg bis zum Huzenbacher See.

Der Huzenbacher See zur Zeit der Teichrosenblüte im Frühsommer.

Auf 747 Metern Höhe liegt der **Huzenbacher See**. Er liegt im ehemaligen Klosterwald von Reichenbach, der hier am Seebach seine Grenz-Hut (Revier) besaß. Also lag der See in der „Hut zum Bach" – heute kurz Huzenbach. Auch dieser Karsee wurde als Schwallweiher zur Trift oder Flößerei genutzt; daher die ringförmige Moorinsel, die sich durch das Aufstauen vom Boden gelöst hat. Zur Seerosenblüte ist der See ein begehrtes Wanderziel.

ⓘ www.baiersbronn.de/text/26/de/huzenbach.html

🚶 Die Murgleiter führt vom Huzenbacher See ins Tonbachtal. Ebenso der Seensteig.

➤ Der B 462 weiter folgend wird **Klosterreichenbach** erreicht.

Die mächtige Dorfkirche erinnert noch an das 1082 gegründete **Kloster Reichenbach,** einem Priorat des Klosters Hirsau, das 1595 vom Herzogtum Württemberg besetzt wurde und bald darauf reformiert wurde. Endgültig säkularisiert wurde das Kloster nach einem nochmaligen katholischen Zwischenspiel 1649.

ⓘ www.baiersbronn.de/text/27/de/klosterreichenbach.html

➤ Die B 462 erreicht **Baiersbronn**.

Baiersbronn, die Gemeinde der Spitzenköche in Deutschland: Sackmann in Schwarzenberg, Traube in Tonbach, Barreis in Mitteltal und Engel in Obertal.

🚶 Vier Premiumwanderwege nehmen von Baiersbronn als Genießerpfade ihren Anfang: Der *Genießerpfad zum Panoramastüble* führt als Rundweg 10,4 Kilometer von der S-Bahnhaltestelle Baiersbronn-Schwarzenberg über Schönmünzach, Verlobungsfelsen, Grubenberg, Schwarzenbachquelle, Alte Burg zurück. Der *Genießerpfad zur Blockhütte* führt als Rundweg 11,6 Kilometer von Baiersbronn-Tonbach vom Haus des Gastes zum

Härlisberg, Priorstein, einem restaurierten Salbeofen, wieder zurück. Der *Genießerpfad zur Satteleihütte* führt als Rundweg 10,3 Kilometer vom Parkplatz Sommerseite über den Rinkenkopf, Rinkenwall, Jägerbuckel, Labronnenkopf wieder zurück. Der *Genießerpfad zur Glasmännlehütte* führt als Rundweg 13,5 Kilometer vom Parkplatz Sesselbahn (Baiersbronn-Unterdorf) um den Sankenbachsee, Sankenbach-Wasserfall, Wasenhütte, Stöckerkopf.

ⓘ Alle Genießerpfade: www.wanderinstitut.de/premiumwege/baden-wuerttemberg/#top

🚶 In Mitteltal zweigt links die Straße ins Ellbachtal. Beim Rossweg gibt es mehrere Wanderparkplätze. Der Wanderweg führt ca. vier Kilometer zum Ellbachsee. Am Buchschollen am Rande von Kniebis-Dorf (Waldparkplatz) 0,5 Kilometer (blaue Raute) zum Seeblick oder dann abwärts zum See. Von Mitteltal-Ellbachtal (Wanderparkplatz) 3,5 Kilometer zum See (blaue Raute).

Der **Ellbachsee** liegt auf 771 Metern Höhe unterhalb des Dorfes Kniebis, er ist nur zwei Meter tief und am Verlanden. Er wurde ebenfalls von Flößern früher als Schwallung genützt. Danach versuchte die Forstverwaltung Wiesen anzupflanzen, aber die Gräser waren zu sauer. Heute wird er von der Forstverwaltung wieder gestaut, um die völlige Verlandung zu verhindern. In der Mitte hat sich auch eine kleine Moorinsel gebildet. Vom Seeblick eine herrliche Aussicht auf den unten liegenden See.

ⓘ www.schwarzwaldhochstrasse.de/14-0-Ellbachsee.html

In Baiersbronn wird im Juni ein **Kohlenmeiler** in traditioneller Weise aufgebaut, verschwelt und auseinandergezogen.

ⓘ Wald, Kohle, Kultur, Thomas Faisst,
  72270 Baiersbronn, Schlossweg 24,
  Tel. 07449/281, www.wald-kohle-kultur.de

↗ Längst vergessen sind die alten Waldberufe

◄ In Baiersbronn-Obertal biegt die Straße zum Ortsteil **Buhlbach** ab.

Der verlandende Ellbachsee
unterhalb des Kniebis.

Hier befand sich zwischen 1758 und 1909 eine bedeutende Glashütte. Die bekannten „Buhlbacher Schlegel" wurden bis zum Zarenhof in St. Petersburg versandt. Während der Blütezeit im 19. Jahrhundert wurden jährlich bis zu zwei Millionen Champagnerflaschen in Buhlbach mundgeblasen.

Gebäude der ehemaligen Buhlbacher Glashütte.

ⓘ Kulturpark Glashütte Buhlbach,
72270 Obertal-Buhlbach,
Schliffkopfstraße 46.
Geöffnet von Mai bis Oktober Mi bis So 11–18 Uhr,
Tel. 07449/9292020, www.kulturpark-glashuette-buhlbach.com

↗ Glas, der älteste Kunststoff

🚶 Die Murgleiter führt über Buhlbach hinauf zum Schliffkopf. Der Seensteig führt von Buhlbach hinauf zum Zollstock und wieder hinunter zum Buhlbachsee.

Unterhalb der Zuflucht auf 786 Metern Höhe liegt der nur zwei Meter tiefe **Buhlbachsee**. Schon 1945 war er am Verlanden. Die Forstverwaltung ließ den See, der früher als Schwallung von den Flößern benutzt wurde, abdichten. In der Mitte des Sees liegt eine große Moorinsel mit einigen Birken bewachsen. In der Nähe verlief der alte Übergang vom oberen Murgtal über den Pass hinab nach Oppenau. Um den Schmuggel besser kontrollieren zu können, wurde 1800 die Zollstockhütte an der heutigen B 500 gebaut.

🚶 Den Buhlbachsee erreicht man auch vom ersten Parkplatz an der B 500 nach der Abzweigung Zuflucht Richtung Schliffkopf, 1,2 Kilometer abwärts, blaue Raute bis auf Seestraße.

Der Buhlbachsee unterhalb der Zuflucht.

ⓘ www.schwarzwaldhochstrasse.
de/18-0-Buhlbachsee.html

🚶 Von Baiersbronn-Unterdorf führt der Weg nach
Sankenbach. Dort vom Wanderparkplatz sind
es knapp zwei Kilometer zum **Sankenbachsee**.
Der Sankenbach entspringt auf dem Kniebis
und stürzt als Wasserfall über eine Karwand
40 Meter in den Sankenbachsee. Vom Kniebis,
am Burgrain 2,5 Kilometer zum Wasserfall, drei
Kilometer zum Sankenbachsee, zuerst Alte
Straße nach Baiersbronn, dann blaue Raute
abwärts zum See.

ⓘ www.schwarzwaldhochstrasse.de/17-
0-Sankenbachfaelle.html

Die Sankenbach-Wasserfälle
bei Baiersbronn.

◄ Von Baiersbronn führt die B 462 über
Christophstal mit seiner alten Berwerkgstradition hinauf nach **Freudenstadt**.

Freudenstadt, eine Gründung von Herzog Friedrich I. (1557–1608), wurde als Planstadt 1599
errichtet. Es ging dem Fürsten um die Sicherung des Bergbaus im Christophstal, aber auch
um eine Möglichkeit, protestantische Flüchtlinge aus den Alpenregionen, aus Kärnten und
Steiermark, die wegen ihres Glaubens vertrieben wurden, anzusiedeln.

Freudenstadt wurde von Hofbau-
meister Schickhardt auf dem Reiß-
brett angelegt. Die Straßen wurden
mehrfach in einem Geviert um den
Marktplatz gezogen. Die innerste
Häuserreihe erhielt nach dem Vorbild
der italienischen Renaissance Arka-
den, in der Mitte sollte das Schloss
gebaut werden. Die Kirche wurde in
L-Form als Winkelkirche gebaut.

Am Ende des Zweiten Weltkrieges
schwer zerstört, wurde Freudenstadt nach dem alten Grundriss
wieder aufgebaut. Schon vor dem

Der mühlenbrettartige Marktplatz von Freudenstadt.

Ersten Weltkrieg war Freudenstadt ein internationaler Kurort mit vielen prominenten adeligen Gästen sowie vielen Villen, die vom Geldadel gebaut wurden.

Freudenstadt ist heute ein anerkannter und bekannter Luftkurort sowie Kongressstadt.

ⓘ www.freudenstadt.de

In der Straßburger Straße, hinter dem Facharztzentrum, liegt das **Besucherbergwerk Heilige Drei Könige**.

Hier wurde vom späten Mittelalter bis ins Jahr 1730 nach Kupfer- und Silbererz geschürft.

ⓘ Öffnungszeit: Anfang Mai bis Ende Oktober jeweils Sa, So, Feiertag immer 14–17 Uhr. Sonst nach Vereinbarung. Anmeldung: Tourist-Information Freudenstadt, Tel. 0741/864730, www.freudenstadt.city-map.de/02013600/besucherbergwerke-im-kreis-freudenstadt

↗ Schwer war die Arbeit unter Tage

Von der Straßburger Straße über die Hartmann- und dann die Herzog-Friedrich-Straße gelangt man zum Friedrichsturm (ehemals Herzog-Friedrich-Turm), der auf dem Kienberg 1899 als 25 Meter hoher runder Sandsteinturm zum 300-jährigen Stadtjubiläum in Erinnerung an den Gründer von Freudenstadt errichtet wurde. Er bietet einen herrlichen Blick über Freudenstadts Umland bis zur Schwäbischen Alb. Am Fuße befindet sich in der Herzog-Friedrich-Straße das *Cafe am Friedrichsturm*.

ⓘ Freudenstadt-Tourismus,
72250 Freudenstadt, Marktplatz 6,
Tel. 07441/8640, www.freudenstadt.de/30

☉ Der Ostweg führt von Freudenstadt nach Süden über Loßburg am Friedrichsturm vorbei.

Der zum 300-jährigen Stadtjubiläum erbaute Friedrichsturm.

Albtal

⊟ Die L 562 führt von Ettlingen in das Naturschutzgebiet des Albtals und nach Marxzell. Nach 2,5 Kilometern liegt rechts deutlich sichtbar die Klosterruine von Frauenalb.

Im Albtal stehen zwei mächtige Klosterruinen: das Benediktinerfreiadelsstift *Frauenalb*, das 1180/85 gegründet, 1802 säkularisiert, dann als Fabrik verpachtet wurde und dabei mehrmals, zuletzt 1853 abbrannte. Talaufwärts die Ruine des Zisterzienserklosters *Herrenalb*, das um 1150 durch Berthold IV. von Eberstein gegründet wurde. Nachdem die Reformation im Herzogtum Württemberg eingeführt wurde, mussten die Mönche 1536 das Kloster verlassen. 1642 steckten die Schweden die Gebäude beim Abzug in Brand. Die heute im Klosterbezirk vorhandene Kirche stammt mit Turm und Schiff aus dem Jahre 1739, der spätgotisch umgestaltete Chor aus dem Jahre 1427. Sie liegt in der Achse der alten Klosterkirche, einer dreischiffigen Säulenbasilika. Die romanische Vorhalle, das Paradies, ist als Ruine noch erhalten.

↗ Bete und arbeite

Bad Herrenalb hat sich bis zum 18. Jahrhundert als Klosterdorf erhalten. Erst dann entwickelte es sich zum heilklimatischen Kurort. 1839 wurde erstmals eine Kaltwasserheilanstalt eingerichtet. Heute bietet die Siebentäler Therme mit Mineralwasser und einer Thermalquelle ein besonderes Wohlfühl- und Gesundheitserlebnis.

ⓘ www.badherrenalb.de/de/Therme-_-Wohlfuehlen-Siebentaeler-Therme.html?categoryID=1139

Das „Paradies", die Vorhalle der ehemaligen Klosterkirche von Bad Herrenalb.

In Bad Herrenalb gibt es ein *Ziegelmuseum*.

ⓘ Ziegelmuseum, 76332 Bad Herrenalb, Im Kloster 2, www.museum-bad-herrenalb.de

🚶 Der Albtalweg führt durch das Albtal hinauf zur Hahnenfalzhütte. Zahlreiche Wanderungen – auch geführte – werden vom Touristik-Büro angeboten, darunter auch der fünf Kilometer lange Klosterpfad, der die beiden ehemaligen Klöster verbindet.

ⓘ www.klosterpfad.de

Enztal

◀ An der Autobahn A 8 liegt **Pforzheim** mit mehreren Ausfahrten.

Pforzheim, eine römische Siedlung, an den drei Flüssen Enz, Nagold und Würm liegend, wird oft als badische Frontstadt und Goldstadt bezeichnet. Große Teile von Pforzheim sind von württembergischem Gebiet umschlossen.

1718 gründete der damalige Markgraf von Baden-Durlach, Karl Wilhelm, im ehemaligen Dominikanerinnenkloster ein Waisen-, Arbeits-, Zucht- und Tollhaus. Es wurde 1767 zur Wiege der Pforzheimer Schmuckwarenindustrie, als Markgraf Karl Friedrich hier eine Uhrenmanufaktur einrichten ließ, um die Insassen mit Arbeit zu versorgen. Die Fertigung von Schmuckwaren kam einige Zeit später dazu.

Die Bezeichnung Schmuck- und Bijouterie-Industrie – wie sie damals genannt wurde – umfasst nur einen Teil der mit der Zeit entstandenen Industriebetriebe. Zu ihnen gehört auch der gesamte Bereich der Edelmetallindustrie wie die Herstellung von Uhren, Bestecken, Manschettenknöpfen oder optischen Geräten. Dazu kamen Hilfsindustrien wie Scheideanstalten, und durch den Vertrieb der Manufakturprodukte entstanden drei große Versandhäuser – womit Pforzheim als Wiege der Versandhäuser gilt.

Um 1800 gab es 900, 1925 1.200 Betriebe. Heute im Zuge der Konzentration existieren noch 300 Betriebe mit rund 7.000 Beschäftigten. 75 Prozent des deutschen Schmucks kommen aus Pforzheim.

Wichtig für die Entwicklung der Pforzheimer Schmuckwarenindustrie war die begleitende Ausbildung der Beschäftigten. Aus der 1876 gegründeten Herzoglichen Kunstgewerbeschule ist die heutige Hochschule Pforzheim hervorgegangen. Die 1833 gegründete Gewerbeschule hat heute als Gold- und Uhrmacherschule Weltgeltung.

Die Entwicklung der Schmuckwarenindustrie ist im *Schmuckmuseum* im

Vitrinen im Schmuckmuseum Pforzheim.

Reuchlinhaus zu sehen, mit einer einzigartigen Sammlung von Originalen aus fünf Jahrtausenden.

ⓘ Schmuckmuseum Pforzheim, Jahnstraße 42, 75173 Pforzheim,
Tel. 07231/392126, www.schmuckmuseum-pforzheim.de

ⓘ In den Schmuckwelten Pforzheim, einem europaweit einzigartigen Erlebnis- und Einkaufszentrum auf über 4.000 Quadratmetern, wird der Besucher auf eine Reise durch reale und virtuelle Erlebniswelten rund um das Thema Schmuck und Uhren geschickt. Schmuckwelten Pforzheim, Westliche-Karl-Friedrich-Straße 56, 75172 Pforzheim, Tel. 07231/800060, www.schmuckwelten.de

Im **Stadtmuseum** sind die Weinwaage des Ferdinand Oechsle und ein Nachbau des Automobils der Bertha Benz zu sehen.

ⓘ Stadtmuseum, Westliche-Karl-Friedrich-Straße 243, 75172 Pforzheim,
www.pforzheim.de/kultur-freizeit/museen/geschichte/stadtmuseum.html

🚶 Alle drei großen Wanderwege im Schwarzwald, West-, Mittel- und Ostweg, haben ihren Ausgangspunkt in Pforzheim.

Die B 294 führt von Pforzheim in das Enztal nach **Neuenbürg**.

Die alte Flößerstadt mit ihrem Alten und Neuen Schloss liegt wie ein Sperrriegel im Enztal und war damit eine wichtige Zollstation. Dies zeigt auch die Schanze auf der Wilhelmshöhe, die unmittelbar neben der Straße nach Arnbach liegt. Sie war Teil des gesamten Schanzensystems, das sich längs über den Schwarzwald zog. In Neuenbürg findet Mitte Juli ein Flößerfest statt.

ⓘ www.floesserfest-neuenbuerg.de

🚶 Der Westweg führt über Neuenbürg an den Schanzen vorbei nach Dobel.

◀ Der B 294 drei Kilometer talaufwärts von Neuenbürg folgend liegt an der Abzweigung nach Waldrennach das **Besucherbergwerk Frischglück**.

Der Abbau und die Verhüttung von Eisenerz im Umfeld von Neuenbürg

Eingang zur Grube Frischglück in Neuenbürg.

geht bis auf die Keltenzeit zurück. 1527 wird der Eisenerzbergbau urkundlich erwähnt. Die Hauptperiode auf der Grube Frischglück umfasst die Jahre 1770 bis 1845. Gegen 1869 wurde das Bergwerk stillgelegt. Seit 1985 ist *Frischglück* als Besucherbergwerk zugänglich.

ⓘ Besucherbergwerk Öffnungszeit: April bis Oktober, jeweils Sa, So und Feiertage ab 10.00 Uhr. Anmeldung: Arbeitsgemeinschaft Neuenbürger Bergbau e.V., Tel. 07082/8343, www.frischglueck.de

↗ Schwer war die Arbeit unter Tage

◤ Der B 294 weiter talaufwärts folgend liegt kurz vor Höfen auf der anderen Talseite über der Enz **Dennach.**

Einen Kilometer östlich von Dennach am Steilabfall zur Enz liegt das **Schwabentor**. Die heutige Verbindungsstraße nach Dobel wurde 1879 fertiggestellt. Bis dahin ging der Verkehr aus dem Raum Calw–Wildbad ins Alb- und Pfinztal über den Schwabenstich nach Schwann. Noch heute erinnern beidseitig eines Waldweges am Schwabenstich zwei mächtige Pfeiler aus Quadersteinen, je zwei Meter hoch und 1,10 Meter tief, an das Schwabentor, eine alte Zollstation.

Das Schwabentor, eine ehemalige württembergische Zollstelle.

◤ Zurück ins Enztal führt die B 294 nach **Calmbach**.

Calmbach ist eine alte Flößergemeinde. Die *Flößergilde Calmbach e. V.* pflegt bis zum heutigen Tag die Tradition des Flößens.

ⓘ www.badwildbad.de/stadtleben/vereine/floessergilde-calmbach-e-v-id_639/

Im Flößermuseum in Calmbach wird der Werdegang der Flößerei von 1880–1920 gezeigt.

ⓘ Heimat- und Flößermuseum Calmbach, 75323 Bad Wildbad-Calmbach, Bergstraße 1. Geöffnet So 14.00–17.00 Uhr, Tel. 07081 930-111, www.bad-wildbad.de/ urlaubsziel-schwarzwald/sehenswertes/heimat-und-floessermuseum-id_217/

↗ Durst hatten die Flößer

🚶 Der Mittelweg führt von Schönberg nach Bad Wildbad durch Calmbach.

Die zahlreichen Sägemühlen entlang des Flusses weisen auf die intensive Holz- und Wald-wirtschaft hin. In Calmbach vereinigen sich die Große und die Kleine Enz zur Enz.

◀ Die L 351 führt durch das Tal der Kleinen Enz nach **Bad Wildbad**.

Bad Wildbad war schon im Mittelal-ter bekannt für seine Mineralquellen. 1612 gab es ein Fürsten-, Herren-, Bürger-, Frauen- und Armenbad. 1847 wurde das Graf-Eberhard-Bad erbaut, inklusive Fürstenbäder und Maurischer Halle. Die Jahre zwischen 1850 bis 1870 gelten als die Glanzzeit des Bades. Anfang der 1960er Jahre wurden die bis dahin zahlreichen Einzelfassungen des Thermalwassers durch sechs Tiefbohrungen ersetzt. Die Wassertemperaturen betragen

Das Graf-Eberhard-Bad in Bad Wildbad.

an den Gewinnungsstellen zwischen 34,5 und 41,6 Grad Celsius. Das heutige *Palais Thermal* bietet eine neue Dimension der Badekultur mit zehn Thermalpools von 32–38 Grad Celsius.

◀ *www.bad-wildbad.de/thermen-schwarzwald/oeffnungszeiten-preise/
  palais-thermal-oeffnungszeiten-preise-id_484*

Bad Wildbad ist Staatsbad, das 2012 teilweise kommunalisiert wurde. 1908 wurde die Standseilbahn vom Kurzentrum zum Sommerberg eingeweiht. Mit der 2011 erneuer-ten Bahn überwinden die Kurgäs-te und Wanderer den Höhenun-terschied von 291 Metern zum Sommerberg, um von dort unter anderem zum **Naturschutzgebiet Wildseemoor** zu kommen.

Der Wildsee im Hochmoorgebiet des Kaltenbronn.

🚶 Der Mittelweg führt von Bad Wildbad hinauf zum Natur- und Waldschutzgebiet Kaltenbronn mit seinen einzigartigen Hochmooren.

◀ Talaufwärts biegt bei der Sprollenmühle die L 76 b nach **Kaltenbronn** ab.

Das Gebiet um Kaltenbronn gilt mit dem Wildsee, dem Hornsee sowie dem Großen und Kleinen Hohlohsee als das größte naturbelassene Hochmoorgebiet Deutschlands. Es liegt am Ost- und Mittelweg und an der alten Weinstraße und ist vom Murgtal aus über Hilpertsau/Reichental und vom Enztal über Bad Wildbad oder Enzklösterle zu erreichen.

Östlich von Kaltenbronn liegt das Wildseemoor mit dem kleineren Horn- und größeren Wildsee. Der Mittelweg führt von Bad Wildbad nördlich um das Wildseemoor nach Kaltenbronn zum Infozentrum. Von der Weißensteinhütte führt ein Bohlenweg durch das Wildseemoor. Rechts liegt der Hornsee und links der Wildsee. Auf dem Weg zum Infozentrum liegt die noch gut erhaltene *Mannsloh-Schanze*.

🚶 Vom Infozentrum führt der Mittelweg hinauf zum Hohlohmoor. Der Weg führt auf Holzbohlen durch das Moor mit dem Großen und Kleinen Hohlohsee und weiter zum Kaiser-Wilhelm-Turm. Dieser wurde am Rande des Moores 1897 auf dem Hohloh errichtet und 2003 saniert. Mit 28 Metern Höhe bietet er einen prächtigen Blick über das Naturschutzgebiet mit seinen Hochmooren und seinen unheimlich düsteren Seen sowie über die riesigen Waldungen des Nordschwarzwalds, die alte Weinstraße und die Rheinebene.

Der Kaiser-Wilhelm-Turm am Hohloh.

🚶 Der Mittelweg führt vom Hohloh weiter südlich nach Besenfeld, während der Westweg von Dobel kommend ins Murgtal führt.

„Ein wilder See in einer scheußlichen Gegend": So wurde das Gebiet an der badischen Grenze zu Württemberg um 1820 bezeichnet. Die Landschaft war weitgehend verwüstet durch exzessive Holznutzung durch den Holzhandel, die Flößerei und die Waldweide. Die Bauern trieben ihr Vieh in den Wald zum Fressen, so dass der Baumbestand sich nicht erholen konnte, bis dies verboten wurde. Die Flößer hatten den Baumbestand dezimiert und die Forstverwaltung ließ 1837 zusätzlich einen Seegraben anlegen, um das Wasser als Schwallwasser zum Flößen zu benutzen. Als Heizmaterial und zur Gewinnung von Torfziegeln hat man Torf gestochen. Dieser war aber von minderer Qualität, und so wurde der Abbau wieder eingestellt. Aber immer wieder tauchten neue Pläne zur Torfgewinnung auf. Noch 1889 sollte eine Torfstreufabrik auf dem Hohloh gebaut werden. 1902 wurde im badischen Landtag ernsthaft die Idee einer Drahtseilbahn vom Murgtal auf den Hohloh diskutiert, um das Torf kostengünstig ins Tal zu transportieren. 1919 wurde der Torfabbau auf der württembergischen Seite nochmals versucht, nachdem Baden dies abgelehnt hatte.

1927 wurde der badische Teil des Wildseemoors zum Naturschutzgebiet erklärt. Ein Jahr später folgte der württembergische Teil und 1940 wurde auch noch das Hohloh-Moorgebiet integriert.

Ein großes Jagdereignis war die Auerhahnjagd auf dem Kaltenbronn. 1775 wurden 95 balzende Hähne gezählt. 1797 schoss Markgraf Karl Friedrich von Baden an einem Morgen drei Auerhähne. Der Hahnenstein erinnert noch heute an das Jagdglück. Der schießwütige Kaiser Wilhelm II. schoss gleich sechs Hähne bei seinem Jagdaufenthalt. Als Großherzog Friedrich II. 1918 abdanken musste, wurde ihm der Staatswald Kaltenbronn zur Nutznießung überlassen. Erst mit dem Tod seiner Witwe 1952 ging die großherzogliche Privatjagd zu Ende. In dieser Zeit durften maximal noch drei Hähne geschossen werden. Seit 1971 gilt ein absolutes Jagdverbot.

ⓘ Infozentrum Kaltenbronn, 76593 Gernsbach, Kaltenbronn 600, Tel. 07224/655197. Geöffnet: April bis November Mi–So 10.30–17.00 Uhr, www.infozentrum-kaltenbronn.de

◀ Zurück zur L 351, diese führt weiter nach **Enzklösterle.**

In Enzklösterle erinnert die Dorfkirche, 1852 erbaut, noch an das ehemalige Kloster *Enza,* gegründet 1145 und 1445 aufgelöst.

Kurz nach Nonnenmiß führt die Landstraße am rechts liegenden Aufstell- und Einwurfplatz Dieterswasen vorbei. Hier standen an einem eigenen Floßkanal riesige Mengen Scheiterholz bereit, um an bestimmten Tagen in die Enz geworfen zu werden. Es war der wichtigste Einwurfplatz an der Enz. Das Holz benötigte dann zwei Wochen, um über Pforzheim und Vaihingen nach Bissingen oder Bietigheim zu gelangen.

Ein Schaufloß liegt in Enzklösterle in der Enz und erinnert an die große Zeit der Flößer im oberen Enztal. Zeitweise wurden mächtige Holländerstämme aus dem württember-

gischen oberen Murgtal über die
Höhe gezogen, um in Gompelscheuer wieder in die Enz eingeflößt und
zum Neckar weiter transportiert
zu werden. Im Kaltenbach und im
Poppeltal wurden 1750 und 1782
Schwallweiher für die Flößerei
angelegt.

ⓘ www.enzkloesterle.de

↗ Durst hatten die Flößer

Schaufloß auf der Enz beim Flößerfest in Neuenbürg.

In früheren Zeiten waren die Heidel-
beeren aus den weitläufigen Wäldern von großer Bedeutung für die Landbevölkerung.
Noch heute erinnert das Heidelbeerfest Ende Juli an diese kostbare Waldfrucht.

ⓘ www.enzkloesterle.de/index.cfm?fuseaction=freizeit-aktiv&rubrik=veranstaltungen

Gegen Ortsende von Enzklösterle befindet sich am Ende des Köhlerweges noch eine **Kien-**
rußhütte. Sie wurde 1829 erbaut und 1994 restauriert. In ihr wurde Kienruß gewonnen.

ⓘ Kienrußhütte, geöffnet März bis November 9.00–17.00 Uhr,
www.enzkloesterle.de/index.cfm?fuseaction=urlaubsort&rubrik=brauchtum&id=577

Im Rohnbachtal (1,5 Kilometer bis zum Waldparkplatz) befinden sich noch ein **Salbe-** und
ein **Wiedeofen** mit **Wiedpfahl** sowie eine **Erdriese**.

↗ Längst vergessen sind die alten Waldberufe

Im Poppeltal befindet sich der **Seewald Freizeitpark** mit einer 1.500 Meter langen Riesen-
rutschbahn.

ⓘ Freizeitpark, 75337 Enzklösterle-Poppeltal, geöffnet Ende März bis
Ende Oktober, Tel. 07085/7812, www.riesenrutschbahn.de

Nagoldtal

⬏ Die B 463 führt von Pforzheim in das Nagoldtal.

Der Aussichtsturm auf der **_Büchenbronner Höhe_** in 609 Metern Höhe, zwischen Büchen-
bronn und Engelsbrand gelegen, ist 25 Meter hoch. Er wurde bereits 1883 gebaut und ist
damit der möglicherweise älteste Stahlfachwerkturm der Welt. Er bietet einen herrlichen
Blick über Pforzheim.

ⓘ www.schwarzwaldnatur.blogspot.de/2009/08/aussichtspunkte-buchenbronner.html

⚇ Der Mittelweg führt von Pforzheim über die Büchenbronner Höhe nach Süden.

⬏ Weiter talaufwärts auf der B 463 wird das alte Flößerdorf **Unterreichenbach** erreicht.

Unterreichenbach weist mit seinem Flößerdenkmal an der Bundesstraße auf seine große
Flößertradition hin, die im örtlichen Flößereimuseum anschaulich dokumentiert wird.
Alle drei Jahre feiert Unterreichenbach ein Flößerfest, das Talhubenfest.

ⓘ Flößereimuseum, 75399 Unterreichenbach, Calwer Straße 56,
Tel. 07235/933311, www.unterreichenbach.de

↗ Durst hatten die Flößer

⚇ Der Ostweg führt von Neuhausen durch das Mohnbachtal nach Bad Liebenzell.

⬏ Die B 463 führt weiter nach **Bad Liebenzell.**

Bad Liebenzell verdankt seine Entwicklung vorwiegend seinen 1403 erstmals urkundlich
erwähnten Mineralquellen. Es gibt zwei Thermaltrinkquellen mit 21 Grad Celsius und 26
Grad Celsius. 1954 wurde das Kurhaus und der neugestaltete Kurpark eröffnet. Über die
Region hinaus bekannt ist der _Liebenzeller Sprudel_, der von der städtischen Kurverwaltung vertrieben wird.

ⓘ Paracelsus-Therme, ermöglicht auch das Baden im Thermalwasser;
75378 Bad Liebenzell, Reuchlingweg 1, Kurverwaltung Bad Liebenzell,
Kurhausdamm 2-4, Tel. 07052/4080, www.bad-liebenzell.de

⬏ Die B 463 führt weiter nach **Hirsau.**

Die im Nagoldtal gelegene Benediktinerabtei Hirsau war zeitweise das bedeutendste Kloster des Schwarzwaldes. Es wurde erstmals in karolingischer Zeit gegründet und 1059 neu

errichtet. Als Reformkloster cluniazensischer Prägung war es im elften und zwölften Jahrhundert weit über den Schwarzwald hinaus bekannt durch die Erneuerung des monastischen Lebens und galt als das wichtigste Zentrum der Reformbewegung im deutschsprachigen Raum. Eine zweite Blütezeit erlebte das Kloster im 15. Jahrhundert. Unter Herzog Ulrich von Württemberg wurde der Konvent 1536 aufgelöst und ab 1556 eine Klosterschule eingerich-

Ruine des Jagdschlosses auf dem Gelände des Klosters Hirsau.

tet. Während des Dreißigjährigen Krieges kehrten zeitweise nochmals Benediktinermönche nach Hirsau zurück, bis mit dem Westfälischen Frieden von 1648 die Säkularisierung festgeschrieben wurde. 1692 setzten französische Truppen die Klosteranlage in Brand. Zurück blieb ein gewaltiger Ruinenkomplex, der die Bedeutung dieses Klosters nur erahnen lässt.

↗ Bete und arbeite

🚶 Der Ostweg führt von Bad Liebenzell durch das Nagoldtal nach Hirsau und weiter nach Calw.

Die sehenswerte Fachwerkstadt **Calw** liegt an der „roten Route" der **Deutschen Fachwerkstraße**, die zum Schwarzwald und zum Bodensee führt. In Calw wurde 1877 der Nobelpreisträger Hermann Hesse geboren.

Ein Kleinod ist die **Nikolauskapelle** auf der Nikolausbrücke, die um 1400 erbaut wurde. Sie ist Sankt Nikolaus, dem Schutzheiligen der Schiffer, Fischer und Flößer, geweiht. Die heutige Gestaltung stammt aus dem Jahre 1926. Die Plastik eines Flößers und die eines Tuchhändlers weisen auf zwei wichtige Gewerbe der Stadt hin. Von der Stadtverwaltung werden zahlreiche Themenführungen angeboten.

Die Nikolauskapelle auf der Brücke über die Nagold.

ⓘ www.calw.de/Führungen-
und-Besichtigungen

🚆 Von Calw führt die
Württembergische
Schwarzwaldbahn in das 50
Kilometer entfernte Stuttgart.

🚶 Der Ostweg führt vom Zentrum
an dem um 1800 errichteten
Schafott der Stadt vorbei nach
Zavelstein.

🚩 Die K 4307 führt nach **Zavelstein**.

Wildwachsender Krokus bei Zavelstein.

Das Bergstädtchen Zavelstein mit
seiner mächtigen Burgruine lädt Mitte März bis Mitte April zur Krokusblüte ein. In dem 52
Hektar großen Naturschutzgebiet blühen tausende wildwachsender Krokusse. Die Krokusblüte ist eine einzigartige Erscheinung im Schwarzwald. Aus dem Ort führt der Krokusweg in
das Naturschutzgebiet mit erklärenden Schautafeln.

ⓘ www.teinachtal.de/index.php?id=183

🚶 Der Ostweg führt von Calw nach Neubulach durch das Naturschutzgebiet.

🚩 Von Zavelstein führt die L 346 nach **Bad Teinach**
hinunter ins Teinachtal.

Bad Teinach war lange Zeit nur ein dörflicher Bade-
ort. 1523 wurde ein Sauerbrunnenbad und zwei
Jahre später eine Herberge für Badegäste gebaut.
1835 wurde Teinach königliches Bad und in den
Folgejahren wurden unter König Wilhelm I. das
Badehaus, die Trinkhalle und das Bad-Hotel errich-
tet. Überregional bekannt sind das Heilwasser der
Hirschquelle und das *Teinacher* Mineralwasser.

Im Kurpark hinter dem Kurhaus am Wasserfall
steht ein Denkmal des Hirsches, der angeblich
seine Wunde im Heilwasser gebadet haben soll.

Das Hirschdenkmal im Kurpark von
Bad Teinach.

Die Mineral-Therme bietet großzügige Bademöglichkeiten.

ⓘ Mineral-Therme Bad Teinach, 75385 Bad Teinach, Otto-Neidhart-Allee, Tel. 07053/290, www.therme-bad-teinach.de

◄ Aus dem Teinachtal führt die L 348 nach **Neubulach**.

Neubulach zählte im späten Mittelalter zu den bedeutendsten Bergbaustädten des nördlichen Schwarzwaldes. 1286 wird erstmals der Silbererzbergbau erwähnt, der bereits in dieser Zeit seine größte Blüte erlebte. Zwischen dem 16. und 18. Jahrhundert kam der Bergbau immer wieder zum Erliegen. Die letzte Betriebsperiode mit umfangreichen Untertagearbeiten datiert aus den Jahren 1820 bis 1831. Zwischen 1916 und 1945 gab es Bergbauversuche auf Gold und Wismut.

Seit 1970 ist das Besucherbergwerk *Hella-Glück-Stollen* mit dem oberen Stollen, einem Heilstollen mit gleichbleibender Temperatur von 9 Grad Celsius und 98 Prozent Luftfeuchtigkeit, und seit 2004 mit dem unteren Stollen in einer Länge von zwei Kilometern zugänglich.

ⓘ Das Bergwerk liegt im Ziegelbach, vom Besucherparkplatz sind es 400 Meter zum Bergwerk. Öffnungszeit für den oberen Stollen: April bis Oktober, Mo–Sa 10.00–16.00 Uhr, So und Feiertag 10.00–17.00 Uhr, der untere Stollen von 15. April bis 15. Oktober nur nach Voranmeldung geöffnet. Anmeldung: Kurverwaltung Neubulach, Tel. 07053/96510, www.neubulach.de und www.bergwerk-neubulach.de.

↗ Schwer war die Arbeit unter Tage

🚶 Der Ostweg führt durch Neubulach.

◄ Die L 348/349 führt von Neubulach nach **Wildberg**.

Wildberg ist eine mittelalterliche Stadt mit langer Schäfertradition. In der zweiten Julihälfte findet alle zwei Jahre, abwechselnd mit Urach, der Schäferlauf statt (in geraden Jahren in Wildberg). Es ist das größte Brauchtumsfest des Nordschwarzwalds.

ⓘ www.wildberg.de/index.php?id=136

↗ Schäferlauf in Wildberg

◄ Die B 463 führt das Nagoldtal weiter aufwärts bis nach **Nagold**.

Die **Burgruine Hohennagold** grüßt vom Schlossberg herunter auf die Stadt. Lohnenswert sind auch ein Spaziergang durch die historische Innenstadt und besonders zur Kirschblütenzeit ein Besuch des Zeller-Mörike-Gartens, in dem sich Eduard Mörike 1862 mit dem Nagolder Apotheker Gottlieb Heinrich Zeller traf.

ⓘ www.nagold.de/de/Tourismus/Sehenswürdigkeiten

⇥ Von Nagold führt die B 28 zur Flößerstadt **Altensteig**.

Die Altstadt von Altensteig wird von zahlreichen Fachwerkhäusern aus dem 15. bis 18. Jahrhundert geprägt und steht unter Denkmalschutz. Das *Alte Schloss* thront über der Stadt. Altensteig darf sich seit 2012 *Flößerstadt Altensteig* nennen. Bekannt ist das jährliche Flößerfest Ende August/Anfang September.

ⓘ Talabwärts von Altensteig B 28 nach Abzweigung Neubulach 400 Meter rechts zum Parkplatz, von hier sind es 200 Meter bis zur Monhardter Wasserstube mit Bähofen und Wiedenstock. Hier finden auch Floßführungen durch die Flößerzunft Oberes Nagoldtal statt. Tourist-Info: Rathaus, 72213 Altensteig, Rathausplatz 1, Tel. 07453/94610, www.altensteig. de/de/Kultur/Brauchtum oder www.floesser-altensteig.de.

↗ Durst hatten die Flößer

Monhardter Wasserstube bei Altensteig, in der die Flöße eingebunden wurden.

An Heiligabend werden auf dem Hellesberg und auf dem Schlossberg beim **Altensteiger Weihnachtsfackeln** riesige Holzstöße abgebrannt. Sobald die Holzstöße brennen, werden auch die Fackeln entzündet und verwandeln die steilen Hangwiesen in ein wogendes Lichtermeer.

ⓘ www.fackelninaltensteig.de

↗ Fackeln in Altensteig

🚶 Der Ostweg führt über Altensteig nach Freudenstadt.

⇥ Die L 362 führt von Altensteig zum Freizeitparadies Nagoldsperre.

Eine Besonderheit wurde im hinteren Nagoldtal mit der **Nagoldtalsperre** bei Seewald-Erzgrube verwirklicht. Immer wieder verwüsteten verheerende Überschwemmungen die Städte und Gemeinden entlang der Nagold. Zwischen 1965 und 1970 wurde deshalb eine Talsperre errichtet. Der Staudamm ließ einen 2,9 Kilometer langen und bis zu 250 Meter breiten Stausee entstehen, der bis zu 5,6 Millionen Kubikmeter Wasser in regnerischen Zeiten speichern und in trockenen abgeben kann. Die Nagoldtalsperre hat sich zu einem weit über die Region bekannten Bade- und Freizeitvergnügen für Camper, Surfer, Segler, Angler und Taucher entwickelt.

Stausee der Nagoldtalsperre.

ⓘ www.schwarzwaldnatur.blogspot.de/2010/10/nagoldtalsperre-bei-seewald.html

Gutachtal

◄ Die B 33 führt nach **Hausach** in das Gutachtal hinein.

🚋 Das Gutachtal ist nicht nur ein romantisches Tal, das über Triberg auf den Schwarzwald führt. Es ist auch das Tal, in dem die Schwarzwaldbahn sehr kurvenreich mit vielen Tunneln, darunter zwei Kehrtunnel, den Aufstieg auf den Schwarzwald schafft.

Der *Vogtsbauernhof* in Gutach ist ein weit über die Region hinaus bekanntes Freilichtmuseum. Sechs Bauernhöfe aus verschiedenen Schwarzwaldregionen aus dem 16. bis 18. Jahrhundert sind im Freilichtmuseum wieder original aufgebaut worden. Sie sind mit altem Haushalts- und Wirtschaftsgerät ausgestattet. Neben den Schwarzwaldhäusern sind auch die Begleitbauten wie Kapelle, Speicher, Mühle, Backhaus und Säge zu sehen. Damit ist das Freilichtmuseum eine einzigartige Dokumentation der Schwarzwälder Hausgeschichte und der Arbeits- und Lebenswelt seiner Bewohner.

Der Vogtsbauernhof mit Leibgeding.

ⓘ Schwarzwälder Freilichtmuseum Vogtsbauernhof, 77793 Gutach.
Öffnungszeiten: Ende März bis Anfang November täglich 9.00–18.00 Uhr, im August bis 19.00 Uhr, Tel. 07831/93560, www.vogtsbauernhof.org

Neben dem Vogtsbauernhof gibt es eine 1.150 Meter lange **Sommerrodelbahn**.

ⓘ 77793 Gutach, Singersbach 1A, Tel. 07831/965580. Geöffnet April bis Anfang Oktober täglich 10.00–18.00 Uhr, www.sommerrodelbahn.de

Gutach ist eine der drei Gemeinden, in denen der berühmte Trachtenbollenhut getragen wird. Dies sind neben Gutach auch Kirnbach (Ortsteil von Wolfach) und Reichenbach (Ortsteil von Hornberg). Unverheiratete tragen den roten Trachtenbollenhut und Verheiratete den schwarzen. Weit über die Region bekannt ist Anfang Oktober der Festumzug mit Trägern der Bollenhuttracht vom Gemeindehaus zur Kirche anlässlich des Erntedankfestes.

ⓘ www.gutach-schwarzwald.de

Bekannt wurde Gutach neben der Tracht durch die Malerkolonie, eine Gemeinschaft aus Kunstmalern, die die Trachten- und Schwarzwaldmotive in der ganzen Welt bekannt machten. Die bekanntesten sind Wilhelm Hasemann und Curt Liebich. Ihnen und ihren Kollegen ist das 2005 gegründete **Kunstmuseum Hasemann-Liebich** gewidmet.

ⓘ Kunstmuseum Hasemann-Liebich, 77793 Gutach, Kirchstraße 4 (Krämerhaus), Tel. 07833/959392 Jean-Philippe Naudet (Kontaktadresse), www.kunstmuseum-hasemann-liebich.de

◄ Die B 33 führt weiter talaufwärts nach **Hornberg**.

Über der Stadt liegt das ehemalige Schloss, das einen Blick auf Hornberg bietet und gleichzeitig auf die Markgrafen-Schanzen auf der gegenüberliegenden Bergseite. Hornberg ist auch die Heimat der ehemaligen Geschirrsteingutfabrik, heute weltweit bekannt als Badezimmerhersteller *Duravit*.

↗ Ton, Weiße Erden, Muschelkalk und Gips waren ebenfalls abbauwürdig

Burg Hornberg, Schauplatz des „Hornberger Schießens".

In der Theatersaison findet auf der Freilichtbühne des Hornberger Schlosses das Theaterstück **Hornberger Schießen** statt. Dies geht auf die Sage zurück, dass im Jahre 1564 beim Besuch des württembergischen Herzogs bereits vor der Begrüßung das gesamte Pulver verschossen war.

ⓘ Tourist-Info Hornberg, Tel. 07833/79344, www.hornberg.de, www.freilichtbuehne-hornberg.de

↗ Hornberger Schießen

🚶 Der Querweg Lahr–Rottweil führt vom Huberfelsen durch Hornberg auf seinem Weg nach Osten.

◄ Wie an den zahlreichen Uhrenhäusern mit ihren Verkaufsstellen und teilweise überlebensgroßen Kuckucksuhren erkennbar ist, sind die B 33 von Hornberg nach Triberg, die B 500 über Schonach, Schönwald nach Furtwangen, die L 108 nach Schramberg und die L 175 nach St. Georgen ein wichtiger Bestandteil der *Uhrenstraße*.

ⓘ www.deutsche-uhrenstrasse.de

◀ Von Hornberg führt die L 108 Richtung Schramberg zum Fohrenbühl.

Der *Fohrenbühl-Gedächtnisturm* auf dem 879 Meter hoch gelegenen Mooswaldkopf ist ein 25 Meter hoher, quadratischer Sandstein-Aussichtsturm aus dem Jahr 1905. Er bietet einen herrlichen Blick bis zu den Schweizer Alpen und zum südlichen Schwarzwald. Das Gedächtnishaus bietet nicht nur komfortable Übernachtungsmöglichkeiten, sondern auch ein gutbürgerliches Restaurant.

Gedächtnishaus und Turm auf dem Fohrenbühl.

ⓘ Tel. 07422/4461. Geöffnet täglich außer Mi, Do, Turm@King-Gastro.de

Auf dem Fohrenbühl findet am Pfingstsonntag der traditionelle *Schellenmarkt* der Hirten statt. Früher tauschten die Hirten dort Kuhglocken, um für ein klangvolles Läuten ihrer Herden zu sorgen. Der Markt wurde erstmals 1548 erwähnt.

🚶 Der Mittelweg führt von Schiltach über den Fohrenbühl zum Windkapf.

◀ Zurück in das Tal der Gutach. Die B 500 führt nach **Triberg**.

Im Rathaus in Triberg ist der holzgeschnitzte *Rathaussaal* (1926) mit Szenen aus dem Leben im Schwarzwald zu besichtigen.

ⓘ Geöffnet Mo–Fr 9.00–12.00 Uhr und Mo–Do 14.00–16.00 Uhr,
www.triberg.de, Freizeit & Tourismus, Sehenswürdigkeiten anklicken.

🚆 Zu bestimmten Terminen werden von Triberg aus Tunnelfahrten auf der Schwarzwaldbahn mit der historischen Dampflok oder dem historischen roten Schienenbus angeboten.

ⓘ Tourist-Info, 78098 Triberg, Wallfahrtstraße 4, Tel. 07722/866490,
www.triberg.de/index.php?id=113

🚃 Vom Bahnhof Triberg als Ausgangspunkt führt jeweils der *Untere und Obere Schwarzwaldbahn-Erlebnispfad* jeweils sechs Kilometer zu den schönsten Eisenbahnstellen.

ⓘ www.schwarzwaldbahn-erlebnispfad.de

Der *Triberger Wasserfall*, der höchste in Deutschland, liegt oberhalb des Marktplatzes von Triberg. Die Gutach stürzt über 163 Meter in sieben Stufen hinunter. Die einzelnen Fälle sind bis zu 15 Meter hoch.

Die Triberger Wasserfälle im Winterkleid.

🚶 Verschiedene Wanderwege führen den Wasserfall hoch. Im Mittelteil und oberhalb der Wasserfälle gibt es Parkmöglichkeiten.

Hinter den Wasserfällen liegt rechts das *Schwarzwaldmuseum* von Triberg. Es gibt Einblick in Leben und Arbeit im Schwarzwald, bietet eine Sammlung historischer Schwarzwalduhren, selbstspielender Musikautomaten, bäuerlicher Tracht, Werkstätten und einen Mineralienstollen.

ⓘ 78098 Triberg, Wallfahrtstraße 4. Geöffnet täglich Mai bis September 10.00–18.00 Uhr, Oktober bis April 10.00–17.00 Uhr, Tel. 07722/4434, www.schwarzwaldmuseum.de

◀ Die B 500 führt an der bekannten Triberger Wallfahrtskirche *Maria in der Tanne* vorbei. In der heutigen Kirche wurde 1705 die erste Messe gefeiert. Die Wallfahrtstradition geht bis auf das Jahr 1644 zurück.

Von dort führt die L 109 nach **Schonach.** Schonach gilt heute noch als ein Zentrum der Kuckucksuhren-Industrie. Hier befindet sich auch die *weltgrößte Kuckucksuhr.*

ⓘ 78136 Schonach, Untertalstraße 28. Geöffnet täglich 9.00–18.00 Uhr, Tel. 07722/4689, www.schonach.de/freizeit-kultur/sehenswertes/

In den Verkaufsräumen der Schwarzwalduhrenmanufaktur *Haas & Rombach* können seit 1894 die verschiedenen Entwicklungsstufen der Kuckucksuhr im Lauf der Jahrzehnte bewundert werden. Eine Vielzahl moderner Kuckucksuhren zeigt, dass diese traditionelle Uhr in der Moderne angekommen ist.

Frau Conny Haas ist die einzige Uhrenschilder-Malerin des Schwarzwaldes, die dieses Gewerbe noch ausübt.

ⓘ Rombach & Haas, 78136 Schonach, Sommerbergstraße 2, www.black-forest-clock.de

↗ Die Tüftler vom hohen Schwarzwald

◁ Die L 109 führt durch das obere Turntal zum *Naturschutzgebiet Blindensee*.

Der Blindensee liegt im Naturschutzgebiet bei Schonach. Er ist ein Hochmoor – der Begriff bezieht sich auf die Entstehung eines Moores, nicht auf dessen Lage. Der Blindensee ist kein verlandeter See. Durch abgerutschte Torfschichten am Hang

Uhrenschildermalerin Conny Haas zeigt ihr Handwerk in Schonach.

entstand ein Riss, der sich nach und nach mit Wasser füllte. Die Moorschicht ist zwischen fünf und sieben Metern dick. Ein vom Schwarzwaldverein Schonach angelegter Holzsteg führt durch das Moor und am Blindensee vorbei.

ⓘ schwarzwaldnatur.blogspot.de/2010/07/naturschutzgebiet-blindensee-bei.html

🚶 Der Westweg und der Europäische Fernwanderweg E1 führen von der Wilhelmshöhe nach Süden zum Brend.

Die K 5751 führt von Schonach nach Schönwald. An der K 5728 von Schönwald nach St. Georgen liegt gegenüber des ehemaligen *Triber-ger Galgens* der Wanderparkplatz des *Stöcklewaldturms.*

Vom Wanderparkplatz sind es noch 600 Meter zum 1895 gebauten runden Sandsteinturm. Der Stöck-lewaldturm befindet sich auf dem

Der Blindensee bei Schonach.

211

1.067 Meter hohen Stöcklewald. Er bietet einen Blick über den südlichen Schwarzwald. Am Fuße befindet sich ein bewirtschaftetes Wanderheim.

ⓘ Geöffnet: April–Oktober Mo, Mi–So 10.00–20.00 Uhr, Tel. 07722/4167, www.stoecklewaldturm.de

🚶 Der Mittelweg führt von St. Georgen auf seinem Weg nach Furtwangen über den Stöcklewald.

Schuttertal und Ettenbachtal

⊲ Die B 415 führt von Lahr ins Schuttertal und von Reichenbach die **Ludwigstraße** hinauf auf den Schönberg. Ludwigstraße deswegen, weil Robert Gerwig die Straße über den Schönberg nach Biberach 1827 im Auftrag von Großherzog Ludwig anlegen ließ. Ein Denkmal auf dem Schönberg-Parkplatz erinnert daran.

1139 wurde erstmals die Burg Geroldseck erwähnt. Diese lag auf dem Raukasten. In geringer Entfernung entstand um 1250 die **Burg Hohengeroldseck** am heutigen Standort. 1634 starb das Geschlecht der Herren von Geroldseck in männlicher Linie aus. Ab 1692 waren die Freiherren (seit 1806: Fürsten) von der Leyen die neuen Landesherren. Die Hohengeroldseck befindet sich bis heute im Besitz der Familie.

Die Burg Hohengeroldseck wurde 1688 kampflos an die französischen Soldaten übergeben, trotzdem wurde die Burg Anfang 1689 von den französischen Soldaten angezündet und ist seither Ruine.

ⓘ www.badische-seiten.de/veranstaltung/aktuell.php?t=12998

🚶 Der Kandelhöhenweg führt vom Geisberg auf seinem Weg nach Gengenbach über die Burg Hohengeroldseck.

⊲ Zurück nach Reichenbach, dort führt die L 102 ins Schuttertal. Nach 1,5 Kilometern zweigt in Seelbach das Litschental ab.

Nach 3,5 Kilometern stößt man auf die **Geroldsecker Waffenschmiede** der Familie Fehrenbach. Die mit Wasserkraft betriebenen Hämmer der Schmiede wurden 1280 erstmals erwähnt. Die Schmiede lieferte Waffen für die Herren von Geroldseck. Seit 1596 befindet sich die Schmiede im Familienbesitz. Als die französischen Truppen 1689 nach Zerstörung der Burg abzogen, ließen sie die Waffenschmiede unversehrt. Allerdings nahmen sie dem damaligen Schmied den Eid ab, keine

Die Geroldsecker Waffenschmiede in Seelbach.

Waffen mehr herzustellen, sondern nur noch Werkzeug. Seit 1970 werden wieder Waffen für Sammler und Liebhaber sowie für historische Schaukämpfe hergestellt, da sich die Werkzeugproduktion nicht mehr lohnte.

ⓘ Geroldsecker Waffenschmiede, 77960 Seelbach, Litschental 111a, Tel. 07823/2270. Geöffnet Ostern bis Oktober jeweils Sa 15.30 Uhr oder nach Vereinbarung, www.seelbach-online.de/seelbach/ tourismus/Sehenswertes-im-Ort/Geroldsecker_Waffenschmiede.php?navanchor=2110032

◄ Die L 103 führt durch Ettenheim in das *Ettenbachtal*.

An der Ortsstraße von Ettenheimmünster liegt die ehemalige *Klosterkirche St. Landolin*. Das im achten Jahrhundert gegründete *Benediktinerkloster Ettenheimmünster* erlebte im frühen 18. Jahrhundert nochmals eine Blütezeit. Die Klosterkirche wurde ab 1719 von Peter Thumb neu aufgebaut. Nach der Säkularisierung 1803 wurden die Klostergebäude an Privatleute verkauft und unter anderem als Fabrikgebäude genutzt. Erhalten geblieben ist lediglich die Klosterkirche, die über die einzige erhaltene Silbermannorgel rechts des Rheins verfügt.

Deckengemälde in der Kirche St. Landolin, das die Enthauptung des Heiligen zeigt.

Die Gründungslegende des Klosters erzählt vom heiligen Landolin, einem iro-schottischen Mönch, der im siebten Jahrhundert im Ettenbachtal von einem heidnischen Jäger enthauptet wurde.

An der Stelle, an der Landolin ermordet worden sein soll, entspringen seither fünf heilwirkende Quellen. Sie sind heute seitlich in einem Brunnenhaus gefasst und genießen regen Zuspruch. Die Geschichte des Landolin ist an der Decke der Klosterkirche abgebildet.

ⓘ www.ettenheim.de/kloster

Elztal und Brettenbachtal

◀ Die B 3 führt nach **Emmendingen**.

In Emmendingen befindet sich das ***Deutsche Tagebucharchiv***. Es sammelt seit 1997 Tagebücher, Briefe und Memoiren. Es ist die einzige Einrichtung dieser Art.

ⓘ Deutsches Tagebucharchiv, 79312 Emmendingen, Marktplatz 1 (Altes Rathaus),
Tel. 07641/574659. Geöffnet Mo–Fr 10.00–12.00, Di, Mi 15.00–17.00 Uhr, www.tagebucharchiv.de

🚶 *Der Breisgauer Weinpfad führt von Lahr durch Emmendingen, der Ortenauer Weinpfad aus dem Elztal nach Westen über die Hochburg.*

◀ Die L 110 führt von Lahr durch Emmendingen in das Brettenbachtal. 1,5 Kilometer nach Sexau liegt linker Hand die ***Burgruine Hochburg***, die auch unter dem Namen ***Burg Hachberg*** bekannt ist.

Ruine Hochburg bei Emmendingen.

Die vermutlich im elften Jahrhundert errichtete Burg befand sich seit etwa der Mitte des zwölften Jahrhunderts im Besitz der Markgrafen von Baden. 1212 wurde sie Herrschaftsmittelpunkt der Linie Baden-Hachberg. Im 16. Jahrhundert unter den Markgrafen von Baden-Durlach stark erweitert, wurde sie 1684 durch Brand zerstört. Die noch vorhandenen Verteidigungswerke wurden 1688 von französischen Truppen gesprengt. Nach dem Heidelberger Schloss ist die Hochburg die zweitgrößte Burgenanlage Badens.

ⓘ www.hochburg.de

Nördlich von Sexau unweit der Hochburg rechts liegt das ***Besucherbergwerk Grube Caroline.*** Vom Mittelalter bis ins 16. Jahrhundert und erneut im 18. Jahrhundert wurden hier Silber- und Bleierze gewonnen. Das Besucherbergwerk wurde 1988 eröffnet.

ⓘ Öffnungszeiten: Mai bis Oktober an bestimmten Samstagen. Anmeldung:
Gemeinde Sexau, Tel. 07641/92680, www.carolinengrube.de

↗ Schwer war die Arbeit unter Tage

◄ Die L 110 talaufwärts und die K 5138 führen zum ehemaligen **Kloster Tennenbach**.

Das Zisterzienserkloster Tennenbach wurde um 1160 gegründet. Zum Gründerkreis zählten alle bedeutenden Adelsgeschlechter des Breisgaus. Die Klostergebäude wurden durch Brände und Kriegsereignisse mehrmals zerstört und danach wiederaufgebaut, zuletzt nach einem Großfeuer 1723. Nach der Säkularisierung 1806 fand die Klosteranlage zunächst als Lazarett Verwendung. 1832 wurden die noch stehenden Gebäude auf Abbruch versteigert. Übrig blieb nur der Chor der Hospitalkapelle, die von 1556 bis 1836 als evangelische Pfarrkirche diente.

ⓘ www.badische-seiten.de/tennenbach

↗ Bete und arbeite

Die Hospitalkapelle des ehemaligen Klosters Tennenbach.

◄ Die L 110 führt weiter nach Freiamt-Brettental, in Brettental die Hünersedelstraße hoch bis zum Bergkiosk, von dort links zum **Hünersedel**.

Der Hünersedel – 744 Meter hoch – ist der Hausberg von Freiamt. Hier steht eine 29 Meter hohe, moderne Holzkonstruktion, die einen herrlichen Rundblick über den mittleren Schwarzwald und die Vogesenkette bietet.

ⓘ www.schwarzwald.com/landschaft/huenersedel.html

🚶 Der Kandel-Höhenweg führt von Höhenhäuser über den Hünersedel.

◄ Zurück ins Elztal. Von Buchholz führt die Straße zum **Silberbergwerk Suggental**.

Im zwölften und 13. Jahrhundert fand im Suggental, das damals aufgrund der reichen Erzvorkommen als „Reichenthal" in Erscheinung tritt, umfangreicher Bergbau auf Silber statt. Um mit Wasserhebemaschinen die tiefen Stollen trockenlegen zu können, wurde 1284 ein mehr als 20 Kilometer langer Hangkanal vom Kandelgebiet ins Suggental gebaut, der sogenannte „Urgraben", der das nötige Wasser für die Hebemaschinen lieferte. Das Wasser wurde im oberen Bereich des Tales in Rückhaltebecken aufgestaut. Durch ein schweres Unwetter gegen Ende des 13. Jahrhunderts brachen die Dämme und die herabstürzenden Wassermassen überfluteten die unmittelbar am Talbach gelegenen Schächte. Zwischen 1776 und 1789 gab es nochmals kurzzeitig Versuche, den Abbau von Silbererz wiederaufzunehmen. Seit 1987 finden jährlich ein Tag der offenen Tür sowie Führungen nach Anmeldung statt.

ⓘ Öffnungszeiten: auf Anfrage. Anmeldung: Tourist-Info Zweitälerland, 79183 Waldkirch, Kirchplatz 2, Tel. 07681/19433, www.silberbergwerk-suggental.de

↗ Schwer war die Arbeit unter Tage

◀ Vom Suggental führt die K 5103 wieder zurück in das Elztal nach **Waldkirch**.

Über der Stadt Waldkirch thront die Kastelburg. Sie wurde von den Herren von Schwarzenberg im 13. Jahrhundert erbaut. Während des Dreißigjährigen Kriegs wurde die Burg von den Kaiserlichen in Brand gesetzt, seither ist sie Ruine. Waldkirch ist vor allem durch den Bau von Orgeln und Musikautomaten in aller Welt bekannt geworden. Noch heute zeugen zwei Sammlungen von dieser Tradition.

Ruine der Kastelburg hoch über Waldkirch.

Das *Elztalmuseum* zeigt in der ehemaligen Propstei des Chorherrenstiftes St. Margaretha (erbaut 1753–1755) auf vier Stockwerken den Waldkircher Orgelbau, mechanische Musikinstrumente, die Stadtgeschichte und das Handwerk der Edelsteinschleifer.

ⓘ Geöffnet Ostersonntag bis 31. Oktober Di–Sa 15.00–17.00, So 11.00–17.00 Uhr, 1. November bis Ostersonntag Mi, Fr, Sa 15.00–17.00 Uhr, So 11.00–17.00 Uhr. Elztalmuseum, 79183 Waldkirch, Kirchplatz 14, Tel. 07681/478530, www.elztalmuseum.de.

In Waldkirch hergestellte Orgel aus der Zeit um 1905.

Neben dem Elztalmuseum gibt es als weitere Instrumentensammlung die **Waldkircher Orgelstiftung,** die in ihren Räumen auch Orgelkonzerte gibt.

ⓘ Besichtigung und Führung auf Anfrage. Waldkircher Orgelstiftung, 79183 Waldkirch, Gewerbekanal 1, Tel. 0781/9396, www.waldkircher-orgelstiftung.de/aktuelles.html

In Waldkirch gibt es bis heute noch vier Werkstätten, die sich mit Orgelbau beschäftigen. Außerdem findet alle drei Jahre ein großes Orgelfest in Waldkirch statt.

ⓘ www.stadt-waldkirch.de/,Lde/202159.html und www.orgelfest-waldkirch.de

↗ Orchestrionbau – die hohe Kunst des Orgelbaues

🚶 Durch Waldkirch führt der Kandel-Höhenweg von Kandel kommend nach Westen. Ebenso der Querweg Schwarzwald–Kaiserstuhl–Rhein. Durch Waldkirch führt die Deutsche Uhrenstraße auf ihrem Weg nach St. Peter.

Nicht nur die Textilindustrie griff auf das Gefälle der Elz als Antrieb für die Manufakturen und Mühlen zurück, sondern auch die Edelsteinschleiferei. Nachdem der Erzabbau unrentabel wurde, gewann die Edelsteinschleiferei im Laufe der Jahrhunderte an Bedeutung. Der Höhepunkt war sicherlich Mitte des 18. Jahrhunderts. 1779 wurden in Waldkirch 106 Betriebe gezählt. Geschliffen wurden Bergkristalle vom Gotthardmassiv, Achat, Jaspis

Waldkircher Edelsteinschleifer an der Schleifanlage.

und Granat aus Böhmen. Die Edelsteinschleiferei Wintermantel zeigt heute noch in ihrer historischen Schleifanlage diese Handwerkskunst.

ⓘ Anmeldung: Juweliergeschäft Wintermantel, 79183 Waldkirch, Elzstraße 2, Tel. 0761/6014, www.schwarzwald-tourismus.info/Media/Attraktionen/Edelsteinschleiferei-Wintermantel

◄ Von Waldkirch führt die L 186 hoch zum **Kandel**, dem Hausberg von Waldkirch.

Der Kandel ist mit 1.241 Metern der höchste Berg des Mittleren Schwarzwaldes und bietet einen herrlichen Blick von der Hornisgrinde über die Vogesenkette bis zum Blauen. Der

Große Kandelfelsen ist ein Kletterparadies, aber auch für Gleitschirmflieger, Radfahrer und Motorradfahrer ist der Kandel ein Anziehungspunkt.

In früherer Zeit galt der Kandel als der „Blocksberg des Schwarzwalds", auf dem sich angeblich die Hexen versammelt haben sollen. Gesichert ist, dass das untere Elztal zu den Schwerpunkten der Hexenverfolgung in Deutschland zählte. Heute wird mit der Walpurgisnacht noch an jene Zeit erinnert.

ⓘ www.schwarzwald-tourismus.info/Media/Touren/Kandel-Berg-der-Kraefte

🚶 Über den Kandel führt der Kandel-Höhenweg nach St. Peter.

↰ Zurück zur B 294, diese führt nach **Gutach im Breisgau**.

Der Hanfanbau hatte schon immer eine große Bedeutung in der Region. Um eine bessere Verwertung zu erreichen, suchten verschiedene Unternehmer in der zweiten Hälfte des 18. Jahrhunderts Kontakte mit der Textilindustrie im Elsass und in der Schweiz. Begünstigt wurde der Aufbau der Textilindustrie – wie auch im Wiesental – durch das Vorhandensein von Arbeitskräften, die schon damals in der Landwirtschaft keine ausreichende Beschäftigung mehr fanden, sowie durch das Wasser der Elz. Dieses war einerseits Energiequelle, andererseits aufgrund seiner Weichheit ideal zum Färben von Seide.

Der bekannteste Vertreter seiner Zunft war Max Gütermann. Auf der Suche nach einem idealen Produktionsstandort kam er 1864 ins Elztal. Gütermann war einer der ersten, der den Seidenfaden nach Länge und nicht mehr nach Gewicht vertrieb, damit war der Gewichtmanipulation beim Färben Einhalt geboten. Die von ihm gegründete Firma ist bis heute in Gutach ansässig. Für die Reichstagverhüllung durch Christo in Berlin lieferte Gütermann insgesamt 1.300 Kilometer Fäden, die die Stoffbahnen zusammenhielten.

↰ Auf der anderen Seite der Bundesstraße liegt der Ortsteil **Bleibach**.

In Bleibach steht neben der Kirche St. Georg das frühere Beinhaus, in

Totentanz-Gemälde im früheren Beinhaus der Bleibacher St.-Georgs-Kirche.

dem die Skelette der Toten aufbewahrt wurden. Am Gewölbe und den Stirnwänden ist mit 33 Tanzpaaren und einer Gruppe musizierender Sensenmänner der Totentanz abgebildet. Das Wandgemälde stammt von 1723.

ⓘ www.schwarzwald-tourismus.info/Media/Veranstaltungen/Der-Totentanz-in-der-Beinhauskapelle-in-Bleibach?value=2014-07-02

🚶 Der Querweg Schwarzwald–Kaiserstuhl–Rhein führt aus dem Tal der Wilden Gutach über Bleibach nach Waldkirch, von Simonswald nach Denzlingen und vom Simonswäldertal nach Gütenbach.

🔄 Die L 173 führt von Bleibach in das Tal der Wilden Gutach.

Im Naturschutzgebiet Bannwald Zweribach liegen die **Zweribachwasserfälle.** Der Zweribach stürzt über drei Fallstufen 40 Meter in die Tiefe, wobei der größte Einzelfall 15 Meter misst.

ⓘ www.hochschwarzwald.de/Media/Touren/Durch-romantischen-Bannwald-zum-Zweribach-Wasserfall

In **Gütenbach** befindet sich die Modellbau-Ausstellung der Gebrüder Faller GmbH, Hersteller von Häuschen, Zubehör und Miniaturwelten für Modellbahnen.

ⓘ 78148 Gütenbach, Kreuzstraße 9, Tel. 07723/6510,
geöffnet Mi–Fr 10.00–17.00 Uhr, Sa 10.00–15.00 Uhr, nicht an Feiertagen, www.faller.de.

🔄 Dem Tal der Wilden Gutach auf der K 5731 weiter folgend, führt das alte, enge Sträßlein nach Dreistegen zur **Hexenlochmühle**. Sie ist die einzige Mühle im Schwarzwald mit zwei Wasserrädern. Sie wurde 1825 gebaut, das große Wasserrad treibt mit einer Leistung von bis zu 13 PS zwei Sägen an.

ⓘ Hexenlochmühle, 78120 Furtwangen, Hexenloch 13, Tel. 07723/7322,
geöffnet täglich 10.00–18.00 Uhr, Shop 10.00–17.00 Uhr, www.hexenlochmuehle.de.

🚶 Von der Hexenlochmühle führt ein Wanderweg zum **Balzer Herrgott**. Beim Naturdenkmal Balzer Herrgott handelt es sich um eine steinerne Christus-Figur, die in eine mächtige Buche eingewachsen ist.

ⓘ www.schwarzwald-tourismus.info/Media/Touren/Rundweg-Balzer-Hergott-Hexenlochmuehle

Dreisamtal, Eschbachtal und Bruggatal

◄ Die B 31 führt nach **Freiburg**, dann durch das Dreisamtal in den Schwarzwald.

Freiburg als Tor zum Dreisamtal – heute mit 200.000 Einwohnern – wurde 1120 zur Stadt erhoben. 1091 hatte das Geschlecht der Zähringer ihre Burg auf dem Schlossberg über der kleinen Ansiedlung gebaut (heute mit der 262 Meter langen Sesselbahn zu erreichen). Das Marktrecht und die Silbervorkommen am Schauinsland brachten Freiburg nicht nur Ansehen, sondern auch Wohlstand. Das Freiburger Münster wurde im Jahr 1200 als Pfarrkirche begonnen und 1513 als Münster fertiggestellt. 1457 wurde die Albrecht-Ludwig-Universität von Erzherzog Albrecht gegründet. 1368 kauften sich die reichen Freiburger Bürger für 20.000 Mark Silber von den Zähringern frei und unterstellten sich der Herrschaft der Habsburger. Damit gehörte

Das Freiburger Münster.

die Stadt mehr als vierhundert Jahre – bis 1801/05 – zu Österreich. In der Stadt sind bis heute zahlreiche Spuren aus jener Zeit zu sehen. 1805 gelangte Freiburg an das damalige Kurfürstentum Baden. 1821 wurde Freiburg an Stelle von Konstanz Bischofssitz.

Der Ortsteil Oberlinden mit seinen entlang den Straßen angelegten offenen Wasserkanälchen gilt als ältester Teil Freiburgs. Nur das Martins- und Schwabentor sind von dem von den Franzosen geschleiften Festungsring noch erhalten.

Freiburg gilt seit vielen Jahren als „Green City" mit seinen ehrgeizigen Umweltprogrammen.

ⓘ www.freiburg.de

Das *Augustinermuseum* vermittelt einen Überblick über die Kunst vom Mittelalter bis zum 19. Jahrhundert.

ⓘ Augustinermuseum, 79098 Freiburg, Gerberau 15, Tel. 0761/2012521.
Geöffnet: Di–So 10.00–17.00 Uhr, www.freiburg.de/pb/,Lde/237748.html

🚶 Der Querweg Freiburg–Bodensee führt über Titisee nach Osten, der Kandel-Höhenweg von St. Peter nach Freiburg. Der Breisgauer Weinpfad endet hier und das Markgräfler Weinwegli beginnt seinen Weg nach Süden.

Wallfahrtskirche St. Ottilien, eines der ältesten deutschen Wallfahrtsziele.

◄ Vom Schwabentor führt die K 9850 über den Ortsteil Oberau nach Ebnet.

Nach der Kartause führt eine Fahrstraße oder ein Stationenweg hoch zur **Wallfahrtskirche St. Ottilien**.

Der Ursprung der Wallfahrt nach St. Ottilien liegt vermutlich zwischen dem siebten und 13. Jahrhundert. Der heutige Bau wurde 1505 geweiht. Teilweise mussten bis zu zehn Messen pro Tag gelesen werden. 1714 wurde die Kapelle erweitert und die Kapelle über der Gnadenquelle einbezogen. Die letzte Renovierung erfolgte 1966/67.

ⓘ www.badische-seiten.de/freiburg/st-ottilien.php. Bei der Wallfahrtskapelle gibt es das Waldrestaurant St. Ottilien, 79104 Freiburg, Karthäuser Straße 135, Tel. 0761/63230, www.st-ottilien.com

🚶 Der Querweg Freiburg–Bodensee führt auf seinem Weg nach Osten über St. Ottilien.

◄ Die B 31 führt von Freiburg in das Dreisamtal. In **Ebnet** zweigt die L 133 nach Stegen und St. Peter ab.

500 Meter nach dem Ortsausgang von Ebnet steht auf freiem Feld an der Straße rechts ein steinernes Kruzifix, beschattet von vier mächtigen Linden und einer neu erbauten Kapelle.

Es hatte hier einmal bis zum Abriss 1811 eine kleine **Anna-Kapelle** gestanden. Sie wird Anna von Snewlin zugeschrieben, die hier als Sühne für einen 1570 durch einen Verwandten begangenen Mord die Kapelle errichten ließ.

◄ Ab Stegen führt die L 127 durch das Eschbachtal hoch nach **St. Peter.**

Weniger mächtig, jedoch auch sehr einflussreich im Schwarzwald lag nördlich von St. Blasien das bedeutende Kloster St. Peter. Um 1093 ebenfalls als Benediktinerkloster gegründet, war es Hauskloster und Grablege der Zähringer Herzöge.

Die mächtige Kirche mit ihren Zwillingstürmen symbolisiert die weltliche Macht, die Bibliothek die geistige Macht des Klosters. Der vorletzte Abt Philipp Jakob Steyrer baute die

Kirche St. Peter und Paul des ehemaligen Klosters St. Peter.

Bibliothek auf rund 20.000 Bände aus. Leider wurde die Büchersammlung bei der Säkularisierung zerstreut. Die heute noch erhaltene Bibliothek im Rokoko-Stil mit prächtigen Deckengemälden sowie der Fürstensaal sind neben der Kirche besichtigenswert.

Thaddäus Rinderle, ein Pater von St. Peter, entwickelte und baute 1787 eine astronomische Weltuhr.

1806 wurde das Stift aufgehoben und St. Peter zum Aussterbekloster erklärt. Der letzte Abt Ignaz Speckle aus Hausach (1754–1824) blieb mit einigen Mönchen noch bis 1813 dort wohnen, ehe er nach Freiburg umzog.

Von 1842 bis 2006 war St. Peter Priesterseminar des Erzbistums Freiburg. Seit 2006 ist es Geistliches Zentrum der Erzdiözese als zentraler Begegnungs- und Wirkungsort des Bistums.

ⓘ Geistliches Zentrum, 79271 St. Peter, Klosterhof 2, www.geistliches-zentrum.org, www.st-peter-schwarzwald.de

↗ Bete und arbeite

◄ Zwei Kilometer südlich von St. Peter liegt die sagenumwobene Wallfahrtskapelle *Maria Lindenberg.* Sehenswert sind auch das Bildstöckchen in der Kerzenkapelle und der Brunnen auf dem Lindenberg.

🚶 Der Kandel-Höhenweg führt auf seinem Weg von Kandel nach Freiburg über St. Peter.

◄ Die L 127 Richtung B 500 führt nach wenigen Kilometern zum Wallfahrtsort **St. Märgen.**

223

Auch bei dem um 1118 gegründeten **Augustiner-stift St. Märgen** erheben sich die Klostertürme weit sichtbar über die Region. Die Augustiner-Chorherren kamen aus dem Bistum Toul und hatten zur Gründung des Klosters eine romanische Sitzmadonna mitgebracht. Sie trägt das Christus-kind auf dem Arm, mit der rechten Hand reicht sie einen Apfel. Die Madonna gab dem Kloster den Namen „Cella Sanctae Mariae in silva nigra", auf deutsch: „St. Marien-Zell auf dem Schwarz-wald", was im Laufe der Jahrhunderte auf St. Märgen verkürzt wurde. Durch das Gnadenbild der Muttergottes war St. Märgen ein bekannter und viel besuchter Wallfahrtsort. 1806 wurde das Augustinerchorherrenstift aufgehoben.

Gnadenbild der Mutter Gottes in St. Märgen.

↗ Bete und arbeite

Sehenswert ist das **Klostermuseum** mit Werken des bedeutenden Holzschnitzers Matthi-as Faller, mit Uhrensammlungen, Hinterglasmalerei und Trachtenstickerei.

ⓘ Klostermuseum St. Märgen, 79274 St. Märgen, Rathausplatz 1. Geöffnet Mai bis November Mi, Do 10.00–17.00 Uhr, So 10.00–13.00 Uhr ganzjährig, www.kloster-museum.de

An dem Höhenweg St. Märgen–St. Peter über den Kapfenberg und Hochrütte liegt die mit Schindeln gedeckte **Vogesenkapelle.** Der Rein-erhofbauer Leopold Hättich lag im Ersten Weltkrieg als Soldat in den Vogesen und konnte mit seinem Feld-stecher den heimatlichen Weideberg sehen. Er gelobte, er wolle zum Dank eine Kapelle bauen, wenn er gesund heimkehre und seine Heimat unzer-stört vorfinde. So entstand 1938 aus Dankbarkeit die Kapelle.

Die Rankmühle, leider nur von außen zu besichtigen.

ⓘ www.st-maergen.de

Die Deutsche Uhrenstraße führt auf ihrem Weg von St. Peter nach Waldau durch St. Märgen. Von St. Märgen 900 Meter den Landfeldweg entlang liegt die malerische *Rankmühle*.

ⓘ www.hochschwarzwald.de, Anschauen & Erleben, Sehenswürdigkeiten anklicken.

⌐ Zurück zur B 31, die von Freiburg durch das Höllental zur Baar und weiter zum Bodensee führt.

🚃 1884 wurde mit dem Bau der *Höllentalbahn* begonnen. Robert Gerwig, der Erbauer der Schwarzwaldbahn, musste auch bei der Höllentalbahn sein ganzes Können aufbieten, um den Bau zu ermöglichen. Ursprünglich als Fernverbindung Paris–Freiburg–München

Die Höllentalbahn beim Hirschsprung.

gedacht, scheiterte die Planung immer wieder an der Topographie. Bis 1933 waren die Bewältigung der Steigungen zwischen dem Hirschsprung und Hinterzarten nur mit Lokomotiven möglich, die über zusätzliche Zahnräder verfügten.

Der Handelsweg von Freiburg zum Bodensee oder Richtung Ulm war bis zum Dreißigjährigen Krieg ein miserabler Karrenweg. Erst 1755–1763 wurde die Strecke ausgebaut und 1770 zu einer Chaussee erweitert, um Marie-Antoinette, der Tochter von Kaiserin Maria Theresia, auf ihrem Brautzug nach Paris eine erträgliche Fahrt durch das heutige Höllental zu ermöglichen. 1851–1858 baute dann die großherzogliche badische Straßenverwaltung die Trasse in der heutigen Form mit der breiteren Straße um den Hirschsprung und den Kehren um das Löffeltal aus.

An der engsten Stelle, dem *Hirschsprung,* steht auf dem rechten Felsen ein bronzener Hirsch. 1856 wurde auf dem Felsen erstmals ein hölzerner Hirsch zur Erinnerung an die Vermählung von Großherzog Friedrich von Baden und Luise von Preußen aufgestellt.

⌐ Vier Kilometer von hier liegt **Höllsteig**.

In Höllsteig liegt das Restaurant *Hofgut Sternen* mit seinem Gästehaus. Hier hat Marie Antoinette auf ihrer Reise zur Hochzeit in Paris übernachtet. Im Verkaufsraum, wo von der Kuckucksuhr bis zum Schwarzwaldkitsch alles zu haben ist, wird auch die Herstellung von Glas und Glaskunst gezeigt.

ⓘ Glaskunst im Hofgut Sternen, 79874 Breitnau, Höllsteig 76,
Tel. 07652/9010, www.hofgut-sternen.de

↗ Glas, der älteste Kunststoff

🚌 Hinter dem Hofgut Sternen beginnt die **Ravennaschlucht** mit ihren Wasserkaskaden und
dem berühmten **Ravennaviadukt**. 1884–1887 wurde mit dem Bau der Höllentalbahn das
erste Ravennaviadukt als Stahlkonstruktion gebaut. 1926/27 entstand das zweite Viadukt
als Steinkonstruktion, um für schwere Lokomotiven befahrbar zu sein. Was im Kriege nicht
gelang, durch Luftangriffe das Viadukt zu zerstören, um die wichtige Bahnlinie zu unterbrechen,
vollbrachten in den letzten Kriegstagen deutsche Soldaten: Durch Sprengung der drei mittleren
Pfeiler war die Bahnlinie unterbrochen. 1947/48 erfolgte die Wiederinstandsetzung.

🚶 Am vier Kilometer langen Wanderweg
durch die Ravennaschlucht stürzt der
Ravennabach in mehreren Kaskaden
und kleineren Wasserfällen in den
Höllenbach. Der Wanderweg führt
nach Breitnau. An ihm liegt die aus
dem Jahr 1883 stammende und heute
restaurierte **Großjockenmühle**.

ⓘ www.hochschwarzwald.de/
Wandern/Ravennaschlucht

🚶 Der Querweg Freiburg–Bodensee
führt teilweise durch die Ravennaschlucht.

Die Großjockenmühle in der Ravennaschlucht,
eine ehemalige Hofmühle.

Am Fußweg zur **Kapelle St. Oswald** liegt links ein altes Zollhaus. St. Oswald wurde 1148
als Pfarrkirche gebaut und entwickelte sich schnell zu einer Wallfahrtskapelle. Mitte des
14. Jahrhunderts wurde sie erweitert und 1503 wurden die ersten Glocken aufgehängt.
Die letzte Sanierung erfolgte 1997/98. Die Kapelle besitzt noch einen kompletten spätgo-
tischen Flügelaltar. Duplikate der gestohlenen Skulpturen sind in der heutigen Pfarrkirche
Maria in der Zarten in Hinterzarten zu sehen.

ⓘ Schlüssel zur Kapelle gibt es im Hofgut Sternen,
www.hochschwarzwald.de/Breitnau/St.-Oswald-Kapelle

Die frühere Straßenverbindung ging durch das Höllen- und Löffeltal: Am Höllsteig die
Bundesstraße verlassen, vor der Unterquerung rechts den ungeteerten Fahrweg ins
Löffeltal, den Zartenbach, einen der Quellbäche der Dreisam, entlang. Wegen des starken
Gefälles wurde das Wasser zum Antreiben von Sägen und vor allem von Löffelschmieden

verwendet, die im 18. Jahrhundert entstanden und dem Tal den heutigen Namen Löffeltal gaben.

🚶 Der gegenüber der heutigen Trasse um ein Viertel kürzere Weg von acht Kilometern ist sehr steil und beschwerlich. Er endet in Hinterzarten im Löffeltalweg. Über sie sind die restaurierte *Klingenmühle* und die *Plotzsäge* zu erreichen.

Die Klingenhofsäge im Löffeltal, eine Klopfsäge aus dem 18. Jahrhundert.

ⓘ www.badische-seiten.de/ hinterzarten/loeffeltal.php

↰ Weiter auf der B 31 nach **Hinterzarten.**

Der mondäne Erholungs- und Skiort besitzt ein *Skimuseum* im 300 Jahre alten Hugenhof. Dort ist die gesamte Entwicklung der Ski-Ausrüstung und -Kleidung sowie der Bob-Schlitten ausgestellt. Daneben finden sich Pokale, Startnummern berühmter Ski-Springer und Ski-Fahrer sowie zahlreiche Bilder und Fotos aus frühester Zeit des Skifahrens.

ⓘ Schwarzwälder Skimuseum, 79856 Hinterzarten, Erlenbrucker Str 35, geöffnet Mi–Fr 14.00–17.00 Uhr, Sa, So 12.00–17.00 Uhr, Tel. 07652/982192, www.schwarzwaelder-skimuseum.de

🚶 Der Querweg Freiburg–Bodensee führt auf seinem Weg von Buchenbach an den Titisee durch Hinterzarten.

Skiausrüstung von anno dazumal im Skimuseum Hinterzarten.

↰ Die B 31 führt von Hinterzarten weiter zum **Titisee.**

Der Legende nach soll der römische Kaiser Titus (39–81 n. Chr.) am See gelagert haben. Er sei so begeistert von der Gegend gewesen sein, dass er dem See seinen Namen verlieh.

Der Titisee auf 845 Metern Höhe verdankt seine Entstehung dem Feldberggletscher. Es handelt sich um einen Zungenbeckensee, der sich nach dem Rückzug des Gletschers mit Schmelzwasser füllte. Der See gilt als die größte Vergnügungsbadewanne des Schwarzwalds, denn bis zu zwei Millionen Besucher kommen jährlich nach Titisee.

Der Titisee vom Hochfirst aus gesehen.

Zwischen 1929 und 1935 fanden im Winter auf dem fast 1,9 Kilometer langen und bis 750 Meter breiten Titisee Auto- und Motorradrennen statt, oder es wurde der zugefrorene See von der Lufthansa als Landepiste für Flugzeuge genutzt. Diese Spektakel zogen Tausende von Besuchern an.

Um heute von den Unbilden des Wetters unabhängig zu seinn, wurde das „Badeparadies Schwarzwald" mit seinen Palmen- und Wellness-Oasen sowie mit seinen Galaxyrutschen errichtet.

ⓘ Badeparadies Schwarzwald,
78922 Titisee, Am Badeparadies 1,
www.badeparadies-schwarzwald.de

Das **M-A-C Märklin Museum** ist das einzige Märklin-Museum in Deutschland neben dem Firmenmuseum in Göppingen. Hinter der Abkürzung M-A-C verbirgt sich Modern-Arts-Companie und das Märklin-Adventure-Golf-Cafe.

Das „Badeparadies Schwarzwald" in Titisee.

ⓘ M-A-C Museum, 79822 Titisee, Seestraße 21/1. Geöffnet: 1. Mai bis 31. Oktober Mo–So 11.00–19.00 Uhr/ 1. Dezember bis 30. April Fr, Sa, So 11.00–19.00 Uhr, www.maerklin-world-titisee.de

🚶 Der Westweg von Schönwald und der Mittelweg von Furtwangen kommend führen beide zum Titisee. Der Querweg Freiburg–Bodensee führt auf seinem Weg zur

Wutachschlucht durch Titisee. Die Deutsche Uhrenstraße führt auf ihrem Weg von Lenzkirch durch Titisee-Neustadt auf ihrem Weg nach Eisenbach.

Die L 126 führt von Kirchzarten ins Bruggatal nach **Oberried**.

1238 waren es die Zisterzienserinnen vom Kloster Günterstal, die im einsamen Brug-gatal das *Kloster Oberried* gründeten. Allerdings kehrten sie nach sechs Jahren zurück, da die Lebensbedingungen und das raue Klima ihnen sehr zusetzten. 1252 versuchten es Mönche vom Orden der Wilhelmiten aus dem Kloster Marienpforte bei Hagenau im Elsass. Aber nach zehn Jahren verließen auch sie die unwirtliche Gegend und gründe-ten in Freiburg ein neues Kloster. Man sprach von den „Wilhelmiten in der Stadt" bezie-hungsweise den „Wilhelmiten im Walde". Daraus ergab sich später die Bezeichnung St. Wilhelmer Tal. 1266 kehrten einige Mönche zurück und trieben die Besiedlung der rauen Gegend weiter voran. Die jetzige Klosteranlage in der Dorfmitte stammt aus dem Jahre 1683. Das Kloster wurde 1806 säkularisiert.

ⓘ www.freiburg-schwarzwald.de/kloster.htm

↗ Bete und arbeite

Noch heute werden Anfang Oktober die Kühe der Erlenbacher Weidegenossenschaft aus Oberried und den umliegenden Ortsteilen vom Feldberggebiet in dem größten Viehab-trieb des Schwarzwaldes ins Tal getrieben. Eine prachtvoll geschmückte Kranzkuh führt den Zug der weit über 100 Weidekühe an.

ⓘ www.oberried.com/dateien/framekomplett.htm

◄ Weiter die L 127 talaufwärts liegt der *Bergwildpark Steinwasen*.

Dieser Freizeitpark mit einer langen Rodelbahn, Erlebnis-Seilbrücke, Abenteuer-Spiel-platz, Fahrgeschäften und Tierpark ist der Besuchermagnet der Region.

ⓘ 79254 Oberried, Steinwasen 1, geöffnet 5. Juli bis 14. September täglich 09.00–17.45 Uhr, 29. März bis 4. Juli und vom 14. September bis 2. November täglich 10.00–16.45 Uhr, Winterpause 3. November bis Ende März, restliche Zeit täglich 10.00–17.00 Uhr, www.steinwasenpark.de

◄ Von Steinwasen führt die K 4996 durch Hofsgrund, ein ehemaliges wichtiges Bergbaugebiet, hoch zur *Halde*. Vom Parkplatz dort hat man bei guter Sicht einen Blick über den gesamten Oberrhein.

Zurück führt die L 127 hoch zum **Notschrei.** Der Notschrei war ein wichtiger Pass, um aus dem südlichen Schwarzwald nach Freiburg und nach Norden zu gelangen. Im Hungerjahr 1847 wandte sich die verarmte Bevölkerung an die Regierung. Angesichts der Notlage erteilte die Regierung den Auftrag, den Karrenweg auszubauen. Der Platz, auf dem aus Dankbarkeit ein steinernes Denkmal errichtet wurde, gibt heute noch Kunde von der großen Not und heißt seitdem *Notschrei.* Auf der Gedenktafel ist zu lesen: „Nach 30-jährigem, erfolglosem Bitten bei der hohen Regierung und allen Landtagen um diese Straße wurde endlich auf den im Hungerjahr 1847 erfolgtem Notschrei der Gemeinden dem tiefgefühlten Bedürfnis dadurch abgeholfen, dass SKH der Großherzog die

Das Notschrei-Denkmal, das an den Straßenbau erinnert.

Sache an die Direktion der Forstdomänen und Bergwerke überwies, deren Direktor Ziegler, das Bedürfnis sogleich in seiner Größe erkennend, die Ausführung der Straße dem Bezirksförster Gerwig übertrug, welcher die Einleitung dazu traf und sie nachher zweckmäßig ausführte. Daher den beiden Männer tiefen Dank."

🚶 Der Westweg führt auf seinem Weg vom Feldberg nach Süden über den Notschrei.

Bohrertal

◁ Von Freiburg führt die L 124 nach **Günterstal** und damit ins Bohrertal.

Das frühere **Zisterzienserkloster Günterstal** wurde 1224 gegründet. Es wurde 1806 säkularisiert und 1829 bei einem Brand zerstört. Seit 1929 haben die Benediktinerinnen das Kloster wieder besiedelt.

ⓘ www.freiburg-schwarzwald.de/littenweiler/guenterstal.htm

↗ Bete und arbeite

◁ Weiter talaufwärts führt die Straße zur Talstation der **Schauinslandbahn**.

Der Schauinsland mit 1.284 Metern Höhe macht seinem Namen alle Ehre als vorgeschobener Aussichtspunkt zwischen Wilhelminer- und Münstertal. Der Höhenrücken zieht sich vom Notschrei über die Halde zum Gipfel mit dem *Eugen-Keidel-Turm*. Der Turm wurde 1981 als eine 31 Meter hohe, moderne Holzkonstruktion gebaut. Er bietet einen herrlichen Blick zum Feldberg und nach Freiburg, der Oberrheinebene, den Vogesen und bis zu den Alpen.

ⓘ www.freiburg-schwarzwald.de/blog/regio/berge

Der Eugen-Keidel-Turm auf dem Gipfel des Schauinsland.

1930 wurde die Schauinslandbahn als erste und längste Kabinenumlaufbahn in Betrieb genommen, die die 746 Höhenmeter auf 3.600 Metern Länge überwindet. 1988 renoviert, befördert sie heute Touristen, Wanderer und Skifahrer auf die Bergstation mit Café-Restaurant unter dem Gipfel.

ⓘ www.schauinslandbahn.de,
   www.cafe-restaurant-schauinsland.de

Fünf Minuten zu Fuß von der Bergstation der Schauinslandbahn liegt das **Museumsbergwerk Schauinsland**. Die in 800 Jahren entstandenen Grubenbaue mit rund 100 Kilometer Gängen über 22 Etagen verteilt sind die größten des Schwarzwalds. Zu sehen sind

auch eine Grubenbahn und moderne Abbauge-
räte. Abgebaut wurde Silber-, Blei- und Zinkerze.
Der Schauinsland wurde auch der „Erzkasten" von
Freiburg genannt.

ⓘ Öffnungszeiten: Mai bis Oktober jeweils Mi, Sa,
So und Feiertag 11.00 und 14.00 Uhr. Angeboten
werden kleine und große Führungen sowie
Familienführungen.

Anmeldung: Forschergruppe Steiber,
Oberlinden 16, 79098 Freiburg, Tel. 0761/26468,
Mail: steiber@schauinsland.de, www.schauinsland.de

↗ Schwer war die Arbeit unter Tage

Eingang zum Gegentrum-II-Stollen des
Besucherbergwerks Schauinsland.

An dem früheren, zwölf Kilometer langen Holzab-
fuhrweg von Horben zum Gipfel liegt die frühere
Schauinsland-Rennstrecke, auf der von 1925 bis 1984 Bergrennen gefahren wurden. An
der Holzschlägermatte sind heute noch die Tribünen zu sehen. Bekannte Rennfahrer wie
Hans Stuck, Karl Kappler und Rudolf Caracciola durchrasten die 175 Kurven bis auf den
Gipfel. Seit 1984 ist die Strecke von April bis Oktober für Motorräder gesperrt.

⊞ Von der Talstation der Schauinslandbahn zweigt die K 4955 nach Horben ab. Im Ortsteil
Münzenried führt die K 4956 nach Geiernest und weiter zum ehemaligen **Kloster St. Ulrich.**

Der heilige Ulrich von Cluny, der in
der Kirche seine letzte Ruhestät-
te fand, gründete das Kloster nach
1080. 1547 wurde die Abtei Priorat
des Klosters St. Georgen, 1560 des
Klosters St. Peter. Die jetzige Kirche
wurde 1742 eingeweiht. Mit der
Säkularisierung von St. Peter 1806
erfolgt auch die Aufhebung von St.
Ulrich. Die Klosterkirche dient heute
als Pfarrkirche, die Gebäude wurden
um einen Neubau erweitert, um die
Landvolkhochschule aufnehmen zu
können.

Taufstein im ehemaligen Kloster St. Ulrich.

Im Hof befindet sich der bekannte *Teufelstein*, den der Gründer des Klosters, der heilige Ulrich, angeblich vom Teufel geschenkt bekam.

ⓘ www.bollschweil.de/de/Freizeit+Tourismus/Sehenswertes/Taufstein

↗ Bete und arbeite

Neumagental und Münstertal

⊣ Die L 125 führt nach **Bad Krozingen**.

Bad Krozingen wurde durch einen Zufall zum Kurort: 1911 wurde bei der Suche nach Erdöl eine wasserführende Steinschicht angebohrt. Mit über 40 Grad Celsius schoss eine Thermalquelle aus dem Boden. 1933 wurde das Prädikat *Bad* verliehen. Mit der *Vita Classica* entstand ein Thermalbad mit moderner Saunalandschaft und Wohlfühlhaus.

ⓘ Vita Classica, 79189 Bad Krozingen, Kurhausstraße, Tel. 07633/4008140. Geöffnet: Therme ganzjährig 8.30–23.00 Uhr, Saunalandschaft ganzjährig 10.00–23.00 Uhr, www.vita-classica.de

⊣ Die L 125 führt weiter zur Keramikstadt **Staufen**.

Staufen ist bekannt durch eine gut erhaltene Altstadt. 2007 wurden Bohrungen für Erdwärme durchgeführt. Dabei quoll unter großem Druck stehendes Grundwasser in die darüberliegende Gipskeuperschicht, was zu starker Rissbildung an vielen Häusern führte. In der Altstadt wird am Gasthaus Löwen an den berühmtesten Bewohner, Dr. Faust, erinnert.

ⓘ www.staufen.de

Am Parkplatz der Fußgängerzone befindet sich die 1844 gegründete und weit über die Region hinaus bekannte Schnapsbrennerei *Schladerer*.

Das historische Rathaus in Staufen.

ⓘ Betriebsbesichtigungen immer Mi 14.00 Uhr, Anmeldung auch Tourist-Info, Tel. 07633/80536, www.schladerer.de.

Das Keramikmuseum in Staufen ist eine Außenstelle des Badischen Landesmuseums in Karlsruhe. In ihm wird eine original erhaltene Hafner-Werkstatt mit Tongrube, Scheibe, Glasmühle und Holzbrennofen gezeigt.

ⓘ Keramikmuseum, 79219 Staufen, Wettelbrunner Straße 3, Tel. 07633/6721. Geöffnet Februar bis November Mi–Sa 14.00–17.00 Uhr, So 11.00–13.00 Uhr und 14.00–17.00 Uhr, www.stadt-staufen.de/kultur/ausstellungen/keramikmuseum-staufen~1173/

↗ Ton, Weiße Erde, Muschelkalk und Gips waren ebenfalls abbauwürdig

🚶 Das Markgräfler Wiwegli führt auf seinem Weg von Ehrenkirchen über Staufen nach Sulzburg.

🏳 Die L 123 führt weiter nach **Münstertal,** ein Zusammenschluss des mittelalterlichen Städtchens Münster mit den übrigen im Tal verzweigten Zinken.

ⓘ www.muenstertal.de

🏳 In Untermünstertal zweigt die L 130 nach Rotenbuck und Münsterhalden ab. Nach 1,5 Kilometern bei der Abzweigung Mulden führt die Straße 1,8 Kilometer zum **Besucherbergwerk Teufelsgrund**.

Das Bergbaurevier wurde 1028 erstmals urkundlich erwähnt, archäologisch ist Bergbau bereits für das zehnte Jahrhundert gesichert. Es wurden hauptsächlich Silber- und Bleierze, später auch Kupfererze abgebaut. 1864 erfolgte die Stilllegung wegen schlechter Rentabilität, von 1942 bis 1958 wurde nochmals Flussspat abgebaut. *Teufelsgrund* ist seit 1970 ein Besucherbergwerk und seit 1972 als Asthma-Therapie-Stollen zugänglich.

Stolleneingang zum Besucherbergwerk Teufelsgrund.

ⓘ Öffnungszeiten: April bis Oktober jeweils Di, Do, Sa 10.00–16.00 Uhr, So und Feiertag 13.00–16.00 Uhr. Anmeldung: Besucherbergwerk Teufelsgrund, 79244 Münstertal, Mulden 71, Tel. 07636/1450, www.besuchsbergwerk-teufelsgrund.de

↗ Schwer war die Arbeit unter Tage

🏳 Zurück zur L 123 liegt nach Münster rechts das *Kloster St. Trudpert*.

Die Geschichte des Benediktinerklosters St. Trudpert reicht bis ins siebte Jahrhundert zurück, als der irische Mönch Trudpert zur Mission ins Münstertal kam und dort das Martyrium erlitt. Im neunten Jahrhundert wurde von St. Gallen aus ein Benediktinerkloster gegründet. Es war nahezu tausend Jahre geistiger, kultureller und wirtschaftlicher Mittelpunkt des Tales und seiner Region. Besonderen Reichtum erwarb das Kloster außer durch seine umfangreichen Besitzungen vor allem durch Silber-, Kupfer- und

Bleierzbergbau. Der letzte Abt des Klosters, Columban II., schenkte 1793, als sich die Säkularisierung abzeichnete, einen Großteil der umfangreichen Klosterwälder den Gemeinden Unter- und Obermünstertal. Er entzog sie damit dem Staatseigentum, als das Kloster 1806 säkularisiert wurde. Die barocke Klosteranlage konnte 1918 von den Schwestern vom Heiligen Josef erworben werden und wurde 1970 zum Generalmutterhaus des

Kuppelkirche und ehemalige Klosterkirche von St. Trudpert.

Ordens. Da die mächtige Klosterkirche als Pfarrkirche im Besitz der Gemeinde blieb, bauten die Schwestern eine Kuppelkirche im rückwärtigen Bereich der Klosteranlage. Hinter dem Friedhof befindet sich die Trudpertkapelle. An dieser Stelle soll der Eremit Trudpert ermordet worden sein.

ⓘ Die barocke Pfarrkirche der Klosteranlage ist täglich außerhalb des Gottesdienstes geöffnet, www.kloster-st-trudpert.de

↗ Bete und arbeite

◄ Weiter talaufwärts zum *Bienenkundemuseum* im Ortsteil Spielweg.

Das Museum ist weltweit eines der größten dieser Art. Im ehemaligen Rathaus von Obertal wird in zwölf Räumen auf 800 Quadratmetern Ausstellungsfläche die Beziehung des Menschen zur Biene von der Steinzeit bis zur Gegenwart gezeigt. Der lange Weg vom einstigen Honigjäger zum heutigen Imker sowie die Wichtig- und Nützlichkeit der Biene für Natur und Umwelt wird dargestellt.

Das Bienenkundemuseum in Münstertal, das größte seiner Art in Europa.

ⓘ Bienenkundemuseum, 79244 Münstertal, Neuhäuser 29. Geöffnet jeweils Mi, Sa, So und an allen Feiertagen 14.00–17.00 Uhr. Tel. Kurverwaltung 07636/70730, www.bienenkundemuseum.de

Gegenüber dem Museum steht der Stock einer 700 Jahre alten Eiche. Immer am ersten Wochenende im Oktober findet ein kleines Volksfest statt, wenn das geschmückte Vieh von den Hochweiden, wo es den Sommer verbracht hat, in die Ställe zurückkehrt.

ⓘ www.muenstertal-staufen.de/Veranstaltungen-Kultur-Freizeit/ Veranstaltungs-Highlights/Viehabtrieb-im-Muenstertal

Sulzbachtal und Klemmbachtal

⛏ Die K 4941 führt nach **Ballrechten-Dottingen**.

Das *Glashaus Glas-Kunst-Café* vermittelt im Weindörfchen Ballrechten-Dottingen an der badischen Weinstraße Glasbläserei und Glasgalerie in Verbindung mit einem gemütlichen Café. Altes Handwerk und modernes Design in gemütlichem Ambiente mit hausgemachten Spezialitäten.

ⓘ Das Glashaus, 79282 Ballrechten-Dottingen, Neue Kirchstraße 30,
Tel. 07634/592572, www.dasglashaus.com

⛏ Die K 4911 führt weiter nach **Sulzburg,** einem alten Bergbaurevier.

Das Landesbergbaumuseum in der ehemaligen evangelischen Stadtkirche.

In dem von historischen Bauten geprägten Sulzburg liegt das *Landesbergbaumuseum*. In der ehemaligen Stadtkirche werden wichtige Stationen des Bergbaus der Region und des Landes Baden-Württemberg aufgezeigt: Im Erdgeschoss der Salz- und der Gangerz-Bergbau. Auch die Arbeitsgeräte der Bergleute von damals sind zu sehen. Auf der Galerie im Obergeschoss findet sich Wissenswertes über den Kalibergbau in Buggingen.

ⓘ Landesbergbaumuseum, 79295 Sulzburg, Hauptstraße 56. Geöffnet Di–So 14.00–17.00 Uhr, Tel. 07634/560040, www.sulzburg.de/tourismus_ freizeit/sehen_erleben/landesbergbaumuseum

Sehenswert in Sulzburg ist auch die romanische *Kirche St. Cyriak*, bei der der Kirchturm aus dem elften Jahrhundert stammt.

🚶 Das Markgäfler Wiwegli führt von Staufen über Sulzburg auf seinem Weg nach Süden.

Der Aussichtsturm auf dem Blauen.

◀ Die L 131 führt von der B 3 durch Müllheim nach Niederweiler. Die L 132/140 führt nach **Marzell**. Von der L 140 führt die K 4948 knapp drei Kilometer zum Gipfel des *Blauen*. Der auch Hochblauen genannte Berg ist mit 1.165 Metern ein Aussichtspunkt des Markgräfler Landes, der bei guten Sichtverhältnissen einen Blick bis zu den Schweizer und Allgäuer Alpen ermöglicht. Ein 15 Meter hoher Stahlfachwerkturm ermöglicht den herrlichen Rundblick. Richtung Kandertal liegt ein Startplatz für Gleitschirmflieger.

🚶 Auf den Blauen führt der Westweg vom Belchen nach Süden.

◀ Vom Blauen führt die L 140 nach **Badenweiler** hinunter.

Über der Stadt ruht die Burg Baden, die bereits 1122 erwähnt wird, allerdings 1678 durch französische Truppen gesprengt wurde.

Funde belegen, dass schon die Kelten die Thermalquellen von Badenweiler nutzten. Die Römer, die unter Kaiser Claudius die Gegend besetzten, haben Badenweiler bis ins dritte nachchristliche Jahrhundert als Heilbad geprägt und noch viele Spuren ihrer Zivilisation hinterlassen. Diese wurden 1784 durch Zufall entdeckt und ausgegraben. Die römischen Badruinen liegen unterhalb des Markgrafenbades und sind heute durch ein Plexiglasdach geschützt.

Die überdachten römischen Badruinen in Badenweiler.

Dem Ort Badenweiler kommt der Warmluftstrom zugute, der aus der Burgundischen Pforte strömt. Schon 1824 wurde das heute noch bekannte und elitäre Hotel *Römerbad* eingeweiht. Ein Jahr später wurde die heute noch einzigartige, 22 Hektar große Parkanlage mit ihrem einmalig mächtigen und alten Baumbestand angelegt. 1887/88 wurde das heutige Kunstpalais zur Großherzoglichen Sommerresidenz. Bekannt war im 19. Jahrhundert Badenweiler auch für die Verwendung von Molken oder Eselinnenmilch. 1875 wurde das Marmorbad gebaut, das heute als Eingangshalle des Markgrafenbades dient, welches 1908 erbaut wurde. Die heutige *Cassiopeia-Therme* mit Saunalandschaft und Wellnessoase umfasst 4.000 Quadratmeter und besitzt eine Wasserfläche von 1.000 Quadratmetern.

ⓘ Cassiopeia Therme, 79410 Badenweiler, Ernst-Eisenlohr-Str. 1. Geöffnet täglich Thermalbad 9.00–22.00 Uhr, Saunalandschaft und Wellnessoase 11.00–22.00 Uhr, Tel. 07632/799200, www.badenweiler.de/de/cassiopeia_therme

ⓘ Römische Badruine geöffnet April bis Oktober 10.00–19.00 Uhr, November bis März 10.00–17.00 Uhr, www.badenweiler.de/de/sehenswuerdigkeiten/roemische_badruine

⊟ Die L 131 führt das Klemmbachtal hoch, beim Weiherkopf über den Sattel nach Hinterheubronn. Vom Haldenhof rechts geht es talabwärts zum ***Nonnenmattweiher***.

Der Nonnenmattweiher liegt auf 910 Metern Höhe bei Heubronn am Übergang des Klemmbachtals zum Kleinen Wiesental. Der Nonnenmattweiher geht auf einen Karsee zurück, der aber wohl schon im Mittelalter verlandet war. 1758 wurde das Moor als Mühlenweiher aufgestaut. 1920 brach der Damm bei der Schneeschmelze, Anfang der 1930er Jahre wurde der Damm wieder errichtet. Es entstand aus dem Moor wieder ein See mit einer typischen schwimmenden Torfinsel. Der See ist teilweise zum Baden freigegeben.

Der Nonnenmattweiher mit schwimmender Torfinsel.

🚶 Vom See führt ein Wanderweg zum Weiherfelsen, der einen herrlichen Ausblick bietet. Der Westweg führt vom Belchen über den Nonnenmattweiher zum Blauen.

ⓘ www.nsg-nonnenmattweiher.de

Kandertal

◄ Die L 134 führt über Binzen in das Kandertal bis nach **Kandern**.

Schon im 16. Jahrhundert bedienten sich die Ziegler und Hafner der Tonvorkommen. Das Hafnerhandwerk begründete den Ruf von Kandern als Töpferstadt – der letzte traditionell arbeitende Töpfer starb 1955. Ende des 19. Jahrhunderts entstanden Industriebetriebe, die nicht nur Geschirr, sondern auch feuerfeste Steine produzierten. Das Tongewerbe verlagerte sich mehr in Richtung Kunstkeramik, das führte 1927 zur Gründung einer Fayence-Manufaktur. Heute werden Waren in die ganze Welt verkauft. Die Produkte der Töpferstadt Kandern sind im *Heimat- und Keramikmuseum Kandern* zu sehen.

ⓘ 79400 Kandern, Ziegelstraße 30, geöffnet April bis Oktober Mi 15.00–17.30 Uhr, So 10.00–12.30 und 14.00–16.00 Uhr, Tel. 07626/9729955, www.kandern.de/logicio/pmws/ indexDOM.php?client_id=kandern&page_id=museen&lang_iso639=de#absatz1

↗ Ton, Weiße Erde, Muschelkalk und Gips waren ebenfalls abbauwürdig

Im Heimat- und Keramikmuseum steht eine Kopie der *goldenen Sau von Kandern*. Das Original steht seit 1977 im Badischen Landesmuseum in Karlsruhe.

Einer fürstlichen Waidmanns- und Weinlaune verdankt Kandern ein „köstliches" Kleinod: Die goldene Sau. Markgraf Georg Friedrich soll anno 1605 großes Glück auf der Jagd nach Wildschweinen unweit des Sausenburger Schlosses gehabt haben. Er soll aus diesem Anlass ein sonderbares Trinkgefäß in Gestalt einer Wildsau gestiftet haben. Jeder, dem ein Ehrentrunk aus diesem Becher kredenzt wurde, musste Namen und Reim in ein Buch schreiben.

Der Markgraf selbst eröffnete die fröhliche Trinkfestchronik:

Die „goldene Sau" von Kandern.

Als wir Waidwerks woll abgegangen, und ein gutes Schwein gefangen

Und mit Fraiden kham zu Haus, trank ich den Willkom restlich aus.

Einem bekam der tiefe Zug nicht gar so gut:

Der Willkomm ist mir wohl bekommen, Allein thut er mir im Leib sehr brummen.

🚃 Seit 1986 fährt im Sommer das **Chanderli** mit historischer Lokomotive sonntags und zu besonderen Anlässen zwischen Mai und Oktober 15 Kilometer im unteren Kandertal zwischen Kandern und Haltingen. Im Depot in Kandern kann das *Chanderli* mit seinen historischen Wagen besichtigt werden.

ⓘ Kandertalbahn e.V., 79400 Kandern, Bahnhofstraße 15, verein@kandertalbahn.de, www.kandertalbahn.de, oder Tourist-Information Kandern, Tel. 07626/2356, www.kandern.de

Das Chanderli unterwegs im Kandertal.

↗ Mit dem Dampfross unterwegs durch Berg und über Tal

🚶 Der Westweg führt vom Blauen über Malsburg-Marzell nach Kandern.

⊣ Ab Kandern führt die L 132 bis kurz vor Schallsingen, von dort die K 6343 nach **Schloss Bürgeln**.

Das Gebäude wurde 1762 vom Kloster St. Blasien als Probstei errichtet. Auf Schloss Bürgeln ist im **Keramik-Kabinett** wertvolles Porzellan auch aus Kandern zu besichtigen.

ⓘ Schloss Bürgeln, Tel. 07626/237, www.schlossbuergeln.de

Schloss Bürgeln, ehemaliges Probsteigebäude des Klosters St. Blasien.

Wiesental

⊳ Die B 317 führt von der A 98 ins Wiesental.

Reichlich vorhandene Arbeitskräfte und Schweizer Kapitalgeber bildeten die Grundlage für das im Wiesental im 18. Jahrhundert entstehende Textilgewerbe. Die Schweizer Fabrikanten vergaben hierher Aufträge in Heimarbeit. Auch der Markgraf von Baden unterstützte mit seiner Gewerbeförderungspolitik die Bestrebungen, der Bevölkerung Arbeitsmöglichkeiten zu schaffen. Im gesamten Wiesental entstanden, begünstigt durch die Wasserkraft, Textil-Manufakturen. Aber nicht nur hier, sondern auch im Todtnauer Tal und um Waldshut investierten Schweizer und Elsässer Unternehmer.

Im ersten Drittel des 19. Jahrhunderts wurden das Textilgewerbe und deren Produktionsmethoden revolutioniert. Mechanische Webstühle und Spinnmaschinen hielten Einzug in die Produktionshallen. Begünstigt wurde die Blüte der Textilindustrie im Wiesental durch den Beitritt Badens zum Deutschen Zollverein im Jahr 1835. Die Schweizer Unternehmen mussten in Baden Fabriken bauen, um in dem erweiterten, abgeschotteten Markt wirtschaftlich operieren zu können.

Den ersten Einbruch der Textilindustrie brachte der Erste Weltkrieg mit seiner Rohstoffbewirtschaftung, dann die Weltwirtschaftskrise sowie die spätere Umstellung auf Kriegsproduktion im Dritten Reich. Nach dem Zweiten Weltkrieg gab es ein kurzes Aufblühen der Textilindustrie. Ende der sechziger Jahre kam dann wie überall in Europa der allgemeine Niedergang. Nur wenigen Unternehmen gelang es, sich dem Strukturwandel des Welttextilgewerbes rechtzeitig anzupassen. Die freiwerdenden Arbeitskräfte wurden von der Aluminium- und Chemischen Industrie sowie der Energiewirtschaft aufgefangen.

Gleich am Eingang des Wiesentales liegt links die mächtige **Burgruine Rötteln**. 1259 wurde die Burg erstmals urkundlich erwähnt, seit 1315 war sie Herrschaftsmittelpunkt der Markgrafschaft Hachberg-Sausen-

Die Burgruine Rötteln am Eingang des Wiesentals.

berg (bis 1503). 1678 wurde die Burg von französischen Truppen angezündet, seither ist sie Ruine.

ⓘ www.badische-seiten.de/loerrach/burg-roetteln.php

🚶 Der Westweg beginnt seinen Weg über Kandern nach Norden.

🪧 Die B 317 führt weiter talaufwärts nach Schopfheim. Dort zweigt die B 518 nach Wehr ab und nach knapp zwei Kilometern zum *Eichener See*.

Der Karstsee führt nur zeitweise Wasser, besonders nach der Schneeschmelze und langen Regenzeiten tritt hier Grundwasser zutage. Auch der Abfluss erfolgt unterirdisch. Der Eichener See steht seit 1939 unter besonderem Schutz.

ⓘ www.schopfheim.de/de/Kultur+Bildung/Sehensw%C3%BCrdigkeiten/Eichener-See

🚶 Von Schopfheim führt der Hotzenwald-Querweg am Eichener See vorbei auf seinem Weg nach Hasel.

🪧 Zurück zur B 317 talaufwärts nach Hausen, rechts die K 6339 führt Richtung Raitbach und *Hohe Möhr*.

Auf dem 983 Meter hohen Berg zwischen Schopfheim und Zell i. W. befindet sich seit 1894 ein runder Sandsteinturm mit einer Plattform in 25 Metern Höhe. Er bietet einen herrlichen Blick auf Alpen, Hotzenwald und Wiesental.

ⓘ www.schopfheim.de/505

🚶 Der Westweg führt auf seinem Weg nach Süden über die Hohe Möhr nach Hasel.

🪧 Zurück zur B 317. Talaufwärts führt diese nach **Zell im Wiesental.**

Das **Wiesentäler Textilmuseum** in Zell steht auf dem Gelände einer ehemaligen Betriebsstätte der *Zell-Schönau AG (Irisette)*, dem einstmals größten Arbeitgeber der

Das Textilmuseum in Zell im Wiesental.

Region. Das Museum zeigt die Textilherstellung vom Spinnen, Spulen, Schlichten bis hin zum Weben, das auf betriebsfähigen Handwebmaschinen vorgeführt wird. Der Weg von der Heimarbeit zur Heim-Manufaktur und der Fabrikarbeit wird an der Entwicklung der Maschinentechnik dokumentiert. Vom Handwebstuhl über mechanische Schützenwebmaschinen bis hin zur modernen Greifer-Webmaschine wird gezeigt, warum das Wiesental von Basel bis Todtnau auch *Webland* genannt wurde.

ⓘ Wiesentäler Textilmuseum, 79669 Zell i. W., Teichstraße 4, geöffnet März
   bis November Sa, So 10.00–12.00 Uhr, Di 14.00–17.00 Uhr, Mi 17.00–19.00 Uhr,
   Tel. 07625/924092, www.wiesentaeler-textilmuseum.de

⚑ Die B 317 führt weiter talaufwärts nach **Wembach**.

In Wembach liegt das Bauernhausmuseum *Segerhof*. Der Bauernhof wurde um 1680 erbaut und ist nahezu unverändert erhalten geblieben. Er vermittelt dem Besucher ein anschauliches Bild des bäuerlichen Alltags.

ⓘ www.wembach.de/segerhof.htm

⚑ Die B 317 führt weiter talaufwärts nach Schönau und Schönbuchen. Rechts an der Straße liegt die unscheinbare *Peterkapelle*, in deren Untergeschoss der riesige Stein liegt, auf dem einer Legende nach Petrus auf seiner Reise vom Belchen niedergekniet haben soll. Weiter talaufwärts zweigt vor dem Ort Utzenfeld die L 142 in das Aiternbachtal ab. Von Aitern zweigt nach rund sechs Kilometern die Straße zum Belchen-Parkplatz ab.

Zu den für die herrliche Fern- und Alpensicht bekanntesten Schwarzwalderhebungen gehört unstreitig der *Belchen.* Mit 1.414 Metern ist er – je nach Zählweise – der dritt- bis fünfthöchste Berg des Schwarzwalds. 1866 wurde das Belchenrasthaus eingeweiht, 1899 durch ein massives Steinhaus ersetzt und 1905 erweitert. In strengen Wintern, wie 1941, reichten die Schneeverwehungen bis an den Dachfirst. Bei guter Sicht ist das Alpenpanorama zu sehen.

Der Gasthof auf dem Belchen.

1901 bis 1904 wurde eine für den Autoverkehr geeignete Straße von Schönau über Aitern und Multen gebaut. 1991 wurde die elf Kilometer lange Straße aus Naturschutzgründen zeitweise gesperrt. Damals mussten die Besucher auf Busse umsteigen. Seit 2001 ist die Zufahrt ganz gesperrt, die Straße zur Forststraße rückgebaut und eine Seilbahn befördert die jährlich rund 300.000 Besucher, die nicht zu Fuß den Gipfel erklimmen wollen.

ⓘ Die Seilbahn ist täglich von 9.15 Uhr bis mindestens 17.00 Uhr in Betrieb, www.belchen-seilbahn.de. Belchen Haus, 79677 Schönenberg, Am Belchen, Tel. 07673/281 www.belchenhaus.de

🚶 Der Westweg führt vom Feldberg neben vielen anderen örtlichen Wanderwegen über den Notschrei zum Belchen und weiter zum Blauen.

◀ In Utzenfeld zweigt die L 123 in das Wiedenbachtal nach Wieden ab.

🚶 Nach 2,8 Kilometern zweigt bei Königshütte rechts ein befahrbarer Waldweg ab, 3,5 Kilometer bis zum herrlichen Wandergebiet Knöpflesbrunnen auf 1.100 Metern Höhe. Oben auf der Höhe ein Blick über das gesamte Wiesental mit Einkehrmöglichkeit im Almgasthaus Knöpflesbrunnen.

ⓘ www.knoepflesbrunnen.de

◀ Zurück zur L 123, nach knapp zwei Kilometern zweigt die Straße in den Finstergrundbach zum *Besucherbergwerk Finstergrund* ab.

Vom Mittelalter bis ins 18. Jahrhundert wurde hier Silber- und Bleierz abgebaut. Zwischen 1920 und 1972 wurde Flussspat gewonnen. Seit 1982 ist das Besucherbergwerk begehbar.

ⓘ Öffnungszeiten: Juli, August, September jeweils Mi 10.00–16.00 Uhr, Mai bis Oktober jeweils Sa, So, Feiertag 10.00–16.00 Uhr. Anmeldung: Tel. 07673/7276 oder 1456, Kurverwaltung Wieden, Tel. 07673/303, www.finstergrund.de

↗ Schwer war die Arbeit unter Tage

◀ Die L 123 führt weiter talaufwärts nach Wieden und schließlich zum *Wiedener Eck*.

Der Pass des Wiedener Ecks in 1.035 Metern Höhe bietet einen weiten Blick über den südlichen Schwarzwald, das Tal des Wiedenbaches und das Tal der Wiese. Nach Norden hin sind die alten Schanzenanlagen noch gut erkennbar.

ⓘ www.quaeldich.de/paesse/wiedener-eck/

🚶 Der Westweg führt vom Notschrei über das Wiedener Eck zum Belchen.

↩ Zurück zur B 317 ins Tal der Wiese nach **Todtnau**.

Todtnau wurde erstmals 1025 urkundlich erwähnt. Im 13. und 14. Jahrhundert war Todtnau Zentrum des Schwarzwälder Silberbergbaus. Im Dreißig-jährigen Krieg verarmte die Bevölkerung. Im 19. Jahrhundert brachte die Bürstenindustrie neuen Wohlstand. Das heutige Stadtbild entstand mit dem Wiederaufbau nach der Brandkatastrophe von 1876.

Wallfahrtskirche St. Johannes der Täufer in Todtnau.

↗ Unglücke gab es immer wieder

🚶 Der Doppelsessellift in der Brandenberger Straße führt auf den Hasenhorn-Gipfel (1.156 Meter) in ein Wanderparadies. Die spektakuläre **Hasenhorn-Rodelbahn** führt 2,9 Kilometer ins Tal hinunter. Im Winter lädt eine 3,5 Kilometer lange Winterrodelbahn zur Abfahrt ins Tal ein.

ⓘ www.hasenhorn-rodelbahn.de

↩ Die L 126 führt Richtung Todtnauberg. In der ersten Kehre bei Aftersteg liegt der ehemalige **Glasbläserhof Aftersteg**. Die K 6307 führt hoch nach **Todtnauberg**.

Das als Bergbausiedlung entstandene Todtnauberg wurde 1283 erstmals erwähnt. Im 19. Jahrhundert war das Dorf ein Zentrum des Bürstenmachergewerbes. Heute bildet der Fremdenverkehr das wirtschaftliche Rückgrat des Ortes.

Alle zwei Jahre findet in Todtnauberg Anfang Mai das Schwarzwälder Kirschtortenfestival statt.

ⓘ www.bergwelt-suedschwarzwald.de/de/kultur/kirschtorte.php

Der **Todtnauer Wasserfall** liegt oberhalb von Todtnau. Der Stübenbach stürzt in vier Stufen 97 Meter in die Tiefe. Die höchste Stufe misst 60 Meter. Er ist seit 1987 als Natur-denkmal geschützt. Östlich der oberen Fallstufe des Wasserfalls befindet sich der geheim-

nisvolle *Schatzstein*, ein Monolith mit eingehaue-
nen Markscheider-Zeichen.

ⓘ www.badische-seiten.de/todtnau/
todtnauer-wasserfall.php

🚶 Der Wasserfallsteig führt von Feldberg-Hebel-
hof nach Todtnauberg hier vorbei.

◀ Zurück zur B 317 Richtung Feldberg.

🚶 An der ersten Haarnadelkurve führt oberhalb
der Schwarzwald-Kaserne ein Wanderweg in
rund 400 Metern zum **Fahler Wasserfall**. Vom
Wanderparkplatz an der zweiten Kehre aus ist
ein Besuch ebenfalls möglich. Der Rotenbach
stürzt hier in mehreren Stufen 50 Meter zu Tal,
wobei die höchste Stufe 15 Meter misst.

Der Todtnauer Wasserfall.

ⓘ www.badische-seiten.de/brandenberg-fahl/fahler-wasserfall.php

◀ Die B 317 führt hoch zum Feldberg-Massiv.

Es bildet als Ganzes eine zwei Kilometer lange wellige Kuppe mit mehreren stumpfen
Gipfeln, neben dem eigentlichen **Feldberg**, mit 1.493 Metern die höchste Erhebung in
Deutschland außerhalb der Alpen, sind dies der *Seebuck* (1.448 Meter), der *Baldenweger
Buck* (1.460 Meter) und der *Mittelbuck* (1.460 Meter).

Die Feldbergkuppe liegt unterhalb der natürlichen Waldgrenze. Baumlos ist das Gebiet
aufgrund früher Beweidung, der der Feldberg auch seinen Namen verdankt. Bereits 1063
ist er urkundlich als „Veltperch" erwähnt, wobei „Feld" eine landwirtschaftlich genutzte
waldfreie Fläche bezeichnet. Der sternförmige Verlauf der Gemarkungsgrenzen der umliegenden Gemeinden deutet darauf hin, dass die Matten als Sommerweide sehr geschätzt
waren.

Die Menzenschwander Hütte, heute bewirtschaftet, steht auf der Grafenmatt. Die Zastler
Hütte, durch eine abgehende Lawine beschädigt, wurde nach 1947 wieder zur Bewirt-
schaftung hergerichtet. Die Lenzkircher Hütte wurde 1900 abgerissen. Die Baldenwanger
Viehhütte wird heute noch als solche benutzt. Die Todtnauer Viehhütte ist inzwischen

ein Gasthaus mit Übernachtungsmöglichkeit. Die St. Wilhelmer Hütte, die 1819 von St. Wilhelmer und Todtnauberger Bauern errichtet wurde, ist heute ebenfalls bewirtschaftet.

ⓘ www.menzenschwanderhuette.de und www.zastler-hütte.de und www.todtnauer-huette.de und www.sankt-wilhelmerhuette.de

Jedes Jahr findet an der **Laurentiuskapelle** bei der Todtnauer Hütte das Laurentiusfest statt. Am Tag des heiligen Laurentius (10. August) finden sich Bauern, Hirten, Einheimische und Besucher zusammen, um mit einem Feldgottesdienst das traditionelle Fest gemeinsam zu begehen. Kühe und Hirten erhalten ihren Segen. Das weltliche Fest findet dann in den verschiedenen Hütten des Feldberggebietes statt.

1864 wurde das erste Berggasthaus unter dem Namen *Kurhaus Feldberg* eröffnet, der heutige *Feldberger Hof*. 1891 fuhr Raymond Pilet erstmals Ski auf dem Feldberg. 1900 wurden die ersten Deutschen Skimeisterschaften ausgetragen. Am 11. September 1913 landete sogar Artur Faller mit einem Flugzeug auf dem Feldberg.

Flugzeuglandung auf dem Feldberg 1913.

↗ Winter im Schwarzwald

Auf dem Seebuck wurde 1896 ein aus Bruchsteinen errichtetes *Bismarck-Denkmal* eingeweiht. Ebenfalls auf dem Seebuck befindet sich der 45 Meter hohe **Feldbergturm**, ein ehemaliger Rundfunkturm des Südwestrundfunks, der 2003 in den Besitz der Gemeinde Feldberg überging. Er bietet mit seiner im elften Stock auf 36 Meter Höhe eingerichteten Aussichtsplattform bei guter Sicht einen Rundblick von der Zugspitze über Eiger, Mönch und Jungfrau zum Mont-Blanc-Massiv bis zu den Vogesen. Auf dem Feldberggipfel stehen ein 2003 in Betrieb genommener, 82 Meter hoher Sendeturm des SWR und der 1913 erbaute Friedrich-Luise-Turm, der für den Wetterdienst genutzt wird. Beide sind unzugänglich.

ⓘ www.hochschwarzwald.de/Feldberg

🚶 Der Premiumwanderweg **Wasserfallsteig** führt vom Wanderparkplatz am Hebelhof über Wiesenquelle, Fahler Wasserfall, Todtnauer Wasserfall 11,9 Kilometer nach Todtnauberg. Vom Haus der Natur führt links der Premiumwanderweg **Feldbergsteig** als Rundwanderweg zwölf Kilometer um den Feldberg und Feldsee. Der Westweg führt von Hinterzarten über den Feldberg zum Notschrei. In zwei Armen führt der Westweg um den Feldsee hinauf zum Feldberggebiet.

ⓘ www.wanderinstitut.de/premiumwege/baden-wuerttemberg/wasserfallsteig,
www.wanderinstitut.de/premiumwege/baden-wuerttemberg/extratour-feldbergsteig

Der bis zu 32 Meter tiefe **Feldsee** ist einer der wenigen Karseen des südlichen Schwarzwaldes. Er wird auf drei Seiten von bis zu 300 Meter hohen Felswänden flankiert. Der auf 1.109 Metern Höhe gelegene See wird auch das *dunkle Auge des Feldbergs* genannt. Der Feldsee wird vom Seebach durchflossen, der in den Titisee fließt. Im Feldsee herrscht aus Gründen des Naturschutzes generelles Badeverbot.

Der Feldsee vom Seebuck aus gesehen.

ⓘ www.badische-seiten.de/feldberg/feldsee.php

Wehratal

⚐ Von Brennet führt die B 34 über Schwörstadt nach **Laufenburg** zur *Tschamber Höhle.* Der Höhleneingang befindet sich in Rheinfelden-Riedmatt direkt an der B 34, Parkmöglichkeit beim Hotel Storchen.

Der Höhlenbach gräbt sich immer tiefer durch den Muschelkalk und so entstand bei Rheinfelden-Riedmatt die Tschamberhöhle. Das Höhlensystem ist nur zum Teil erforscht, 560 Meter sind durch Treppen und Stege für Besucher zugänglich.

ⓘ Tschamberhöhle, 79618 Rheinfelden-Riedmatt, Tel. 07623/5755. Geöffnet: April bis Oktober So 13.00–17.00 Uhr, www.schwarzwaldverein-karsau.de

🚶 Der Hochrhein-Höhenweg führt von Rheinfelden über Riedmatt nach Wehr.

⚐ Zurück nach Brennet. Die B 518 führt von Brennet über Wehr nach Hasel. Den Hinweisschildern *Erdmannshöhle* folgen, an der Kirche über den Haselbach und dann nach Süden bis zur Schauhöhle.

Schon vor über 250 Jahren war die Erdmannshöhle, eine Tropfsteinhöhle, bekannt. Sie wurde 1750 als *Erdmännleins Grub* bezeichnet. Die immer wieder einstürzenden Dolinen, die Gärten, Felder und Gebäude mit in die Tiefe rissen, Bachläufe unter Tage freilegten oder Tropfsteinhöhlen freigaben, veranlassten die besorgte Bevölkerung, sich an den badischen Markgrafen zu wenden. 1773 besuchte Karl Friedrich mit seiner Gemahlin Luise Karoline die Erdmannshöhle. Sie müssen überwältigt gewesen sein, welche Pracht von stehenden und hängenden Tropfsteinen im Lichte der Fackeln aus der Dunkelheit hervorkamen. Nach und nach wurde die Höhle mit Treppen begehbar gemacht, mit Fackeln beleuchtet, durch neue Zugänge erweitert und schließlich mit elektrischem Licht beleuchtet. Unter den Karsterscheinungen des Dinkelbergs ist die Erdmannshöhle um Hasel die bekannteste. Die bislang vermessene Gesamtlänge der Höhlengänge beträgt 2.350 Meter, davon sind 356 Meter für die Öffentlichkeit zugänglich. Der größte Höhlenraum, der **Rittersaal**, ist 22 Meter lang, zehn Meter hoch und vier bis 6,5 Meter breit.

Die Erdmannshöhle in Hasel.

ⓘ Erdmannshöhle Hasel, Wehrer Straße 25, 79686 Hasel. Geöffnet: April bis Oktober, Tel. 07762/9307, www.gemeinde-hasel.de/inhalt.php?WEBYEP_DI=4

🚶 Der Westweg führt von der Hohen Möhr Richtung Süden nach Hasel. Ebenso der Hotzenwald-Querweg von Schopfheim zum Hornberger Becken. Wehr ist der Ausgangspunkt zahlreicher romantischer Wanderwege. Der Wehratalweg ist Teil des Schluchtensteigweges von Wehr nach Todtmoos. Daneben gibt es noch den Murg-Wehra-Rundwanderweg Wehr, Todtmoos, Herrischried, Rickenbach, Murg, Bad Säckingen mit insgesamt 90 Kilometern Länge. Auch der Hochrhein-Höhenweg führt von Wehr über Egg, Oberhof, Hänner.

ⓘ www.schluchtensteig.de/de/etappen/ und www.murg-wehra-weg.de/weg/3/de/home.html

◀ Zurück nach Wehr, die L 148 führt in das Wehratal.

Der **Wehrastausee** ist mit dem Hornbergbecken I, der Kaverne, seinen gewaltigen Turbinen und Stollen Teil der Hornbergstufe der Schluchsee AG. Mit Überschussstrom wird das Wasser wieder in das Hornbergbecken I hochgepumpt.

↗ Laufen im Ruhrgebiet die Maschinen an

◀ Die L 146 führt weiter durch das romantische Wehratal aufwärts bis **Todtmoos**.

Der heilklimatische Luftkurort Todtmoos galt lange Zeit wegen der klaren und guten Luft als *Davos des Schwarzwald*s.

ⓘ www.todtmoos.de

Es wird überliefert, dass ein Priester aus Rickenbach, nachdem ihm die Mutter Gottes erschienen war, 1255 eine Kapelle auf dem Schönbühl zu Ehren der Mutter Gottes erbaute. Dies war der Beginn einer der großen Wallfahrten im Schwarzwald. Noch heute wird zum Gnadenbild der **Wallfahrtskirche Unserer Lieben Frau** gewallfahrt.

In Todtmoos befindet sich das Heimatmuseum **Heimethus**, ein über 250 Jahre altes Schwarzwald-

Die barocke Wallfahrtskirche von Todtmoos.

haus. Das Museum gibt einen Überblick über das Leben der Landbevölkerung von damals. Darüber hinaus werden auch Glasbläservorführungen gezeigt.

ⓘ Heimethus, 79862 Todtmoos, Murgtalstraße 15. Geöffnet: Mi, Fr, So 14.30–17.00 Uhr, Tel. Tourist-Info 07674/90600, www.todtmoos.de/eip/pages/heimatmuseum.php

Das im Jahr 2000 eröffnete Besucherbergwerk **Hoffnungsstollen** liegt im Ortsteil Todtmoos-Mättle. Von 1799 bis 1810 wurden hier im Tagebau Kieserze zur Herstellung von Vitriol gewonnen. In der zweiten Hälfte des 19. Jahrhunderts fanden wiederholt Untersuchungsarbeiten mit Anlage von Stollen und Schächten statt. 1934 bis 1937 wurde ohne Erfolg nochmals versucht, nickelhaltigen Magnetkies zur Stahlveredlung zu fördern.

ⓘ Besucherbergwerk Hoffnungsstollen, 79682 Todtmoos-Mättle. Geöffnet: Mai bis Oktober jeweils Do, Sa, So und Feiertag 14.00–17.00 Uhr, November bis April Sa, So und Feiertag 14.00–17.00 Uhr. Anmeldung: Kurverwaltung Todtmoos, Tel. 07674/90600, www.todtmoos.de/eip/pages/bergwerk-hoffnungsstollen.php

↗ Schwer war die Arbeit unter Tage

◄ Am Ortsausgang von Todtmoos zweigt die L 151 nach **Präg** ab.

Der **Hochkopfturm** steht auf dem 1.263 Meter hohen Hochkopf zwischen Präg und Todtmoos. Seit 1982 ersetzt ein Holzturm mit einem weit heruntergezogenen Holzschindeldach den Turm von 1926. Er bietet einen herrlichen Alpenblick. Südlich des Hochkopfs beginnt der Hotzenwald, nördlich das Feldbergmassiv.

ⓘ www.todtmoos.de. Im Tal in Weißenbach befindet sich das Hochkopfhaus zum Auerhahn, Tel. 07674/437, www.hochkopfhaus-auerhahn.de.

🚶 Der Westweg führt vom Herzogenhorn am Hochkopf vorbei nach Süden.

◄ Zurück zur L 146, die weiter talaufwärts in den Ortsteil **Rütte** führt.

Einweihung des Hochkopfturms 1925.

Der Todtmooser Wasserfall liegt zwischen Hintertodtmoos und Ortsteil Rütte auf der rechten Seite. Der Rüttebach stürzt in drei Stufen insgesamt 40 Meter in die Tiefe. Der größte Einzelfall ist acht Meter hoch.

ⓘ www.badische-seiten.de/hintertodtmoos/wasserfall-hintertodtmoos.php

◄ Zwischen dem Wehratal und dem Murgtal liegt am Hochrhein **Bad Säckingen**.

Die Geschichte von Bad Säckingen ist eng mit dem Namen des Heiligen Fridolin verbunden, eines irischen Mönchs, der im siebten Jahrhundert auf einer Insel im Rhein ein Kloster gründete. Die heutige Stadt hat sich aus dieser Klosteransiedlung entwickelt. Das Stift Säckingen spielte als Frauenabtei viele Jahrhunderte lang eine bedeutende Rolle in der Region. Noch heute zeugt das doppeltürmige Fridolinsmünster von dieser Vergangenheit. Sehenswert der Fridolinschrein im Münster. Bekannt ist Bad Säckingen für seine Fridolinsprozession und zwar immer am Sonntag nach dem Gedenktag des heiligen Fridolin (6. März).

ⓘ www.bad-saeckingen-tourismus.de/index.shtml?mythischeorte

Wahrzeichen der Stadt ist die alte überdachte Holzbrücke aus dem 18. Jahrhundert. Sie führt 204 Meter über den Rhein und ist die längste ihrer Art in Europa.

Bad Säckingen erhielt das Prädikat *Bad* erst 1978. Es soll aber schon vor tausend Jahren Heilquellen besessen haben, da Mönch Balther einen Mann um jene Zeit mit Wasser geheilt habe. Die Badquelle mit 29 Grad Celsius und die Fridolinsquelle mit 25 Grad Celsius versorgen die *Aqualon-Therme*.

Die historische überdachte Rheinbrücke bei Bad Säckingen.

ⓘ Aqualon Therme, 79713 Bad Säckingen, Bergseestraße 5, Tel. 07761/6156080, www.aqualon.de

Als Besonderheit darf das **Hochrheinmuseum** im Schloss Schönau gelten. Es beinhaltet neben Exponaten zur Stadtgeschichte und der Geschichte des Hotzenwaldes auch Funde aus der Urgeschichte der Region. Sehenswert ist die bedeutende **Trompetensammlung**, die an den *Trompeter von Säckingen* von Victor von Scheffel erinnert.

ⓘ Hochrheinmuseum, Schloss Schönau, 79713 Bad Säckingen, Schönaugasse. Geöffnet Di, Do So 14.00–17.00 Uhr, www.trompetenmuseum.de

◄ Die K 6587 führt am Ortsende von Bad Säckingen links ab 1,1 Kilometer bis zum **Bergsee**.

Titelblatt einer alten Ausgabe des „Trompeters von Säckingen".

Der Bergsee liegt nördlich von Bad Säckingen auf 382 Metern Höhe und ist bis zu 13 Meter tief. Der auf fünf Hektar aufgestaute Weiher dient als Naherholungsgebiet mit Bootsverleih, Gastronomie und Wildgehege. Zahlreiche örtliche Wanderwege führen zu diesem Freizeitparadies.

ⓘ www.bad-saeckingen-tourismus.de/index.shtml?naturpur

◄ Die K 6587 führt weiter nördlich nach **Egg**.

Das Eggbergbecken dient als Oberbecken des Kavernenkraftwerks Säckingen, des ersten deutschen Pumpspeicherkraftwerks in Kavernenbauweise, das zwischen 1961 und 1967 errichtet wurde. Zur Stromgewinnung schießt das Wasser des Eggbergbeckens durch einen gepanzerten Druckschacht 400 Meter in die Tiefe auf vier Turbinen, die in einer künstlichen Höhle installiert sind. Die bis zu 2,1 Millionen Kubikmeter Wasser des Eggbergbeckens reichen für einen sechsstündigen Turbinenbetrieb unter Volllast.

ⓘ www.schluchseewerk.de

↗ Laufen im Ruhrgebiet die Maschinen an

🚶 Der Hotzenwald-Querweg führt von Hasel um das Hornbergbecken nach Herrischried.

Hauensteiner Murgtal

⊞ Das Hauensteiner Murgtal ist nicht ausgebaut worden. Die K 6541 bei Rippolingen mündet in die L 152, die unterhalb der Burgruine Wieladingen nach Norden führt, und die L 151 von Murg verläuft über die Ortsteile Niederhof, Oberhof und Hänner Richtung Herrischried. Die L 152 verbindet Rickenbach mit **Herrischried**.

In Herrischried-Großherrischwand wurde der *Klausenhof* als typisches Hotzenhaus zum Museum ausgebaut. Die ältesten Teile stammen aus dem Jahr 1424. Es hat das typische heruntergezogene Strohdach und steht in Richtung der Fallwinde. Angegliedert ist die Lindauer Säge, die 1595 erstmals urkundlich erwähnt wurde. Außerdem ergänzen Schmiede, Backhaus und Bauerngarten das Freilichtmuseum.

Das Freilichtmuseum Klausenhof in Großherrischwand.

ⓘ Freilichtmuseum
Klausenhof, 79737 Herrischried-Großherrischschwand, Am Gerhard-Jung-Platz 1. Geöffnet Mai bis Oktober Mi, Sa, So 14.30–17.30 Uhr, Januar bis April So 14.30–17.30 Uhr, www.herrischried.de/sriscms/freizeit/klausenhof.html

Gegenüber dem Klausenhof befindet sich die *Glaswerkstatt Bürklin*. In der offenen Glaswerkstatt wird modernes Glas in traditioneller Machart neben der ständigen Ausstellung gezeigt.

ⓘ Glaswerkstatt beim Klausenhof, Dieter Bürklin, 79737 Herrischried-Großherrischschwand, Lindenweg 2, Tel. 07764/6170. Geöffnet: Di–Sa 14.00–17.00 Uhr, Mai bis Oktober auch So 14.00–17.00 Uhr, www.glaswerkstatt-herrischried.de

↗ Glas, der älteste Kunststoff

Bei schönem Wetter ist nebenan auch der *Hof Berggarten* eine beliebte Anlaufstation. Hier findet man einen einzigartigen und unerschöpflichen Reichtum an Wildpflanzen. Ein Schaugarten lädt zum Verweilen ein mit Geschichten über die Sagengestalten des Hotzenwaldes, die im Hof Berggarten „frau- und mannsgroß" aufgestellt sind.

Von der Pfarrkirche in Herrischried führt über 3,5 Kilometer der **Banatweg** zur Ödlandkapelle. Der Banatweg erinnert an die durch die vorderösterreichischen Behörden erzwungenen, aber auch an die freiwilligen Aussiedlungen der Salpeterer und deren schweres Schicksal. Der ersten Generation der Tod, der zweiten die Not, der dritten das Brot.

Bis heute wallfahren am Sonntag nach dem Fest *Kreuz Erhöhung* (14. September) die Hotzenwälder zur Ödlandkapelle.

◀ Der B 151 weiter aufwärts folgen. Von Giersbach oder Kleinherrischschwand bei Herrischried führen Fahrwege zum Waldparkplatz, dann noch 200 Meter bis zum Turm.

Der neue Gugelturm von 1974.

Der 1974 neu errichtete **Gugelturm** auf dem 995 Meter hohen Gugel zwischen Herrischried und Engelschwand ist eine eigenwillige, moderne, 30 Meter hohe Holzkonstruktion mit einer auf 16 Metern Höhe platzierten Plattform. Er gilt als Wahrzeichen des Hotzenwaldes und löste den 1930 erbauten Turm, der eine Glockenform besaß, ab. Er bietet eine Aussicht über den gesamten Hotzenwald. Am Turm befindet sich das Gugelstübchen.

ⓘ Gugelstübchen geöffnet April bis Oktober
Di–So, Mo Ruhetag, www.gugelstueble.de

🚶 Der Querweg Hotzenwald führt von Herrischried nach Görwihl über die Gugel.

Die B 151 aufwärts befindet sich an der Einmündung der K 6532 der Wanderparkplatz Steinernes Kreuz. Er ist der Ausgangspunkt zweier bekannter Wanderwege. Der Murgtalpfad führt über 24 Kilometer dem Gebirgsbach der Murg folgend bis nach Murg am Rhein. Rückfahrmöglichkeit mit dem Bus. Der Sieben-Mooren-Weg führt als Rundweg elf Kilometer durch ein großartiges Moorgebiet

Ausgehöhlter Fels im Murgtal.

257

und an der Gletschermühle *Krai-Woog-Gumpen* vorbei. Er besteht aus zwei direkt nebeneinander liegenden Steinbecken, die in der Rißeiszeit durch einen Gletscher entstanden. Die Gletschermühle wurde erst 1952 entdeckt, freigelegt und steht unter Naturschutz.

ⓘ www.ruheforscher.de/de/entdecken/aktive-ferien/wandern/03_tourenvorschlaege.php

Hauensteiner Alb

◀ Von Albbruck am Hochrhein führt die L 154 durch das wildromantische Albtal.

Die Albtalstraße wurde von Robert Gerwig konzipiert und 1863 mit mehreren Felsdurchbrüchen bis St. Blasien fertiggestellt. Ursprünglich zur Holzabfuhr gedacht, bildet sie die direkte Verbindung vom Hochrhein nach St. Blasien. Sie führt direkt zum *Albstausee*.

Mit 28 Metern Höhe verschließt die Staumauer den 2,2 Millionen Kubikmeter fassenden Stausee. Er ist Teil des Pumpspeicher-Netzwerkes der Schluchsee AG. Das Wasser wird über Röhren in das Kraftwerk Häusern geleitet.

◀ Die L 154 führt 1,4 Kilometer an St. Blasien vorbei zum ***Kloster St. Blasien***.

Das Wahrzeichen von St. Blasien ist die 62 Meter hohe Kuppel des Domes. Sie ist die größte nördlich der Alpen und die drittgrößte Europas. Nach dem großen Brand von 1768 ließ Abt Gerbert die neue Klosterkirche errichten. Sie ist dem heiligen Blasius geweiht und ist heute noch Zeugnis eines der mächtigsten Klöster des Schwarzwaldes. Im Klostergebäude befindet sich ein renommiertes Jesuiteninternat. Im früheren Haupttor befindet sich seit 1926 das Rathaus.

Der Dom von St. Blasien.

Die Streubesitzungen von St. Blasien verteilten sich über ein Gebiet, das von der Innerschweiz bis nach Stuttgart und vom Oberrhein bis nach Rottweil reichte. Dazu betrieb es ein Eisenwerk in Albruck, eine Hammerschmiede in Kutterau, eine Brauerei in Rothaus, eine Druckerei und verschiedene Handwerksbetriebe sowie eine Waisen- und Darlehenskasse – die spätere Sparkasse in Bonndorf. Das Kloster unterhielt öffentliche Gymnasien in St. Blasien und in Sion, stellte Professoren für das Gymnasium in Konstanz und gelegentlich auch für die Universitäten in Freiburg und Salzburg.

↗ Bete und arbeite

ⓘ Sehr zu empfehlen sind
Domführungen, www.dom-info.de/
Dom-St.-Blasius/Domfuehrungen

🚶 Am östlichen Rand von St. Blasien
(Parkplatz) führt der Blasiwald-
weg 600 Meter zum Windberg-
wasserfall. Das Wasser des Wind-
bergbaches stürzt sechs Meter
in die Windbergschlucht. Der
Wanderweg führt großräumig um
den Windberghof und über das
Wildgehege wieder zurück nach
St. Blasien (sieben Kilometer).

Das Mineralmuseum Gottesehre in Dachsberg-Urberg.

◀ Die L 150 führt nach Todtmoos. Nach einem Kilometer zweigt die K 6590 nach
Dachsberg ab.

Dort und im zwei Kilometer entfernten **Urberg** wurden früher Bergbau und Köhlerei
betrieben. In Urberg wird eine große Sammlung von Mineralien aus dem ehemaligen
Fluss- und Schwerspatbergwerk *Grube Gottesehre* gezeigt, die 1987 geschlossen wurde.

ⓘ Mineralmuseum Gottesehre, 79875 Dachsberg-Urberg, Vogelsang 14,
Tel. 07672/99050. Geöffnet Do und So 14.00–16.00 Uhr.

🚶 Die K 6590 führt weiter südlich am *Horbacher Moor* vorbei. Mit 10,8 Hektar Fläche wurde
es schon 1939 unter Naturschutz gestellt. Rundweg 2,8 Kilometer. Kurz vor Wittenschwand
liegt rechts der aufgestaute *Klosterweiher*, der als Fischweiher des ehemaligen Klosters St.
Blasien diente. Er wird heute auch als Schwimmbad genutzt. In Wittenschwand oberhalb
des Klosterweihers wurde nach Silber und Nickel gegraben. Der sieben Kilometer lange
Bergbauwanderweg verbindet als Rundweg die verschiedenen Orte.

ⓘ www.ferien-suedschwarzwald.de/Entdecken/Ferien-im-Suedschwarzwald/
Wandern-im-Suedschwarzwald/Aktive-Ferien-Sommer/Lehrpfade-
in-Dachsberg/Dachsberger-Bergbauwanderweg

Vier Kilometer südlich von Wittenschwand liegt der Ortsteil **Wolpadingen** mit seiner
Brauchtumsköhlerei.

Immer Ende Juli/Anfang August finden auf dem Waldsportplatz die Kohlenmeilerta-
ge statt, bei denen aus 20 Ster Buchenholz ein Rundmeiler aufgebaut und kontrolliert

verkohlt wird. Bis in die erste Hälfte des 20. Jahrhunderts wurde in Dachsberg die Köhlerei betrieben.

ⓘ Dachsberger Kohlenmeiler am Waldsportplatz Wolpadingen, 79875 Dachsberg, Tel. 07672/990511, www.ferien-suedschwarzwald.de/ Media/Attraktionen/Dachsberg/Brauchtumskoehlerei-in-Dachsberg

🚶 Der Schluchtensteig Schwarzwald führt über Dachsberg, Klosterweiher, Lehenskopf (1.039 Meter) nach St. Blasien.

🚩 Die L 149 führt nach der Teilung der Alb in das Tal der Bernauer Alb nach **Bernau**. Das Tal endet unterhalb des Herzogenhorns.

Einer der bekanntesten Schwarzwaldmaler war Hans Thoma (1839–1924). Das 1949 gegründete *Hans-Thoma-Kunstmuseum* in Bernau-Innerlehen zeigt eine Vielzahl seiner Werke. Alle zwei Jahre am zweiten Augustwochenende wird der mit 25.000 Euro dotierte Hans-Thoma-Preis verliehen. Die Werke der Preisträger werden dann in einer Schwerpunktausstellung gezeigt.

Hans-Thoma-Museum: Sommerlandschaft.

ⓘ Hans-Thoma-Kunstmuseum, 79872 Bernau-Innerlehen, Rathausstraße 1. Geöffnet Mi–Fr 10.30–12.00 und 14.00–17.00 Uhr, Sa, So 11.30–17.00 Uhr, www.hans-thoma-museum.de

Im Ortsteil Oberlehen liegt das *Heimatmuseum Resenhof*. Ein aus dem Jahr 1789 stammender Eindachhof vermittelt eindrucksvoll, wie die Menschen früher gelebt und gearbeitet haben. Alljährlich am dritten Wochenende im August findet im Museum der Holzschnefler-Tag statt.

Das Heimatmuseum Resenhof in Oberlehen.

Kübler, Schindel-, Bürstenmacher und Blasebalghersteller geben Einblick in ihre Handwerkskunst. Auch Glasbläserei, Strohflechten, Spinnen und Trachtenstickerei werden gezeigt.

ⓘ Heimatmuseum Resenhof, 79872 Bernau-Oberlehen, Resenhofweg 2. Geöffnet: 25. Dezember bis 6. Januar täglich, 7. Januar bis Fasnacht nur So, Fasnacht bis Pfingsten Mi und So und Pfingsten bis 3. November Mi–So immer jeweils 14.00–17.00 Uhr, www.resenhof.de

🚶 Von Bernau-Kaiserhaus am Wanderparkplatz Ankenbühl führt der Premiumwanderweg *Bernauer Hochtalsteig* 15,6 Kilometer über Spießhorn, Krunkelbach Hütte als Rundwanderweg.

⬕ Die L 146 führt in das Tal der Menzenschwander Alb nach Menzenschwand.

Kurz vor der Kirche liegt links das Rathaus mit dem Museum *Le petit salon* des Schwarzwaldmalers Franz Xaver Winterhalter (1805–1873).

ⓘ Museum Le petit salon, 79837 Menzenschwand, Rathaus, Hinterdorfstraße 15. Geöffnet: Mi–So 14.30–17.00 Uhr, www.hochschwarzwald.de/ Sehenswuerdigkeiten/Museum-Le-Petit-Salon-Winterhalter

In Menzenschwand wurde 1957 Uranerz entdeckt, dessen Abbau aber aus fremdenverkehrstechnischen Gründen nur begrenzt realisiert wurde. Seit 2005 gibt es ein kleines Radonbad unter dem Namen *Radon Revitalbad*, integriert in einem Bewegungsbad mit Heißwasserpool. Das fluoridhaltige Wasser hat in den verschiedenen Becken 34–37 Grad Celsius. Radonhaltiges Wasser gibt es nur nach ärztlicher Verordnung in Wannenbädern.

ⓘ Radon Revitalbad St. Blasien-Menzenschwand, 79837 St. Blasien, In der Friedrichsruhe 13, Tel. 07675/929104, www.radonrevitalbad.de

Von Menzenschwand-Hinterdorf kommt man am Talende zum *Alb-Wasserfall*. Das vom Feldberggebiet kommende Wasser hat sich während und nach der Eiszeit in das tiefe Tal eingeschnitten und bildet heute eine Schlucht mit bis zu 30 Meter hohen Wänden. Die Menzenschwander Alb stürzt sich insgesamt 20 Meter in die Tiefe, die letzte Kaskade mit acht Metern. Die Schlucht mit dem Wasserfall ist gut begehbar, von Mai bis Oktober können die Wasserfälle immer Mittwoch, Samstag und Sonntag abends beleuchtet bestaunt werden.

Wasserfall der Menzenschwander Alb.

Schlüchttal und Mettmatal

Die Mündungen von Schlücht und Mettma in die Wutach liegen im Stadtgebiet von **Waldshut-Tiengen**. Waldshut wurde 1256 erstmals urkundlich erwähnt, wenngleich die Gegend bereits in keltischer und römischer Zeit besiedelt war. Die Stadt am Hochrhein war über mehrere Jahrhunderte Sitz des Waldvogts, des Vertreters der vorderösterreichischen Regierung. Noch heute wird das Schaffhausener Tor durch das Waldshuter Männle geziert, das angeblich der Stadt ihren Namen gab. 1468 wurde die Stadt durch die Eidgenossen belagert. Durch eine List konnte die Einnahme der Stadt verhindert werden, und bis heute wird noch zünftig mit dem Chilbifest dieser Sieg am dritten Sonntag im August gefeiert.

Das Waldshuter Männle am Schaffhausener Tor.

ⓘ www.chilbi.de oder www.junggesellen.de

↗ Chilbifest (Kirchweih) in Waldshut

Das 858 erstmals erwähnte Tiengen wurde 1482 Hauptort der Landgrafschaft Klettgau. Das Schloss zu Tiengen, Sitz der Grafen von Sulz und später durch Heirat der Fürsten Schwarzenberg, beherbergt das **Klettgau-Museum**. Das Heimatmuseum zeigt die Geschichte der Stadt und die Lebensweise der Bevölkerung. Es besitzt eine heimatkundliche Sammlung mit archäologischen Fundstücken aus Grabungen im Klettgau sowie eine Gemäldeausstellung.

ⓘ Klettgau-Museum im Schloss, 79761 Waldshut-Tiengen, Schlossplatz 1, Tel. 07751/969557. Geöffnet: April bis Oktober Do 16.00–18.00 Uhr, So 10.30–11.30 Uhr, www.waldshut-tiengen.de/index.php?id=422

↗ Schwyzertag in Tiengen

Erwähnens- und sehenswert ist auch der fünfeinhalb Meter hohe **Lange Stein** (oder auch **Chindlistein**) in Tiengen. Er liegt jenseits der hölzernen Wutachbrücke auf der anderen Flussseite beim Sportplatz. Der Menhir wurde von menschlicher Hand aufgerichtet, da bei Grabungen verbranntes Holz unter ihm zutage kam. Im Mittelalter diente der Platz als Gerichtsort des kaiserlichen Landgerichts im Klettgau.

🚶 Der Hotzenwald-Querweg nach Schopfheim beginnt in Waldshut. Der Mittelweg endet auf seinem Weg nach Süden in Waldshut.

◀ Die L 161 führt ins Schlüchttal Richtung Gurtweil. Nach Gurtweil zweigt links die K 6551 nach Bürglen im Haselbachtal ab. Vor dem Ortsschild von Indlekofen zweigt scharf rechts ein schmaler Fahrweg hinab zum Haselbach. Nach ungefähr drei Kilometern führt links der Fußweg zum nahe liegenden Wasserfall. Der Haselbach bei Weilheim stürzt neun Meter in die Tiefe. Dieser Wasserfall ist bekannt unter dem Namen *Teufelskessel*.

Der Lange Stein, ein mittelalterlicher Gerichtsort.

🚶 Der Mittelweg führt von Waldshut am Wasserfall vorbei nach Rothaus.

◀ Von Weilheim führt die K 6556 nach vier Kilometern zum Ortsteil Nöggenschwiel, dem Rosendorf. Die L 157 führt kurvenreich das romantische *Schlüchttal* aufwärts.

Die Strecke zwischen der *Witznauer Säge* und der Mettmamündung ist der schönste Abschnitt des Schlüchttals und gleichzeitig Landschaftsschutzgebiet. Kurz vor der Mettmamündung wurde, um Platz für die Landstraße in der Schlucht zu gewinnen, 1880 ein sechs Meter breiter und neun Meter hoher Tunnel für das Wasser der Schlücht durch den Felsen gesprengt. Die durchgehende Talstraße im Mettmatal wurde 1865–1875 gebaut. Sie diente vorwiegend der Holzabfuhr und wurde im unteren Bereich für den privaten Verkehr gesperrt. Von der Lochmühle sind es zu Fuß 1,6 Kilometer zum Mettmastausee. Eine 132 Meter lange und 45 Meter hohe Staumauer staut die Mettma. Der

Der Wassertunnel im Schlüchttal.

Stausee verfügt über kein eigenes Kraftwerk, das Wasser wird dem Witznaubecken im Schwarzatal zugeführt.

↗ Laufen im Ruhrgebiet die Maschinen an

🚶 Der Mittelweg führt von Rothaus nach Süden durch das gesamte Mettmatal.

↰ Zurück ins Schlüchttal zur L 157. Sie führt über Ühlingen-Birkendorf nach **Grafenhausen**.

Zwei Kilometer vor Grafenhausen liegt die *Tannenmühle*, die 1832 hierhin verlegt worden war. Heute ein Hotel mit Forellenzucht, Laurentius-Kapelle, Tiergehege und original wiederhergestellter Mühle als Museum.

ⓘ Schwarzwaldgasthof Hotel Tannenmühle, 97865 Grafenhausen, Tannenmühlenweg 5, Tel. 07748/215, www.hochschwarzwald.de/ Rothauser-Land/Muehlenmuseum

Der künstlich aufgestaute Schlüchtsee.

Zwischen Rothaus und Grafenhausen durchfließt die Schlücht den *Schlüchtsee*. Er ist ein aufgestauter Natursee mit sechs Hektar Fläche und einer Tiefe von fünf Metern. Er war früher wohl Eis- und Fischweiher der Brauerei Rothaus. Heute ist er ein Freibad im Naturschutzgebiet.

↰ Von Grafenhausen führt die L 157 zum Ortsteil **Rothaus**.

Das *Heimatmuseum Hüsli* in Rothaus beherbergt die Darstellung der bäuerlichen Kultur im Hochschwarzwald: Stuben, Kachelöfen, Uhren, Glas, Porzellan und Gemälde. Bekannt wurde das Gebäude durch die Fernsehserie *Schwarzwaldklinik*.

Das Heimatmuseum Hüsli, bekannt aus der „Schwarzwaldklinik".

ⓘ Heimatmuseum Hüsli, 79865 Grafenhausen-Rothaus, Tel. 07748//212. Geöffnet: Juli, August Di–Sa 9.30–12.00 und 13.30–17.30 Uhr, So 13.30–17.30 Uhr, Rest: Di–Sa 10.00–12.00 und 13.30–17.00 Uhr, So 13.30–17.00 Uhr, www.landkreis-waldshut.de/landkreis-waldshut/index.php?id=2809

Im Jahre 1791 wurde die **Brauerei Rothaus** durch das Benediktinerkloster St. Blasien vom damaligen Abt Martin Gerbert gegründet. Mit Bedacht hat dieser vorausschauende Abt den Ort gewählt. Eine wichtige Handelsstraße vom Hochrhein in den Breisgau überwand hier den Schwarzwald. Die Gaststätte "Zum Rothen Haus" der Familie Roth lud zum Verschnaufen und Erholen vom schweren Aufstieg ein. Wasser zum Brauen und Holz zum Heizen waren

Die Brauerei Rothaus in Grafenhausen.

ausreichend vorhanden. Mit der Säkularisierung des Klosters fiel die Brauerei an Baden, wurde zum Staatsbetrieb und firmiert heute unter *Badische Staatsbrauerei Rothaus AG*. Selbst schwere Brände in den Jahren 1847 und 1904 bedeuten nicht das Aus für die Brauerei, sondern jedes Mal wurde wieder neu aufgebaut. 1956 führte der damalige Brauereidirektor Nägele entgegen dem Markttrend die 0,33-Liter-Flasche, das *Tannenzäpfle,* ein. Das gute Bier in der anderen Verpackung erhielt mit der Zeit einen Kultstatus unter den Bieren.

ⓘ Badische Staatsbrauerei Rothaus AG, Rothaus 1, 79865 Grafenhausen, Besichtigung: Mo–Fr 10.00–15.00 Uhr, Mo–Do um 18.00 Uhr, Anmeldung: Tel. 97748/522-9600, www.rothaus.de

🚶 Der östliche Zweig des Mittelweges führt von Lenzkirch durch das Rothauser Land in das Mettmatal.

Schwarzatal

◀ Die L 157 führt im Schlüchttal talaufwärts. Oberhalb Aichen an der Witznauer Mühle zweigt die K 6561 in das Schwarzatal ab. Diese wurde 1875/82 durchgehend bis Häusern fertiggestellt. Ursprünglich für die Holzabfuhr konzipiert, ist die Straße nur 4,5 Kilometer bis zum Waldparkplatz befahrbar und ab dann für den öffentlichen Verkehr gesperrt.

Die K 6561 führt am **Stausee Witznau** entlang. Er ist der untere Teil des Pumpspeicherkraftwerksystems der Schluchsee AG im Schwarzatal. Nach dem Stausee mit dem Kraftwerk Häusern ist dies die zweite Kraftwerkstufe vor Waldshut am Hochrhein. Die 116 Meter lange und 49 Meter hohe Staumauer mit Kraftwerk wurde zwischen 1939 und 1943 errichtet. Bei Vollstau besitzt der Stausee eine Fläche von 14 Hektar. Das Wasser des Mettma-

Stausee Witznau im Tal der Schwarza.

stausees wird zugeleitet. Zehn Kilometer oberhalb des Witznaubeckens liegt der obere Teil des Pumpspeicherkraftwerksystems. Eine 160 Meter lange und 45 Meter hohe Staumauer staut die Schwarza zu einem bis zu 15 Hektar großen See. Das Kraftwerk Häusern und der **Stausee Schwarzbruck** sind durch Stollen mit Schluchsee und Albbecken verbunden.

🚶 Da das Schwarzatal vorwiegend forst- und wasserwirtschaftlich genutzt wird, ist die Talstraße dem Biker und Wanderer vorbehalten. Der westliche Zweig des Mittelweges führt über Häusern, Höchenschwand entlang der Schwarzhalden über dem romantischen Tal nach Süden.

◀ Von hier aus führt eine drei Kilometer lange Fahrstraße steil hoch nach **Nöggenschwiel**, dem Rosendorf.

Im Ort blühen inzwischen 20.000 Rosensträucher. Der Sortimentsgarten mit 200 Rosensorten lädt zum Duft- und Farberlebnis ein. Damit ist das auf 720 Metern gelegene Rosendorf (Titel seit 1970) das einzige im Schwarzwald und das höchstgelegene in Deutschland. Ein 32 Kilometer langer Rosenwanderweg verbindet alle 16 Ortsteile von Weilheim. An Rosenstationen wird Wissenswertes über die Rosen erläutert. Im September und Oktober kann eine zweite Rosenblüte bewundert werden. Immer am zweiten Wochenende im Juli finden die Rosentage statt.

ⓘ www.rosendorf.de/home.php und www.rosenwanderweg.de.

◄ Die B 500 führt zum heilklimatischen Kurort **Höchenschwand**.

Der *Rothaus-Zäpfle-Turm* liegt auf 1.010 Metern Höhe links der B 500 im Natursportzentrum von Höchenschwand. Der 51 Meter hohe quadratische Kletterturm wurde 2003 erbaut. Für Hobby- und Sportkletterer bietet er mehrere Übungskletterwände mit Überhängen. Die Aussichtsplatte des Turmes bietet einen einmaligen Alpenpanoramablick, vor allem bei föhnigem Wetter.

◄ Auf der B 500 zwei Kilomeer südlich von Höchenschwand liegt beim Wanderparkplatz das *Tiefenhäuser Moos*. Das Naturschutzgebiet des Hochmoors umfasst 4,7 Hektar.

ⓘ www.ferien-suedschwarzwald.de/content/view/full/2052

◄ Die B 500 führt nach Norden und trifft an der Staumauer auf den *Schluchsee*.

Der 930 Meter hoch gelegene Schluchsee ist heute der größte Schwarzwaldsee. Der frühere See mit einer Fläche von 103 Hektar wurde mit einer 65 Meter hohen und 250 Meter langen Staumauer auf ein Vielfaches (514 Hektar) der ursprünglichen Größe aufgestaut. Er hat eine Länge von 7,5 Kilometern, ist 1,4 Kilometer breit und bis zu 61 Meter tief. 124.000 Kubikmeter Beton waren nötig, um mit der Staumauer eine Wassermenge von 114 Millionen Kubikmeter zu stauen.

Der Schluchsee vom Bildstein aus.

Heute erfüllt der See neben seiner eigentlichen Aufgabe als Pumpspeichersee auch die Ansprüche an ein Freizeitparadies für Segler, Surfer, Angler und Schwimmer. Wanderer und Biker genießen dieses Fleckchen Erde, können heute aber nicht mehr nachvollziehen, welch schwerer Eingriff in dieses Hochtal damals vorgenommen wurde. Der anfänglich stark bekämpfte Ausbau des Schluchsees ist heute vergessen.

ⓘ www.schluchsee.de

↗ Laufen morgens im Ruhrgebiet die Maschinen an

🚆 Das *Modellbahnzentrum Schluchsee* liegt 500 Meter oberhalb der Staumauer auf der anderen Seeseite und bietet zwei große Modellanlagen, die an die Vorbilder Höllental- und Dreiseenbahn angelehnt sind.

Am unteren Seeende bei Seebrugg endet auch die **Dreiseenbahn**. Sie verbindet den Titisee über das Bärental mit dem Windgfällweiher und dem Schluchsee. Feldberg-Bärental ist mit 967 Metern der höchstgelegene Bahnhof Deutschlands an einer Normalspurstrecke. Der Verein IG 3-Seenbahn führt regelmäßig das ganze Jahr Sonderfahrten mit der Dampflok durch.

ⓘ www.modellbahn-schluchsee.de und www.3seenbahn.de

↗ Mit dem Dampfross unterwegs durch Berg und über Tal

◁ Die B 500 führt weiter zum Ort **Schluchsee**.

🚶 Ein beliebtes Wanderziel bei Schluchsee ist der Richtung Bonndorf liegende Riesenbühlturm. 1931 wurde erstmals auf dem Riesenbühl ein Turm erbaut. Die 2001 errichtete moderne Stahl-/Holzkonstruktion ist 31 Meter hoch. Die auf 25 Metern Höhe liegende Plattform bietet eine gute Aussicht auf Ort und See, bei guter Sicht auf das Alpenpanorama. Am Ortsende von Schluchsee links im Wolfsgrund ist der Wanderparkplatz des Premiumwanderweges *Jägersteig.* Er führt als Rundwanderweg elf Kilometer zum Bildstein mit herrlichem Blick auf den Schluchsee und am See entlang von Aha nach Schluchsee zurück. Der Mittelweg führt von Lenzkirch auf seinem Weg nach Süden an den Schluchsee.

ⓘ www.riesenbuehlturm.de und www.wanderinstitut.de/premiumwege/baden-wuerttemberg/jaegersteig/

◁ Die B 500 führt bis zum Seeende bei Unterhaha und dann weiter zum *Windgfällweiher*.

Der Windgfällweiher zwischen Titisee und Schluchsee, auf 966 Metern Höhe liegend, ist acht Meter tief und stammt aus der Gletscherzeit. Er ist ein 20 Hektar großer Bade- und Moorsee. Er wurde 1895 wegen Verlandung durch einen Staudamm vergrößert, ebenso 1930 und war damit in das Wassersystem des Schluchseewerkes integriert. Der See besitzt eine im Wald versteckte Badeanstalt und Surfmöglichkeiten.

ⓘ www.schwarzwald-panoramastrasse.de/Ausflugstipps/
Familie-Erlebnis/Strandbad-Windgfaellweiher

🚶 Der Europäische Fernwanderweg E1 führt vom Titisee zum Schluchsee. Ebenso der Querweg Freiburg–Bodensee.

◀ Nach zwei Kilometern auf der B 500 wird **Altglashütten** erreicht.

Altglashütten, ein Ortsteil der Gemeinde Feldberg, wurde 1634 von den Fürstenbergern als *Altrothwasser-Glashütte* angelegt. Noch heute wird die Kunst des Glasmachens im Ort gezeigt.

ⓘ Schwarzwaldglas Altglashütten, 79868 Feldberg-Altglashütten, Bergweg 4, Tel. 07655/494. Geöffnet: Mo bis Fr 9.00–12.00 Uhr und 14.00–18.00 Uhr, Sa 9.00–12.00 Uhr, www.schwarzwaldglas.de

In Altglashütten wird die Kunst des Glasmachens gezeigt.

Steinatal

Die Steina entspringt in der Nähe des Schluchsees auf 1.060 Metern Höhe und mündet nach 32 Kilometern in Tiengen in die Wutach.

⚐ Die L 159 führt durch das Steinatal aufwärts. Die Straße wurde 1853–1857 als Holzabfuhrweg neu angelegt. 1873–1881 wurde die Landstraße über die Steinasäge bis nach Bonndorf ausgebaut. Bei Untermettingen führt die L 158 aus dem Steinatal nach Ühlingen. Nach zwei Kilometern steht an der Straße eine kleine **St. Jakob-Kapelle**. Am Giebel ist bei drei Totenschädeln die Inschrift angebracht: „Sag mir Beschauer, wer war König, Bettler und Bauer". Die L 159 zwölf Kilometer talaufwärts kommen auf der anderen Steinaseite die Türme der Burgruinen von **Roggenbach** und **Steinegg** zum Vorschein.

Beide Burgen wurden wohl im zwölften Jahrhundert gebaut. Wobei die talaufwärts gelegene Steinegg, von der nur noch der mächtige Bergfried vorhanden ist, wohl die ältere ist. Die 400 Meter südlich liegende umfangreichere Burganlage weist noch zwei mächtige Burgtürme auf. Die im Steinatal dicht beieinander liegenden Burgen haben Herrschaftsbereiche abgesichert und geschützt: Steinegg das der Herzöge von Zähringen beziehungsweise

Die Burgruine Roggenbach in Bonndorf-Wittlekofen.

des Klosters St. Blasien, Roggenbach das der Grafen von Nellenburg beziehungsweise des Klosters Allerheiligen. 1438 verwüsteten blasianische Kriegsknechte Roggenbach und Steinegg. Zumindest die Burg Roggenbach wurde danach wieder aufgebaut. Während des Bauernkrieges wurde sie 1525 in Brand gesteckt und blieb danach Ruine.

🚶 300 Meter talaufwärts bei der Brücke über die Steina befindet sich ein Wanderparkplatz, von dem der Weg zu den Burgruinen führt.

⚐ An der **Steinasäge** – früher Sägmühle des Paulinerklosters in Bonndorf, 1592 urkundlich erwähnt – führt die L 170 von Rothaus nach **Bonndorf**.

Bonndorf ist dafür bekannt, dass Fürstbischof Gerbert von St. Blasien dort schon 1765 eine *Spar- und Waisenkasse* (heute Sparkasse) gründete und 1777 das *Reichslandschaftliche Spital St. Laurentius zu Bonndorf* (heute Krankenhaus) errichtete. An das ehemalige Paulinerkloster, das 1807 aufgehoben wurde, erinnert noch die Maria-Bildsäule mit Weltkugel vor dem Rathaus.

Das **Schloss Bonndorf** wurde 1592/94 als Wasserschloss errichtet. 1723 begann Abt Blasius von St. Blasien das Schloss im barocken Stil umzubauen. In seinen Räumlichkeiten befindet sich das **Narrenmuseum** mit 400 Narrenfiguren und 300 Originalholzmasken. Neun Narrenvereinigungen zeigen ihr Narrenhäs.

Schloss Bonndorf, in dem das Narrenmuseum untergebracht ist.

ⓘ Narrenstube im Schloss, 79848 Bonndorf, Schlossstraße 9, Tel. 07703/233. Geöffnet: Januar bis Oktober, Mo–Sa 10.00–12.00 und 14.00–17.00 Uhr, So 14.00–17.00 Uhr, www.bonndorf.de/22-0-Sehenswuerdigkeiten.html

Wutachtal

Das Wutachtal trägt seinen Namen ab der Einmündung der Haslach in die Gutach. Die Haslach entspringt im Feldberggebiet und fließt über Lenzkirch, die Gutach aus dem Titisee über Neustadt. Die Gutach war in diesem Flussabschnitt durch ihre Hochwasser und Überschwemmungen so gefürchtet, dass von ihr als der „wütenden Gutach" gesprochen wurde. Daraus wurde ihm Laufe der Zeit der Name **Wutach**. Sie fließt nach 58 Kilometern bei Waldshut-Tiengen in den Rhein.

⊣ Die B 314 führt von Tiengen das Wutachtal aufwärts.

Zeitweise verläuft die Grenze zur Schweiz im Wutachtal. Bei Stühlingen grüßt das Schloss **Hohenlupfen** über der Stadt. In seiner heutigen Form existiert es seit dem frühen 17. Jahrhundert, als die Herren von Pappenheim die Landgrafschaft Stühlingen übernahmen.

⊣ Drei Kilometer talaufwärts biegt die B 315 nach Weizen ab. Weizen ist der Endbahnhof der heutigen Museumsbahn, der **Sauschwänzlebahn**.

🚃 In zahlreichen Schleifen, Viadukten, Tunnels, einem Kehr- und Kreiskehrtunnel werden von diesem historischen Zug auf 9,6 Kilometern Luftlinie 25 Streckenkilometer und 231 Höhenmeter überwunden. In einer Stunde führt das Schnauferl von Weizen über Grimmelshofen,

Zwei alte Stahlbrücken der Sauschwänzlebahn.

Fützen nach Zollhaus-Blumberg. Am Startbahnhof Blumberg gibt es ein **Eisenbahnmuseum**. Ein eigens angelegter Eisenbahn-Wanderweg führt zwölf Kilometer bis Lausheim-Blumegg (Lokomotive) und ein Eisenbahn-Lehrpfad 18,5 Kilometer bis Weizen Bahnhof (Viadukt).

ⓘ Sauschwänzlebahn, 78176 Blumberg, Bahnhofstraße 1,
Tel. 07702/477604, www.sauschwaenzlebahn.de/home.html

↗ Mit dem Dampfross unterwegs durch Berg und über Tal

🚶 Von Achdorf führt der Ostweg in das Wutachtal.

⊣ Von der B 314 führt in Grimmelshofen die K 6597 nach Blumegg.

Kurz nach dem Bahnübergang bei Weiler liegt eine **Museumsmühle mit drei Wasserrädern**. Es handelt sich um eine der ältesten erhaltenen Gipsmühlen. Mit ihren hintereinander angeordneten Wasserrädern und fünf Mahl- und Stampfwerken konnten nicht nur Gips, sondern auch Getreide, Ölfrüchte und Knochen gemahlen werden.

Museumsmühle bei Grimmelshofen mit drei Wasserrädern.

ⓘ Geöffnet ist die Museumsmühle von Mai bis Oktober jeweils am zweiten und vierten Wochenende von 14.00 bis 16.00 Uhr. Genauere Informationen: Landratsamt Waldshut, Tel. 07751/867403, www.landkreis-waldshut.de

🚶 Von hier aus gibt es die Möglichkeit zum Einstieg in den Wanderweg der Wutachflühen auf dem Ostweg.

Die rund 33 Kilometer lange Wutachschlucht liegt in einem Naturschutzgebiet einmaliger Art. Der Wanderer kann hier den Verlauf der Erdgeschichte über Hunderte von Millionen Jahren verfolgen. Die Geologie zeigt von Westen nach Osten das granitene Grundgestein, sodann Buntsandstein, Muschelkalk und Keuper aus dem Trias und zum Schluss treten Schwarzer und Brauner Jura zu Tage. Aber auch Flora und Fauna zeigen an der durch Auwälder und an Felswänden vorbeidrängenden Wutach eine einmalige Vielfältigkeit.

🚶 Der Wanderer teilt die Wutachschlucht in drei Etappen ein: Der **Oberlauf** mit der *Wütenden Ach* vom ehemaligen Bahnhof Kappel-Gutachbrücke bis zur Schattenmühle (zehn Kilometer, ca. drei Stunden) mit Parkmöglichkeiten Kappel, Löffelschmiede bei Lenzkirch, Schattenmühle, Oberhaldenhof. Der mittlere und anspruchsvolle Weg von der Schattenmühle bis zur Wutachmühle (13 Kilometer, ca. 4,5 Stunden) mit der **Wutachversickerung** auf der Höhe von Bachheim mit Parkmöglichkeiten in Boll, bei Bachheim und bei der Wutachmühle. Kurz vor der Mühle lohnt sich ein Abstecher in die **Gauchachschlucht.** Die untere Etappe mit den Wutachflühen von der Wutachmühle über Achdorf nach Grimmelshofen (elf km, ca. drei Stunden) mit Parkmöglichkeiten in Achdorf und bei Fützen.

Zwar wurden erste Abschnitte von Bad Boll bis zum Tannegger Wasserfall bereits 1881 vom Forstamt Bonndorf erschlossen, die Hauptleistung bei Erschließung, Ausbau und Pflege des Wandergebiets erbrachte von 1898 bis zum heutigen Tag indes der Schwarzwaldverein. Die steilen Felswände stellten die Wegebauer immer wieder vor große Probleme. Brücken mussten über die reißende Wutach geschlagen werden, Wanderpfade wurden in die Felswände gesprengt, um die Durchgängigkeit zu ermöglichen. Aber Felsrutsche, umgefallene Bäume und insbesondere immer wieder die verheerenden Hochwasser zerstörten Brücken, rissen angelegte Wanderpfade mit. Noch heute erinnert der bekannte Rümmele-Steg bei Bad Boll an einen bekannten Wanderwegebauer. Hier werden die Wanderer gezählt. Es sind bis zu 100.000 Wanderer jährlich, die das einmalige Wander- und Naturschutzgebiet besuchen.

Auch die Seitenschluchten wurden nach und nach begehbar gemacht: die **Lotenbachklamm** 1896, 1905 die *Gauchachschlucht*, 1910 die *Haslachschlucht* und 1928 die *Rötenbachklamm*.

In der Wutachschlucht.

Nicht nur das Hochwasser, sondern auch die technische Entwicklung – nämlich der Bau von Pumpspeicherkraftwerken – waren eine Gefahr für die Wutachschlucht. Das Badenwerk wollte 1925 beim Bau des Schluchseekraftwerkes auch die Wutach ableiten. 1942 versuchte die Schluchsee AG mit einer Ausnahmebewilligung nochmals, das Wasser der Wutach abzuleiten. Der Mangel an notwendigem Baumaterial verhinderte jedoch Schlimmeres. Mit der noch heute gültigen Ausnahmebewilligung von Reichsmarschall Göring wollte das Schluchseewerk 1955 unterhalb der Haslachmündung einen 62 Meter

Steile Felswand.

hohen Staudamm errichten, um 20 Millionen Kubikmeter Wasser zu stauen. Dies, obwohl die Wutachschlucht bereits seit 1939 als Naturschutzgebiet eingetragen war. Nur dem heftigen Widerstand des Schwarzwaldvereins war es zu verdanken, dass die Projekte nicht realisiert wurden.

Am Fuß des Burgbergs von Neu-Tannegg liegt das ehemalige **Bad Boll**. Seine Mineralquelle wurde sowohl zum Trinken als auch zum Baden genutzt. Seine größte Blüte erreichte das heute verfallene Bad in der zweiten Hälfte des 19. Jahrhunderts. Die Gäste kamen damals nicht nur wegen der Quelle und der landschaftlichen Schönheit des Tals, sondern auch wegen des Fischreichtums der Wutach. Für längere Zeit galt die Wutach als das beste Forellenwasser Europas. Die Gasthöfe und Hotels entlang der Wutach verdankten ihre Existenz den schweizerischen, aber vor allem den englischen Fischgästen. Allein der englische Fishing Club betrieb damals ein Hotel mit 12.000 Übernachtungen pro Jahr. Bis heute ist nur das Fischen mit der Fliege erlaubt.

Die Abwässer der Zellstoff- und Papierfabrik in Neustadt führten ab 1888 zu einem raschen Rückgang des Fischbestands und läuteten damit auch den Niedergang von Bad Boll ein. Erst nach erheblichen Anstrengungen zur Reinigung der Abwässer verbesserten sich die Verhältnisse ab 1954. 1975 zerstörte ein Feuer das Hauptgebäude. Heute erinnert nur noch die stark beschädigte Kapelle im Wutachtal an Bad Boll.

Entlang der Wutach liegen einige Burgruinen. Bei Ewattingen bietet der Platz der abgegangenen Burg **Hörnle** einen Blick in die Gauchachschlucht. Bei Boll liegen die Ruine **Neu-Tannegg** – auch bekannt als Burg Boll – und die nicht mehr erhaltene Burg **Räuberschlößchen** (Neu-Blumegg). Die Plattform auf dem Nägelefelsen bietet einen phantastischen Rundblick. Neustadt am nächsten liegt Burg **Stallegg**. Heute gehören Ruine und Wald dem Fürs-

Von Bad Boll übriggeblieben: die Kapelle.

ten zu Fürstenberg. Allerdings befindet sich in der Schlucht auch eine der Sünden der Wutachschlucht – das Elektrizitätswerk Stallegg. 1895 vom Fürst von Fürstenberg erbaut, versorgt es seither Donaueschingen mit Strom.

🚶 Die Nebenschluchten der Wutach ergänzen mit der Wutachschlucht das Naturschutz- und Wandergebiet. **Haslachschlucht:** drei Kilometer lang von Lenzkirch Feriendorf bis zum Rechenfelsen, mit Parkmöglichkeit Feriendorf. *Rötenbachschlucht:* 1928 erschlossen, 2,5 Kilometer lang mit Parkmöglichkeit südlich Rötenbach. *Reichenbachschlucht:* 1,5 Kilometer lang gegenüber Ruine Stallegg mit Parkmöglichkeit bei Gündelwangen. *Lotenbachklamm:* 1,5 Kilometer lang mit Parkmöglichkeiten gegenüber dem Wanderparkplatz an der B 315 zwischen Gündelwangen und Boll und bei der Schattenmühle. Der Wanderweg Lotenbachklamm wurde 1907 mit einem Steg über die Wutach erschlossen, um das Räuberschlösschen mit einzubeziehen. *Hirschgrabenschlucht:* ein Kilometer lang. *Gauchachschlucht:* 4,5 Kilometer lang mit Parkmöglichkeit westlich oder südlich von Döggingen, an der K 6512 nördlich der Wutachmühle, oder Neuenburg. Die enge romantische Seitenschlucht ist auch in einem Rundweg von drei Stunden zu begehen. Parkplatz bei Bachheim, runter zur Wutachschlucht, bis zur Gauchachmündung, Gauchachschlucht bis Wanderheim Burgmühle, Engelschlucht und dann zurück zum Wanderparkplatz. (Dreischluchtenweg). *Engelschlucht:* zwei Kilometer mit Parkmöglichkeit in Bachheim und dann östlich. *Schleifenschlucht:* 1,5 Kilometer mit Parkmöglichkeit in Blumberg oder Aselfingen.

Der Querweg Freiburg–Bodensee durchzieht die Wutachschlucht Richtung Blumberg und der Ostweg von Blumberg aus die Wutachflühen nach Süden.

ⓘ www.wutachschlucht.de

Die K 6597 führt weiter nach Bonndorf, von dort verläuft die B 315 nach **Lenzkirch**.

Zahlreiche Uhren aus der Glanzzeit der *Aktiengesellschaft für Uhrenfabrikation Lenzkirch* (AGUL) sind in den Ausstellungsvitrinen im Obergeschoss des Kurhauses zu sehen. Schmuckstück ist eine Flötenuhr von Ganter mit 42 Holzflöten, die acht verschiedene Melodien spielt.

ⓘ Kurhaus Lenzkirch, 79853 Lenzkirch, Am Kurpark 2, Tel. 07652/12068401. Geöffnet Mo–So 8.00–19.00 Uhr, www.lenzkircher-uhren.de

↗ Die Tüftler vom hohen Schwarzwald

Eine Flötenuhr mit Figurenautomat von 1840.

In Lenzkirch findet am Sonntag vor dem 25. Juni, dem Tag des heiligen Eulogius, der **Eulogi-Ritt** statt. Tausende Pilger und Schaulustige zieht es nach Lenzkirch zu diesem früheren Bauernfeiertag.

↗ Eulogi-Ritt zu Lenzkirch

⊁ Von Lenzkirch führt die L 156 nach Fischbach und zum Wanderparkplatz am *Ursee*. Die noch vorhandene Seefläche ist mehr und mehr durch Schilf und Binsen und andere Uferpflanzen verdeckt, so dass er kaum einsehbar ist. Die Wege durch das Moor sind verwachsen. Der verlandende See ist gut vom Seerundweg einsehbar. Von Lenzkirch führt die K 4990 auch am anderen Ufer des Ursees entlang fünf Kilometer nach Raitenbuch. Oben auf der Raitenbucher Höhe befindet sich der Wanderparkplatz des Premiumwanderweges *Hochschwarzwälder Hirtenpfad*.

ⓘ www.wanderinstitut.de/premiumwege/baden-wuerttemberg/hochschwarzwaelder-hirtenpfad/

◀ Die B 315/317 führt weiter zum Titisee, die B 31 führt vom Ortsteil Titisee nach **Neustadt**.

Auf dem 1.190 Meter hohen Hochfirst steht seit 1890 ein auf den Steinsockeln seines Vorgängers errichteter Stahlfachwerkturm mit Aussichtsplattform. Er trägt Sendeanlagen für Hörfunk, Richtfunk und Mobilfunk. Der *Hochfirstturm* gewährt einen Ausblick über den südlichen Schwarzwald, bei gutem Wetter bis zur Alpenkette. Am Fuße des Turms liegt der Berggasthof Hochfirst.

ⓘ Berggasthof Hochfirst, 79822 Titisee-Neustadt, Auf dem Hochfirst 10.
Geöffnet täglich ab 11.00 Uhr, von Oktober bis April Di Ruhetag.
Tel. 07651/7575, www.berggasthaushochfirst.de

⊁ Der Mittelweg von Neustadt und der Querweg Freiburg–Bodensee führen über den Hochfirst.

◀ Die B 31 führt weiter nach Löffingen. An der Mülldeponie biegt die K 4992 zum ehemaligen *Kloster Friedenweiler* ab.

Das Nonnenkloster wurde vor 1139 als Priorat des Benediktinerklosters St. Georgen gegründet. 1570 erfolgte von Kloster Lichtenthal aus eine Neubesetzung mit Zisterzienserinnen. Nach einem Großbrand 1725 wurden die Kirche und die Klostergebäude nach Plänen von Peter Thumb wieder aufgebaut. 1802 säkularisiert, diente das ehemalige Kloster unter anderem den Fürsten zu Fürstenberg als Jagdschloss. Heute sind in den noch erhaltenen Gebäuden ein Seniorenstift und eine Kinderheilstätte untergebracht. Die ehemalige Klosterkirche ist heute Dorfkirche.

ⓘ www.hochschwarzwald.de/
Friedenweiler

◄ Zurück zur B 31 – auf der anderen Seite der Bundesstraße liegt der Ortsteil **Rötenbach**.

Das ehemalige Benediktinerinnenkloster Friedenweiler.

Aus der Familie Winterhalder entstammten bedeutende Hinterglasmaler und aus der Familie Straub bekannte Geigenbauer. Beide alten Gewerbe sind in kleiner, aber feiner Ausstellung im Rathaus von Rötenbach zu sehen.

ⓘ Rathaus Rötenbach, Tel. 07654/911910, oder Tourist-Info Friedenweiler, Tel. 07654/5034, www.friedenweiler.de/de/touristik/571_ausflugziele_sonnenwinkel.php

↗ Hinterglasmalerei – eine bäuerliche Kunst

◄ Südlich von Rötenbach führt der Zugang zur Rötenbachschlucht. Die B 31 führt an Löffingen vorbei. Kurz vor Löffingen liegt links die 1894/96 erbaute *Wallfahrtskirche Witterschneekreuz*. Von Löffingen führt die K 4994 zum *Kirnbergsee*. Der 1921/22 errichtete Stausee ist nicht zuletzt aufgrund seines warmen Wassers ein beliebter Badesee im südlichen Schwarzwald. Ein 2,5 Kilometer langer Rundweg führt um den See.

ⓘ www.kirnbergsee.de

Bregtal

◀ Von Donaueschingen führt die L 180 über Wolterdingen in das Bregtal. Von hier führt auch der Bregtalweg dem Talverlauf entlang. Die L 180 führt nach **Hammereisenbach** und in das Eisenbachtal.

Der Ortsname weist schon auf die Vergangenheit hin. Das Eisenwerk der Fürsten von Fürstenberg, urkundlich 1523 erwähnt, musste allerdings wegen mangelnder Wasserkraft, schlechter Qualität und ungünstiger Infrastruktur schließen. Die Burgruine *Neufürstenberg* grüßt von ihrem Felssporn.

◀ Wenige Kilometer talaufwärts zweigt von der jetzt weiterführenden L 172 das Linachtal links ab.

Nach knapp zwei Kilometern wird die *Linachtalsperre* erreicht. Schon 1922 baute die Gemeinde Vöhrenbach die Linachtalsperre als Speicherkraftwerk, um eigenen Strom zu erzeugen. Ein System von Pfeilern und hohen tonnenähnlichen Betongewölben bilden die Staumauer, die 1925 fertiggestellt war. Die Höchstleistung wurde im Jahre 1956 erbracht mit einer Jahresleistung von 1,9 Millionen Kilowattstunden.

Die Staumauer der Linachtalsperre.

Nachdem der Kraftwerksbetrieb 1970 eingestellt worden war, wurden 2007 die Staumauer und die technischen Anlagen abschließend saniert, so dass die Stromerzeugung heute wieder voll gewährleistet ist.

ⓘ www.voehrenbach.de/linachtalsperre/index.html

↗ Laufen im Ruhrgebiet die Maschinen an

◀ Das Bregtal weiter führt die L 172 nach **Vöhrenbach**.

An das berühmte Bildhauergeschlecht der Winterhalder erinnern zahlreiche Altäre und Heiligenfiguren im Schwarzwald, so auch der hl. Petrus vom Hochaltar der Stadtkirche, einer früheren Abteikirche.

Vöhrenbach ist neben Elzach und Unterkirnach eine der Hochburgen des Orchestrienbaus im Schwarzwald. Die Namen Imhof und Welte begründeten einen Weltruf. Leider ist nur noch ein Orchestrion von 1861 mit 27 bestifteten Musikwalzen im Rathaus zu sehen.

ⓘ Rathaus, 78145 Vöhrenbach, Friedrichstraße 8.

↗ Orchestrion – die höhere Kunst des Orgelbaus

◀ An der alten Landstraße nach Villingen liegt ein Kleinod, die **Bruder- oder Michaelskapelle**.

🚶 Durch Vöhrenbach führt der Querweg Schwarzwald–Kaiserstuhl–Rhein auf seinem Weg von Furtwangen nach Herzogenweiler. Die Uhrenstraße führt von Titisee-Neustadt über Vöhrenbach nach Villingen-Schwenningen.

Der Gnadenaltar der Michaelskapelle bei Vöhrenbach.

◀ Von Vöhrenbach führt die L 173 nach **Furtwangen**.

Furtwangen und Umgebung war eines der Zentren der frühen Schwarzwälder Uhrenindustrie. Das **Deutsche Uhrenmuseum** vermittelt mit seiner 150-jährigen Sammlung einen Überblick über Geschichte, Tradition und Kultur der Schwarzwalduhren, Drehorgeln und Orchestrien. Sie ist weltweit die umfassendste dieser Art.

ⓘ Deutsches Uhrenmuseum, 78120 Furtwangen, Robert-Gerwig-Platz 1, Tel. 07723/9202800. Geöffnet täglich: April bis Oktober 9.00–18.00 Uhr, November bis März 10.00–17.00 Uhr, www.deutsches-uhrenmuseum.de. Immer in der dritten Augustwoche findet Europas größte Antik-Uhrenmesse statt. Veranstalter: Uhr & Kultur e.V., Tel. 07723/7556, 78120 Furtwangen, Obertal 29, www.uhr-und-kultur.de

↗ Die Tüftler vom hohen Schwarzwald

🚶 Der Mittelweg führt vom Stöcklewald-Turm auf seinem Weg zur Kalten Herberge durch Furtwangen. Der Querweg Schwarzwald–Kaiserstuhl–Rhein führt von Gütenbach nach Vöhrenbach durch Furtwangen. Die Uhrenstraße führt von Gütenbach über Furtwangen nach Schönwald.

Der Hausberg von Furtwangen ist der 1.149 Meter hohe **Brend**. Der 1905 gebaute runde Granitturm ist 17 Meter hoch. Er bietet an günstigen Tagen einen Blick bis zum Berner Oberland.

ⓘ Neben dem Turm befindet sich der Berggasthof und das Hotel Brend: 78120 Furtwangen, Auf dem Brend 7. Geöffnet: Mo–So 11.00–21.00 Uhr, Oktober bis April, Di Ruhetag, Tel. 07723/504870, www.berggasthofbrend.de

Turm auf Brend bei Furtwangen.

🚶 Der Westweg führt von Schonach zum Neueck über den Brend. Ebenso die Fernwanderloipe Schonach–Belchen.

Bildnachweis